传媒与艺术研究

MEDIA & ART STUDIES

传媒集刊

2020
总第58期
第1辑

李锦云·主编

中国传媒大学出版社
·北京·

目 录

影视艺术

《我和我的祖国》:平民话语下的共情化表达

师　仪

【摘要】《我和我的祖国》作为 70 周年国庆献礼片之一,斩获当年国庆档票房冠军。影片采用平民话语下的叙事策略,立体化地塑造人物,多样化地表达话语权,一改主旋律影片“高大上全”的叙事模式,表现出主旋律影片合理化、人性化和平民化的创作倾向。影片通过无数小人物的平凡事迹传递了奉献、担当、忠诚、关怀、责任的叙事理念,将观众重新带回当时那个年代,体会浓厚的家国情怀,从而产生“共情效应”。

【关键词】《我和我的祖国》　平民化　共情化

习近平总书记在党的十九大报告中指出:人民是历史的创造者,是决定党和国家前途命运的根本力量,必须坚持人民主体地位。① 个体、平民、普通人,越来越成为社会的关注重点。正是在这样的现实背景下,越来越多的主旋律影片变得“人性化”起来,讲述了现实世界中人的艰难、人的困惑和人的美好,将一个个人物刻画得栩栩如生。综观近年来较为著名的主旋律影片,如《战狼 2》《烈火英雄》《攀登者》《中国机长》等,都是从小人物的视角出发,讲述大的时代背景下普通老百姓与祖国“同呼吸、共命运”的故事。国庆档主旋律影片力作《我和我的祖国》(截至 2020 年 2 月 19 日,累计票房达 31.71 亿元),②登顶 2019 国庆档票房冠军,并打破了国庆档票房历史纪录,同时取得了内地电影票房总排行榜第 8 名的好成绩。③《我和我的祖国》从小人物的视角出发,探寻新中国成立 70 周年来平凡人物身上的真、善、美,寻求大众认可的共情化表达。走下“神坛”,贴近群众,这样的一种平民化的主旋律叙述方式,值得提倡和思考。

① 董振华. 党风十章[M]. 南宁:广西人民出版社,2018:95.

② 艺恩数据. 内地总票房排名[EB/OL]. (2020-02-19)[2020-02-19]. http://www.endata.com.cn/BoxOffice/BO/History/Movie/Alltimedomestic.html.

③ 国际在线. 电影《我和我的祖国》登顶 2019 国庆档票房冠军[EB/OL]. (2019-10-18)[2020-02-19]. https://baijiahao.baidu.com/s?id=164795194347897247&wfr=spider&for=pc.

一、平民话语下的叙事策略

在电影的叙事中，叙事策略直接影响到影片的艺术风格呈现。《我和我的祖国》讲述了共和国70年旅程中的“7个精彩时刻”，通过无数小人物的行为叙述历史瞬间的全民记忆。影片从小人物的视角展开叙事，表现出个人利益在面对国家和集体利益时相互争执、矛盾的过程，并最终在舍弃“小我”、成全“大我”中结束。这样的叙述方式一改主旋律影片“高大上全”的叙事模式，表现出主旋律影片合理化、人性化和平民化的创作倾向。

（一）人物塑造的立体化

大的正剧式叙事表现的往往是离观众很遥远且高高在上的人物，带给观众一种疏离感，而《我和我的祖国》通过小人物来讲述故事，并且将小人物打造得生动有力、活灵活现，这样的一种立体化人物塑造使故事的讲述具有合理性，是建立在日常生活经验的积累和总结之上，这是电影创作的根本出发点。在电影中，应当体现人的复杂、人的曲折和人的矛盾，忽略了这个原则，无论选择多么严肃的社会性主题，寻找多么不同寻常的历史事件，表现多么正确的意识形态观念，试图把人作为历史长河中的附属者、作为意识形态的附庸者，对现实世界的复杂性、曲折性、矛盾性进行简单概括，将人生简化、传奇化、美化，从而在故事编排中为我所用、随意挑取，都是违背电影创作的基本原则，使电影浮泛于表面形式，无法深入人物的内心世界，电影的魅力便会大打折扣。每个人都有自己的缺点，但是当“任务”来临时，在他身上所显现的责任、奉献、担当等作为，正是普通人的价值体现，而这样的人物，才会更加“接地气”，令人印象深刻。因此，要讲好故事，以小见大，才能产生“共情效应”。

具体到该影片中，观众会被电动旗杆设计安装者林治远的勇敢、认真、负责的行为所感动；会被研制原子弹的科研工作者高远与女友在公交车上相遇但不肯承认的矛盾而动容；会为冬冬为了能让大家看到中国女排夺冠的瞬间而放弃追赶即将离开的小美，最终跑到爸爸身前大哭的画面而发笑；会在中国外交官安文彬在香港回归问题谈判桌上的义正词严、在状况百出的回归仪式上升旗手的紧张与坚定中体会到香港回归的不易；会为出租车司机张北京于前期嘚瑟奥运会门票、后期将门票送给在汶川地震中失去父亲的孩子的行为而感到欣慰一笑；会为两个失足少年见证神舟十一号飞船返回舱着陆的瞬间所受到极大的冲击和洗礼，从而获得“新生”而感到慨然；最后，通过吕潇然的视角，见证了共和国空军的强大与力量，也看到了作为军人的隐忍与担当。

多种类型的人物出现在影片中,丰富的人物群像,使得影片故事的讲述更加有理、有力、有料。

(二)话语权表达的多样化

法国哲学家福柯在《话语的秩序》中指出:“话语就是人们斗争的手段和目的。话语是权利,人通过话语赋予自己以权利”①。在社会转型时期,“草根文化”逐渐成为社会热潮。“草根文化”通过反语言来模仿、反讽、恶搞、解构权威话语,旨在颠覆文化权威的中心地位②。

在影片《我和我的祖国》中,观众能够感受到“草根文化”的广袤气息。如《北京你好》篇中,张北京先通过“抓牌”的方式意外获得奥运会门票,一位同事质疑说:“不会有猫腻吧?”张北京回应道:“领导能有猫腻吗?”并且相同的话语重复两遍;张北京在儿子和同学的生日聚会中,骄傲地将装有“奥运会门票”的信件放到桌上,却发现里面只有几张百元大钞,影片充满幽默地将张北京的尴尬与儿子一如既往的失望表现出来;张北京将票送给灾区小兄弟,小兄弟问:“你咋办?”张北京说:“我有萨马兰奇呢,再要一张。”灾区小兄弟在奥运会开幕式现场接受采访,记者问他:“谁给你的票啊?”“我忘问了,就是个光头。”这样一种幽默的叙事方式,将日常生活当中的普罗大众真实地展现出来。又如《夺冠》篇中,弄堂中正在直播比赛,看比赛的群众头随着冬冬摆弄电视的信号而左右摇摆,比赛结束后,冬冬委屈地跑向父亲,号啕大哭,可是当父亲问起原因时,他却只能害羞地说女排夺冠他太激动了。《回归》篇中,朱涛在训练升旗科目,领导前来指导,告诉朱涛完成任务,发一个媳妇儿给他;旁边两个护旗手说自己也单身,领导最后表示完成任务都发媳妇儿。这一幕生动地将中国军人的担当与可爱表现出来。这一幕幕幽默诙谐地传递出普罗大众对祖国浓浓的爱意。

(三)话语文本的故事化

说概念不如讲故事,越复杂问题的答案其实越应该简单平实、生动形象。③ 在当今多元化叙事的时代背景下,好的故事讲述方式能够在较短的时间内抓住受众的注意力,用真实的语言来讲述感人的故事,往往比塑造的“高高在上”更加实在、有效。福柯说:“重要的不是故事讲述的时代,而是讲述故事的时代。”④《我和我的祖国》围绕

---

① 张晓杰. 中国公众参与政府环境决策的政治机会结构研究[M]. 沈阳:东北大学出版社,2014:140.
② 张冬利. “平民文化”话语权与马克思主义的中国化[J]. 北京青年政治学院学报,2012(7):74.
③ 苗兴伟. “中国梦”的话语建构与传播[M]. 天津:南开大学出版社,2018:139.
④ 陈林侠. 文化理论与电影分析[M]. 广州:暨南大学出版社,2013:15.

着向新中国成立70周年献礼这样一个“命题式作文”,由7位导演每人选取新中国成立以来每一个历史节点的精彩事件展开演绎,带领观众重新进入那一幕幕“重要时刻”,感受“我”眼中的祖国、“我”经历的祖国。祖国不再是抽象的、外在的,而是由一个个“我”的血肉之躯、情感之魂组合而成的。① 影片用7个故事来阐释属于全球华人的一份共同的回忆和自豪。这7个事件的背景分别是:1949年新中国成立开国大典、1964年我国首颗原子弹成功爆炸、1984年女排夺冠、1997年香港回归、2008年北京奥运会开幕式、2016年神舟十一号飞船成功着陆和纪念抗战胜利70周年阅兵式。影片以这7个事件作为出发点,选择不同年龄、不同职业、不同性格的普通人物,通过国旗将整个叙事串接起来,见证时代变迁。

二、共情化的表达

美国心理学家铁钦纳于1909年首次提出了“empathy”一词,此后“共情”出现在心理学大词典中。

什么是共情?中国人民大学心理研究所的刘聪慧、王永梅等教授认为:共情是个体面对(或想象)一个或多个个体的情绪情景时,首先产生与他人情绪情感的共享,尔后在认知到自我与他人有区别的前提下,对其总体状况进行认知评估,从而产生的一种伴有相应行为(外显或内隐)的情绪情感反应,且主体将这种情绪情感和行为指向客体的心理过程。② 简单地说,共情就是个人对他人的理解与认同。影片《我和我的祖国》作为一部主旋律献礼片,通过无数小人物的平凡事迹传递了奉献、担当、忠诚、关怀、责任的叙事理念,将观众重新带回当时那个年代,体会浓厚的家国情怀,从而产生“共情效应”。

(一)贴合70周年国庆氛围

电影作为一门艺术,是对现实生活的反映。正如克拉考尔所言:“电影本质上是照相的一次外延,当影片记录和揭示物质现实时,它才成为名副其实的影片。”③影片《我和我的祖国》的推出,具有三个现实背景:一是适逢祖国70周年大庆,人民在和平年代见证了新中国发展的辉煌成就,爱国热情不断高涨,全国上下都在开展一系列庆

---

① 尹鸿,黄建新,苏洋.历史瞬间的全民记忆与情感碰撞——与黄建新谈《我和我的祖国》和《决胜时刻》[J].电影艺术,2019(6):72.

② 刘慧聪,王永梅,俞国良,王拥军.共情的相关理论评述及动态模型探新[J].心理科学进展,2009(9):964.

③ 普林斯.真实的谎言:感觉上的真实性、数字成像与电影理论[J].王卓如,译.世界电影,1997(2):16.

祝活动,适时地推出一部具有强烈人文关怀气息的献礼片,让大众了解几代人的困难与荣光,体会新中国70年来建设的艰难与辉煌成就,将积攒了70年的爱国热情通过影片完全点燃;二是电影市场观影人群大多为"80后""90后",乃至"00后",他们成长于国家繁荣年代,衣食无忧,往往具有很强的民族自信和爱国精神,这样的一种爱国情怀能够在70周年系列庆典的浓郁氛围中被激发;三是新中国70周年大庆适逢中美贸易战正如火如荼展开,香港问题愈演愈烈,台湾问题复杂迷乱,国际局势持续动荡,外部势力持续对我国敌视和干扰,必须通过一场盛大的阅兵、一次隆重的庆贺,乃至一部部精彩、感人的影片来激发广大民众的爱国热情,以此来团结民众、统一思想。正是在这样的一种情感呼吁和现实感召下,《我和我的祖国》应声而出。

(二)集锦式短片对新中国70年的呼应

《我和我的祖国》采用的是集锦式表现手法,这在献礼片中可谓创新之举。集锦电影由不同的导演根据相同的主题制作各自的短片,尔后集合在一起形成一部长片。集锦电影内容丰富、影像风格多样、特色鲜明,在与一部长片几乎相同的时间中,可以传递更多的内容和信息,表达多重情感和思想;此外,一部一般意义上的长片可以表达少部分人的观点(导演或制片方),但多人执导尤其是多位名导执导的影片,用声画艺术表达各自的观点,这是集锦式电影的优势。以集锦电影的表现手法,就同一个主题诠释电影界的共同看法,是电影界重要的发声途径。《我和我的祖国》便是众多电影人团结在一起,用各自的才华向祖国70周年大庆献上的电影界的一份独特礼物。

在影片筹备之初,工作组整理了30多个与全民记忆有关的事件,最终筛选出7个典型,用7个小故事串起70年的大历史,形成辉煌历史的国家记忆;此外,每个短片间以书写的镜头实现过渡,讲述时代背景和短片主题,这样的一种转场方式巧妙地将7个片段连接起来,而贯穿其中的,则是万千民众对于国家的热爱和无私的奉献。

(三)题材求真务实

在剧本写作中,总制片人黄建新介绍道:"我们希望写出我们每个角色的优点和缺点,写出老百姓真实的精神气象。正因为这样,角色才可爱。电影中人的生命必须是生动的。"①在执导过程中,7位导演的艺术分寸感都控制得适度且到位,没有空话、套话,情感表达真实、细腻,人物塑造朴实善良,叙事节奏张弛有度。可以说,这7个故事呈现出新中国70年历程中不同节点的辉煌记忆,无论是故事表现的情景、人物和历

① 周冬莹.影像与时间:德勒兹的影像理论与伯格森·尼采的时间哲学[M].北京:中国电影出版社,2012:13.

史,还是故事背后的隐形主角,即祖国,所有的情感累积到最后,描绘出新中国的成长历史和民众的强烈爱国热情。此外,《我和我的祖国》所要表现的就是个体成长和国家发展之间的共通点,即被称为“共情”的东西;而这样的一种感性描述,所需要强调的就是“求真务实”,即人物栩栩如生、个性鲜明,故事源于实际,但又要以艺术手法进行包装,高于实际。在《夺冠》篇中,导演把女排夺冠的过程糅合在一段小朋友的懵懂中,活泼、自然,拥有无限灵动感。徐峥镜头里的上海弄堂像宁浩镜头中的北京胡同一样,也充满了“烟火气”。七嘴八舌的上海弄堂,目睹女排夺冠的观众的专注神情,既有世俗烟火,又有民族高光。每一次电视信号的中断都是情绪的一次助推,将“情”表现得细致又形象。在《白昼流星》篇中,扶贫干部苦心教导,让失足少年前往飞船下落现场,在亲身见证两位航天员的成功归来后,少年也被治愈。由此,观众也发现,扶贫不仅是物质的给予,更是精神的启发,在广袤大地上追逐光亮的少年就是勇敢奋斗追逐中国梦的万千大众。也许有人会说,《白昼流星》是一种浪漫、虚构的表现手法;但是,生活离不开幻想,而艺术是唯一把幻想当作幻想、把虚假当作虚假的。因此,艺术是唯一的真实,它就是以虚假创造真实。①《白昼流星》篇通过电影感与创造力,迎合了当下正在祖国大地上如火如荼展开的扶贫攻坚战,在真实与虚幻间游走,彰显了电影的艺术魅力。

三、结　语

《我和我的祖国》从小人物的视角出发,以集锦式的叙事方法,将商业片的制作手段、艺术片的思想深度、主旋律影片的创作要求提升到“共情化”的创作高度,从而摘得2019年国庆档票房桂冠,为主旋律影片创作树立了榜样。可以相信,随着国产电影制作技艺的日趋成熟、政策法规的逐步完善、创作人才的不断涌现,主旋律影片将会以更加成熟的姿态走上银幕、走近观众、走向世界,更好地讲述中国故事,记录这个伟大的时代。

〔师仪,福建师范大学传播学院广播电视专业2018级硕士研究生,主要研究方向:影视理论与批评〕

---

① 德波.景观社会[M].王昭凤,译.南京:南京大学出版社,2007:99.

当代“红色电影”的美学特征和海外传播策略

王烙斌

【摘要】当代“红色电影”是主流价值理念的银幕化表达,具体来说可以分为 20 世纪 30 年代的“红色电影”、战时与战后的“红色电影”、十七年时期的“红色电影”、“文革”时期的“红色电影”、新时期“红色电影”以及当代“红色电影”六个发展阶段。当代“红色电影”在国内热度和票房较高,在国外却鲜有人问津,面临着“自产自销”的困境,在“走出去”中举步维艰。为了提升“红色电影”的国际传播力,我们应在革新传统制度、提升影片质量和拓展传播载体等方面下功夫。

【关键词】红色电影 美学 《建国大业》 海外传播

“红色电影”是蕴含红色文化并弘扬时代主旋律、宣传爱国主义精神的电影。①“红色电影”记录了华夏的百年沧桑巨变和命运沉浮,体现了中华民族不屈不挠的奋斗精神,能够缅怀先烈、传承革命精神和激励当代青年。此类影片政治立场坚定,集国家的意识形态于一体并将意象形象化,通过艺术化加工呈现在公众面前。“红色电影”作为有着重大政治影响力的传播介质,肩负着传承“红色文化”和“红色精神”的重要使命。

中国的“红色电影”起源于 20 世纪 30 年代的左翼电影运动,从其发展轨迹可看出“红色电影”与当时的政治环境、电影技术和艺术的发展均有关联,不仅是社会现状的反映,更具有深刻的象征意义。在谈及红色电影时,“精神”一词的出现频率较高。此种“精神”可能为民族精神,亦可能是爱国精神或奉献精神。“红色电影”可以令观众产生精神的升华,而对于该类电影具有哪些特征,体现了什么样的美学价值,在电影“走出去”政策中面临什么问题,则值得人们深入研究。本文以《建国大业》和《建军大业》等影片为例,通过分析中国“红色电影”的发展历程和影片特性,对其美学价值和

① 卜雅静,鄢蓉慧.红色电影《建国大业》文本叙事分析[J].声屏世界,2019(8):41.

海外传播策略展开探讨,揭示"红色电影"的共性与特征,从而对上述问题作出一家之言的解读,以期对后续此类电影的创作有所裨益。

一、"红色电影"的历史脉络

中国早期的电影为旧市民电影,影片主题局限于婚姻、家庭、恋爱、伦理、武侠和打斗等①。直至20世纪30年代才开始出现"红色电影",并在不同历史时期显现出各异的影片风格。下文对中国"红色电影"的历史脉络作一简要归纳。

(一)20世纪30年代的"红色电影"(1932~1937)

"九一八"事变和"一·二八"事变引发了左翼电影运动。田汉、夏衍等革命先驱创作了《三个摩登女性》《大路》《风云儿女》等一批具有浪漫主义风格的"红色电影"。基于国内政治和社会环境,影片通过艺术化手法,较为隐晦地表达了渴望民族独立和国家安定的愿景。譬如,在影片《大路》中,运用蒙太奇手法进行电影创作,令筑路工人的亡魂从尸体上站起继续修筑通往抗战前线的道路,体现了该时期电影业的探索欲及民族精神,奠定了中国电影与民族大义相融合的基础。

(二)战时与战后的"红色电影"(1937~1949)

自"七七事变"至1945年期间制作的"抗战类"影片被称为"战时"红色电影。其主要集中于国统区,诞生了《八百壮士》《中华儿女》《胜利进行曲》等数十部抗日宣传片。该时期的"红色电影"摒弃了全面抗战爆发前电影中朦胧的表达方式,直接描写抗战,意在鼓舞人民和士兵的抗战热情,体现团结一致的伟大民族精神和时代风貌。随着1945年抗战胜利后国内政治格局的不断演变,"红色电影"的发展开始变慢。在1945年至1949年期间摄制的"战后"红色电影,仅有《延安与八路军》等少数几部,该时期的电影创作方向有所转变,多数影片均回避敏感题材。

(三)十七年时期的"红色电影"(1949~1966)

十七年时期指新中国成立后到"文革"前的一个特殊历史阶段。新中国成立初期,此类电影在描述故事情节及人物形象时观点较为主观,政治性和教育性较强,如《中华女儿》《钢铁战士》《翠岗红旗》等。在毛泽东提出"双百"方针后相继出现的《刘

---

① 钟大丰,舒晓鸣.中国电影史[M].北京:中国广播影视出版社,1995:15.

三姐》《红旗谱》《英雄儿女》等均属于优秀革命正剧。该时期的“红色电影”创作,艺术上大胆突破且风格多变,影片质量和数量均有所提升;由于社会环境稳定,“红色电影”出现短暂的繁荣。

(四)“文革”时期的“红色电影”(1966~1976)

“文革”时期受国内政治影响,“红色电影”的发展受到阻碍,样板戏“经验”和“三突出”原则制约着我国“红色电影”的发展。该时期的“红色电影”主要为经典翻拍剧,如电影《南征北战》《平原游击队》《渡江侦察记》等。“文革”后期出现了《难忘的战斗》《海霞》《闪闪的红星》等少量红色影片。受当时中国社会主流意识形态的冲击,尽管该时期的电影制作技术水平有了一定的进步,“红色电影”的整体质量却呈现降低趋势。

(五)新时期的“红色电影”(1976~2008)

“文革”结束后,“红色电影”重新焕发生机。该时期的“红色电影”在技术和艺术上均有所提升,如《南昌起义》《西安事变》《百色起义》《开国大典》等影片,深得观众好评。随着对“两个凡是”的否定和改革开放政策的提出,中国电影产业逐步复苏,运用新技术和新观念拍摄的大量“红色电影”,在弘扬“红色精神”的同时,亦培养了一批有着特殊阅历的电影技术人才,促进了新时期“红色电影”的发展,但该时期此类影片的商业性仍然较弱。

(六)当代“红色电影”(2008~2019)

随着科技进步,当代“红色电影”的创作迈上了新台阶,在借鉴国外同类影片技术的同时亦保持着民族特色和风格。如近年来的《建国大业》《我的长征》《辛亥革命》《复兴之路》等,以国家重大历史事件为题材,融合现代影像技术和审美意识形态,是融政治、商业、思想及艺术于一体的“红色电影”。该时期的“红色电影”有着东方电影的灵魂和西方电影的启示,打造了具有民族风格的影片。[①] 值得一提的是,此类“主旋律影片”与“主流影片”之间还有一定距离,“红色电影”的发展之路仍较漫长。提升“红色电影”的制作质量及正确引导观众的审美趋向成为此类电影面临的首要问题。

① 潘桦.世界经典影片分析与读解[M].2 版.北京:中国广播影视出版社,2013:257.

二、当代“红色电影”的创作题材和特点

（一）创作题材

当代“红色电影”题材较为多样，本文仅围绕新中国成立的几部电影展开论述。黄建新是中国第五代导演的领军人物之一，在第五代导演集体转型的浪潮中，黄建新选择“红色电影”作为突破口，先后参与创作了《建国大业》《建党伟业》《建军大业》《决胜时刻》《我和我的祖国》等，取得了票房和口碑的双丰收。此类影片有着浓厚的作者电影风格，渗透着黄建新的电影哲学。通过《建国大业》等电影的名称便可看出，选择近现代典型的重大历史事件，讲述中国人民争取和平、自由、民主和富强的光辉历程，有较高的史料价值和教育意义。

（二）创作特点

1. 政治附庸娱乐

随着当代“红色电影”商业性的提高，影片中明星的使用成为重要的市场策略之一。① 如《建国大业》中明星的数量达到172位，在为票房赢得保障的同时也为影片蒙上了一层“泛娱乐”的面纱。艺术化加工使人物形象更加鲜活，但存在一定的负面影响。如《建军大业》中，某历史人物的扮演者为国内当红青年偶像明星，招致部分革命先烈后代的指责。

在社会审美观念日趋转变的背景下，电影须满足受众多样化的娱乐需求。因此，在政治和娱乐间寻求平衡点成为关键。“过度娱乐”会导致“红色电影”严肃性缺失和艺术性降低。创作者在对影片进行润色的同时须充分考证史实。此类影片在传播民族精神的同时也应秉持认真负责的态度，在涉及国家领土完整和先烈形象时更须慎重。面对电影发展的关键阶段，应把握政策导向和时代契机，避免出现“红色电影”的“娱乐至死”现象。

2. 映照“五四精神”

近年来国家大力弘扬主旋律精神，在影视创作中体现得尤为显著。主旋律影片具

---

① 潘桦，史雪云. 从左翼电影意识形态话语的建构策略看主旋律影片的策略演变与回归——兼谈影片《建国大业》《建党伟业》[J]. 现代传播，2011(12)：82.

有发扬中国精神、渗透主流价值观、展示国家形象等功能。如《建国大业》和《我和我的祖国》等,在展示共和国光辉历程的同时,有着鲜明的宣传和引导作用。

"红色电影"中蕴含着深刻的爱国情愫。在"创作主旋律作品"的鼓舞和号召下,黄建新在献礼片中做了较好尝试。通过《建国大业》《建党伟业》《建军大业》《决胜时刻》《我和我的祖国》等"红色电影",他将个人情感融入国家情感,既有对国家的热爱又不乏对人民的关怀。通过隐喻和象征等艺术手法,表现了五四运动所张扬的"爱国"和"民主";讽喻旧社会政治腐败的同时,对侵略者和反动统治进行无情的鞭挞。"红色电影"对"五四精神"的传播发挥着无可替代的效用,而"五四精神"也在引领着"红色电影"的创作走向。①

3. 视角层次鲜明

当代"红色电影"将宏观、中观和微观视角相融合。如 2019 年上映的《我和我的祖国》,在 7 个故事之一的《前夜》中讲述了旗杆顶部一个小零件的制作过程,体现了小人物的"工匠精神";为《回归》中的"香港回归"事件注入了国家层面的领土观念;在《护航》中聚焦于飞行员的团队精神等。影片通过不同视角呈现了国家发展的多个侧面,讴歌了默默坚守于本职岗位的无私奉献的普通人。

此类影片没有沿袭传统"红色电影"容易陷入战争场景的俗套,而聚焦于历史人物的"人性化",即侧重于表现先辈们对战争的运筹帷幄与普通生活场景。通过平民视角展开叙事,在拉近观众与电影"心理距离"的同时,呈现出别样的历史故事。

4. 塑造英雄群像

"群像式"手法是在戏剧或电影中同时塑造多个主要人物,与中国传统绘画中的"散点透视"技法有异曲同工之妙。一部作品中有多个叙事主体,有利于创建复杂的电影结构。"红色电影"运用"群像式"手法,突出英雄人物的个性特征,从多个侧面展示历史人物的光辉形象,符合马克思主义的"群众史观"。近年来,"红色电影"在塑造革命先烈形象时除了有传统的共产党英雄人物外,也增加了对国民党部分高级将领的正面描绘。如《建国大业》中对张治中和傅作义的塑造,做到了正视历史和还原历史,既是对革命先烈的缅怀,亦是对历史的尊重。

此类电影中的正面人物形象多具有献身精神和较强的战斗能力,在主要角色塑造

① 史博公,吴岸杨. 早期电影与"五四精神"互动关系研究——基于中国电影社会学视角的考察[J]. 现代传播,2019(5):92.

中,已经形成了较为固定的表达方式。但此类“典型化”和“符号化”处理也存在弊端,易造成人物形象的套路化和扁平化,阻碍了“红色电影”的深度发展。

三、当代“红色电影”的美学价值

(一)传承现实主义风格

现实主义电影起源于意大利,意在还原生活的本真。“红色电影”的风格侧重于现实主义,镜头多选用平视角度,强调真实性与客观性,包含对现实的批判、浓缩和再现。长镜头作为现实主义的重要代表有高度的纪实性,能够体现影片的纪实美学特征。如《建国大业》中蒋介石和宋美龄在南京拜谒中山陵时,从后陵向前门折返时长镜头的“先推后跟”,以及《百团大战》中八路军冲锋抢夺日军阵地时的航拍长镜头等,呈现了较为真实的历史画面。

“红色电影”主要描述的是20世纪硝烟弥漫的历史,还原真实历史环境下的人物,呈现真实的战争岁月。此类影片通过逼真的布景和造型,保持了历史场景的真实性。在历史事件上做到了逼真再现,在细节处理上细腻营造,通过电影化的处理,呈现出立体的人物形象。

(二)塑造中国革命史诗

史诗级影片有着特殊的意识形态,在诠释战略思想的同时,将历史性与诗性相结合,有着历史维度的真实。“红色电影”题材重大且视野辽阔,整体风格较为庄重。譬如,影片《建国大业》在时空结构方面贯穿半个世纪,承载着新民主主义革命的光辉历程。在人物塑造方面别出心裁,有“白天打灯笼”的冯玉祥、演讲后遭枪杀的闻一多、怒发冲冠的周恩来以及战火中躺担架睡觉的毛泽东等,将鲜明的人物形象赋予了诗意化的表达处理。

史诗的观念通过史诗的手法或技艺得以表现,而史诗的创作又是一项极其复杂且高难的艺术。[①] “红色电影”在创作中有着宏大的背景、众多的演员及复杂的事件线索,既注重纵向时间跨度,亦不乏横向地域广度,给受众以直观的震撼感。“红色电影”以艺术化的技法再现战争岁月,呈现历史性的厚重和诗性的轻盈,使作品获得了

① 曹茹,郭小旭.论史诗纪录片的观念与史诗性表达[J].现代传播,2019(2):112.

持久的生命力。①

(三)叙事逻辑后现代化

后现代主义源于现代主义又不同于现代主义。后现代叙事将多个有关联的事物进行整合统一,通过具象的写实表达作品的内涵与深度,达到对历史和社会的理性反思。如电影《我和我的祖国》以零散故事串联整部作品,以爱国为线索结构整部影片,使其形散而神不散。"前夜""相遇""夺冠""护航"等段落之间看似相对独立,实则将中国发展的重要历史时刻通过情感进行整合,实现了对纵向历史的融合表述。

当代"红色电影"在叙事中既有对历史文化的继承,亦有创作者个性的体现,却没有固定的叙事逻辑。一方面,通过线性叙事与非线性叙事的综合运用,表达复杂、多元的矛盾冲突。另一方面,虚实结合在"红色电影"叙事中亦较为常见。在此类电影剧本的改编中,历史事件为实,故事细节为虚;客观描述为实,主观判断为虚。比如,在《建军大业》中,陈独秀主持的是否应该向国民党交枪的会议为实际发生的历史事件,该会议的具体经过有虚构成分。

(四)剪辑呈现张力美学

电影的灵魂是节奏。节奏可通过叙事、声音及剪辑等方式呈现在电影银幕上,具有提升观众的审美感受和增强电影艺术感染力的作用。② 近年来,"红色电影"借鉴了好莱坞式蒙太奇手法,以增加镜头数量提升影片节奏来制造影像张力。如影片《建国大业》的镜头帧率接近好莱坞标准,使得整部影片节奏紧张,扣人心弦。

"红色电影"中的另一种张力类似于文学中的"余味",能够引发电影观众对剧情、社会或影片所涉历史的思考,从而收到"言有尽而意无穷"的效果。如电影《我和我的祖国》中所表现的"前夜""夺冠""回归""北京你好""白昼流星"等事件,在试图引起观众回忆的同时,亦令观众产生了民族自豪感。此外,合理设置的"张力",能够增加此类影片的艺术性和趣味性,提高影片的商业价值,从而促进"红色电影"的发展。

---

① 张春蕾.《大地》的"史"性和"诗"性[J].西北民族大学学报(哲学社会科学版),2009(5):114.

② 卫柔羽.娄烨电影的美学特征研究[J].广西教育学院学报,2018(6):72.

四、“红色电影”的海外传播

（一）海外传播困境

近年来，“红色电影”的数量呈现上升趋势，影片在技术性和艺术性上也均有较大提升。此类电影在国内的热度和票房均较高，在国外却鲜少有人问津，面临着“自产自销”的困境，“红色电影”在“走出去”中举步维艰。

“红色电影”作为弘扬中国主流社会意识形态和主旋律观念的窗口，在境外传播中受到多重因素的限制而导致其传播效果不佳。除文化差异导致的鸿沟外，在影片内容、企业制度、政策导向及传播渠道等方面均面临着传播的阻力，不利于多元文化的交融互渗。因此，打破文化传播壁垒成为当代“红色电影”需要解决的首要问题。

（二）海外传播策略

1. 革新传统制度

一是政府调整政策。政府对电影出口政策的宏观把控是促进“红色电影”海外传播的基础。文化输出有利于世界更深入地了解中国。现有的广电法律效力较低，电影版权贸易在对外贸易法律中尚未有所提及，且民营资本较难在其中发挥作用，对我国的“红色电影”出口形成一定阻碍，不利于文化输出。对此，政府应当加大立法保障，出台针对电影出口的专项法律法规。其次，政府应当为影视业民营资本提供合理的金融服务，通过政策的引导和战略统筹，拓宽“红色电影”的国际市场，从而逐渐增加中国在电影发行业的话语权和主导权。

二是企业自主改革。电影企业自我改革是产业发展的核心。电影企业多重视国内市场，在电影出口中缺乏对国外市场的调研，对国外电影市场认识不足而难以精准施策，导致国产影片难以走出去。电影企业应当主动调查西方社会的观影喜好，精准定位受众群体，做好“红色电影”生产和输出的“把关人”，从而提升此类影片的国际影响力。

2. 提升影片质量

一是扩展叙事维度。在“内容为王”的观影时代，影片质量成为衡量其优劣的重要标准。“红色电影”的创作需要以观众的实际需求为导向，在符合国际标准的前提下守正创新。现有的“红色电影”均是对中国近代史的再现，其应当适量融入“国际叙事”以扩大影片视野。此外,该类影片可以在剧本创作中酌情选取多个叙事中心,避免影片内容的单一化,增强影片的故事性。

二是实行分类译制。海外传播属于跨文化叙事,“红色电影”传播必须考虑部分国家使用的语言相同,但文化特性有所差异的情况。比如,出口影片的单一英文版难以符合所有英语国家的语言习惯,不同国家的受众对于影片的英文字幕会产生不同的理解,以致此类译制片不能准确传达影片原意。对此,在译制片的创作中应当实施“一国一策”,即文字翻译和配音应当符合不同国家的语言习惯和文化特征,力求“红色电影”译制专业化、人性化和精细化。

3. 拓展传播载体

一是借助新媒体传播。互联网时代新媒体的地位较为突出,借助新媒体宣发成为“红色电影”海外传播中除“院线”外的新路径。譬如,在互联网平台以“网络大电影”的形式播出,或将此类影片中的精彩片段以“短视频”的形式在相应的视频平台播出,从而增加此类电影的传播效果。

二是缔造“红色IP”。在传播途径越发多元的当下社会,“经典IP电影”成为文化传播的新宠,美国与日本已发展了完整的IP电影产业链。对此,“红色电影”发展其产业IP需要以影片质量为先导。在推广此类影片的同时,应发展以“红色电影”为主体的附属产业,进而达到更为全面的文化输出。比如,“红色IP”可与服装、报刊、动漫和文创等多种行业相融合,从而更好地传播中国的红色文化。

〔王烙斌,中国传媒大学电视学院2019级本科生,主要研究方向:网络与新媒体〕

口述历史与个体记忆的关系

——新疆生产建设兵团口述历史系列纪录片《兵团人》研究

黄东利

【摘要】本文以系列纪录片《兵团人》为例，分析"记忆是口述历史的核心"观念，并探讨口述历史在发展过程中与记忆相辅相成的作用关系。除了新疆生产建设兵团自身历史对社会发展的重要性与军垦兵团人口述材料的珍贵性之外，在视听语言上，口述历史的"第一人称"成为记忆的主体，记忆的完整性与真实性得到口述历史的佐证。在叙事方式上，口述历史的叙事方式丰富了记忆的内容，记忆的逻辑性得到叙事方式的升华。在个体身份认同方面，口述历史中的记忆蕴含着大量的情感价值，人们可以通过口述历史唤醒内心多重身份认同。

【关键词】口述历史　视听语言　叙事结构　情感价值

新疆维吾尔自治区新疆生产建设兵团(以下简称"兵团")位于祖国西北边陲，一共有14个师，下辖大大小小共146个农牧团场。一代又一代的兵团人肩负着"屯垦、戍边、维稳"的历史使命，在这片土地上默默耕耘，见证了新疆的开拓与发展。经过一个甲子的屯垦戍边的筚路蓝缕，兵团人从共和国西部波澜壮阔的屯垦戍边画卷中走出，带来一段时期共有的集体记忆与独特的个体记忆，同时也有着重要的口述历史取材意义。本文将选取系列纪录片《兵团人》展开集中分析与讨论。

一、文献综述

(一)人的记忆与口述历史纪录片

人的记忆一直是最难以捉摸的现象，学者们很早就开始了对人的记忆以及人与社会、集体关系的研究。1932年，英国心理学家弗雷德里克·巴特莱特(Frederic Charles

Bartlett)从心理学的角度开展了对记忆的社会属性的研究,并开展了一系列的试验。① 他认为个体回忆与社会习俗化的过程有精确的相似性,但是并不能就此证明社会回忆或者群体记忆就发挥了它对个人的作用,因为个体在群体中的位置是有局限性的,群体记忆只有通过个体这一中介才能发挥作用;虽然每个个体在群体中的影响是有限的,群体记忆却可以通过作为中介的个体得到传播、继承。也就是说,无论是社会记忆还是群体记忆,记忆的主动权先在于个体;个体的需要与使用,影响着记忆的重复使用与多次建构。而在社会的发展过程中,口述历史方式的出现使得个体记忆与集体记忆、社会记忆之间有了新的连接,也使集体记忆与社会记忆逐渐有了新的历史继承与合理的位置。

面对社会发展的多样性以及历史的更新迭代,人们从记忆的承载者这一视角重新思考记忆如何从个体转移或者生成集体记忆再对社会产生影响,究竟什么样的记忆值得保存以及记忆会怎样保存。较近的学者中,美国的保罗·康纳顿(Paul Connerton)在《社会如何记忆》一书中提到了集体记忆的概念,他将记忆与社会秩序联系到一起,认为任何社会秩序下的参与者必须有一个共同的记忆。② 共同记忆的连续程度越低,社会维持秩序的过程就越困难。集体记忆的建构在维护权力的合法性和统治秩序中扮演了重要角色,是社会认同塑造的重要力量,也是代际传承的重要中介。③ 除此之外,社会还可以通过纪念仪式与身体习惯完成记忆。一方面,人们通过不同的持续的仪式保持对过去的回忆;另一方面,人们也通过体化实践与刻写实践,即人类身体的直接或间接参与传递集体记忆,如打招呼的方式、检索与储存信息的方式等。

但是,有学者提出,人类记忆在实践的演化过程中,先有个体的脑力记忆再有两人间的结构性记忆,逐渐形成群体间的合作性记忆,最后发展到人机间的交互性记忆(借助科技的渠道性、媒体性交互记忆)。④ 这种发展表明,人的脑力记忆是十分有限的,需要借助媒介才可以实现保存甚至某种意义上的改变。随着社会的发展,大众媒介承担了传递信息、解释社会现象、提供娱乐等多重功能,还作为更为重要的传递载体,传播与建构着人们的记忆。

现代社会,作为一种先进的媒介,口述历史纪录片对集体记忆的重构、人们过去的历史记忆的发掘、保存与传播逐渐显现和发挥着重要的作用。历史记忆作为社会记忆的重要组成部分,是连接个体与集体再到社会、民族与国家认同的情感联系的纽带之

① 巴特莱特. 记忆:一个实验的与社会的心理学研究[M]. 黎炜,译. 杭州:浙江教育出版社,1998:400-403.
② 唐纳顿. 社会如何记忆[M]. 纳日碧力戈,译. 上海:上海人民出版社,2000:3.
③ 周海燕. 媒介与集体记忆研究:检讨与反思[J]. 当代传播,2014(9):46.
④ 邵鹏. 媒介记忆与个人记忆的建构和博弈[J]. 当代传播,2012(4):26.

一，需要通过媒介的重构、表达与传播来展现其历史底蕴与现实意义。口述历史纪录片作为影像表达的重要形式，通过历史档案、日记、录音采访、老照片、手稿资料等形式的物件的重组，可以很好地传承历史记忆，形成新的社会记忆点。

（二）我国口述历史的发展

如何定义口述历史、厘清口述历史与记忆之间的关系，学术界普遍认可的是左玉河的观点，即口述历史是研究者基于对受访者的访谈口述史料，结合文献资料，经过一定稽核的史实记录，对其生平或某一相关事件进行研究；是对口述历史资料的加工、整理和提升，而不是访谈史料的复原。[①] 通过对历史资料的收集与整理，运用现代科学技术，完全可以实现对历史的复原、存储等需求，而口述历史这一工作通过对历史资料的二次整理与补充，目的在于从历史中获得新的东西，与人们的记忆连接起来作为人类与社会发展的很好继承。

中华人民共和国成立初期，我国的口述历史整理工作主要体现在编辑出版革命、运动、战争等领域的出版资料与读物，政治宣传色彩浓厚，可读性弱；20 世纪 80 年代以后，口述内容转向文化领域，口述历史的访谈对象由精英群体逐步转向“边缘群体”，口述历史的成果也以纪录片、专题片等多种方式呈现与表达。[②] 可见，口述历史的内容经历了从革命、运动、战争等到文化范畴的转向，记录手法从文字著述为主转向音频、视频影像拍摄等更为鲜活的方式，访谈对象从具有典型性与代表性的少数精英群体，过渡到以普通的、底层的“边缘群体”为主。

目前，有关兵团建设与屯垦戍边的口述历史的既有成果集中于书籍出版，例如《西部女人事情》《当代新疆屯垦口述史》《穿过历史的尘烟》等，或馆藏于图书馆、当地博物馆，或收录于报纸杂志；也有地方电视台出品的影像专题片，例如大型系列纪录片《千古之策》《新军垦战歌》《兵团人》等。作为一种记忆承载，这些口述历史实践作品记录了对一代又一代的兵团人尤其是第一代军垦老人的走访，通过文字、图片、声音、视频等方式，一方面，重现当年兵团的社会生活场景，重塑当代兵团人的历史情怀与责任感知；另一方面，则有效地将即将消失的记忆保存起来。

相较于其他生活类、人文地理类的纪录片，《兵团人》同时展现了兵团的历史与现今变化，包括人文风貌、产业进步、社会变迁等；相较于同类型的以兵团历史为主题的纪录片、专题片，《兵团人》的访谈对象更为丰富，画面更为写实，使得口述历史的表达

① 左玉河. 热点透视与学科建设：近年来的中国口述历史研究[J]. 中华文化论坛，2011(1)：39.

② 颜井平. 1949 年以来我国口述历史的发展与出版[J]. 出版发行研究，2018(1)：121.

更为清晰,分析更为集中。因此,本文以系列纪录片《兵团人》作为案例,从影像作品的视听语言、叙事方式、情感价值等角度,分析口述历史实践作品在口述对象、影像呈现方式、线索安排等方面的特点,揭示“记忆是口述历史的核心”这一命题的创作规律。

二、纪录片《兵团人》概述

系列纪录片《兵团人》目前暂无可考的完整的网络背景资料记录,因此本文主要从该纪录片的内容与结构上分析记忆与口述历史的关系。该片于 2018 年 9 月 27 日在网站“兵团在线”上线,目前上线的一共有 4 集,每集片长 30 分钟。

第一集《信念》的主题是早期的兵团人由军转民,驻守边疆、屯垦开荒,建设新新疆的历史往事。主要人物有参与了 1949 年 10 月“进军和田平息叛乱”的兵团——第十四师四十七团的军垦老兵王传德,以及从部队转业以后投入“扎根新疆,屯垦拓荒”大生产之中的老兵盛成福、李炳清、羊世望等。此外,片中还记录了兵团第九师一六一团的魏德友、刘京好夫妇见证中哈边境界碑等设施的贯通,无偿守卫边境五十余年的经历;新疆裕民县兵团第九师一六一团驻地的“孙龙珍连”以及因其命名的兵团儿女孙龙珍在边境线上与敌人搏斗光荣牺牲的英雄事迹。

第二集《家园》的主题是兵团的女兵们吃苦耐劳,经受岁月的洗礼,与男兵伴侣携手走过屯垦戍边的人生。主要内容有老兵王传德述说妻子王秀兰支援边疆建设的往事,以及老兵盛长福、杨世福解析当年王震将军动员女兵支援边疆的原因。新疆生产建设兵团第八师女兵戴庆媛、华淑媛、邢桂英、陈启鹤、姚秀兰、肖永怀、金茂芳、孙希荣讲述年轻时奔赴边疆与老兵们喜结连理、共同生活的时光。“冰峰五姑娘”之中的刘君淑、姜同云讲述参与修建乌库公路的艰苦岁月。本集的最后,女兵华淑媛回忆了自己学习拖拉机技术开垦荒地,差点与自己的孩子天人两隔的经历。

第三集《熔炉》的主题是来自五湖四海的兵团人在边疆守望相助,各族人民紧紧凝聚在一起,共同建设美好新疆。主要人物有兵团第十四师一牧场的“喜喜连长”张永进、少数民族职工艾山江·阿不都克里木等。片中讲述了他们带领当地民众脱贫致富、资助当地居民生活的故事。兵团第九师一六一团医院的医生梅莲,三十多年来在巴尔克鲁山牧区问诊行医;兵团第一师十三团十一连的尤良英帮助另一村的麦麦提图如普·穆萨克脱贫,亲如姐弟;兵团第一师四团粮油厂的卡小花·卡尔德有十二个孩子,其中十个是不同民族的孤儿。

第四集《奉献》的主题是兵团工作者们为了新疆这片土地上的人民群众安居乐业

与平静祥和而默默付出、辛勤耕耘的故事。他们有的奋战在生死边缘的第一线，有的兢兢业业突破多项科技大关。兵团第七师奎屯河流域管理处的常俊青，在打冰时不慎落水，得到同事李子鹏的相救；然而，李子鹏不久后却因为同样的救人行为而落水牺牲。六十五团的研究员徐春棠一生扑在薰衣草栽植事业上，对技术员童正科、戴玖勤等学生言传身教，积劳成疾，因病去世。中科院院士陈学庚带领团队不断突破技术限制，研发出大量高科技农业机械，履行了发展兵团、保卫边疆的庄严使命。

三、口述历史手法在《兵团人》中的呈现

（一）视听语言：口述历史佐证记忆的完整与真实

20 世纪八九十年代以来，中国掀起了“新纪录片”运动，纪录片创作者们积极拍摄被主流和官方媒体边缘化的社会题材，强烈回应并对比官方媒体所描述的主流意识形态。某种程度上，“新纪录片”作品代表了一种社会民主新形式，是对主流意识形态的补充和纠正，为普通人提供了成为历史写作中重要角色的机会。口述历史纪录片是“新纪录片”运动的典型代表。美国作家、影评家唐纳德·里奇认为：“访谈的价值就不在于故事的正确性，而是在于可当作一种工具，去分析故事遭到扭曲的根源，以及去测度在不利的感受映照下，被理想化了的自我。”[①]《兵团人》通过对军垦老人的访谈，从个体的视角以小见大地展现了那段军垦岁月，每个个体也因此有了登上历史舞台的机会与话语权。

军垦老人的访谈在纪录片中起到了“情景再现”的作用，让兵团的开垦发展史更加完整。除了片中镜头的远景、近景、中景、特写等之外，该片用技术复原影像手段展现了很多主人公的合影，尽可能地调用了现存的视频资料（以过去的黑白影像与近些年的彩色影像对比区分社会变迁）。第一集在反映早期兵团人如何由军转民开垦荒地，在恶劣的环境下仍然热火朝天地开展生产的历史时，就运用了军垦老兵的访谈，其在片中发挥了情景再现作用。

第一集《信念》中，九十二岁高龄的老兵王传德说：“首长就命令我们必须走塔里木这条路，才能早点进入和田……”1949 年 10 月 12 日，王震将军带领十万大军进军新疆，命令第一野战军第一兵团第二军五师十五团转入和田平息叛乱，当时的装备条件有限、行军过程艰苦，记录这一事件过程的手段缺乏，唯有通过老人们的描述，现在

① 里奇. 大家来做口述史[M]. 王芝芝，姚力，译. 北京：当代中国出版社，2006：23.

的人才能对这段伟大的征程有一个基本的了解。过去的影像与照片的内容是匮乏的、不连续的,口述历史能够帮助人们增强对进军和田记忆的完整性,也能够增强人们对兵团建设记忆的完整性,以淡化人们对历史的距离感与模糊感。反过来,现存的史料也为口述内容提供了多重证据,增强了口述史料的真实性与可信度。

以往的纪录片中,解说词是视听语言的重要组成部分,用于补充描述无法用镜头表达的内容,渲染画面气氛。然而,口述的魅力在于它虽然扮演了一部分类似于解说词的角色,提供的却并不是官方权威的解说。它为同一历史事件的阐释提供了不同的视角与多种可能,从而形成对历史新的思考场域,修饰人们对某段历史内容的刻板印象,佐证社会记忆的真实性。第二集《家园》中,1950 年,湖南最先开展声势浩大的社会动员,让女青年当兵去边疆与老兵们结成夫妻,出现了大量的有一个批条就能结婚的“包办式婚姻”。现在的人们或许很难想象这样的婚姻生活能够幸福,并且有可能会对当时的社会动员产生怀疑。而华淑媛等年逾古稀的女兵们以“第一人称”的立场讲述,颇具说服力地打消了人们的疑虑。湖南女兵戴庆媛在接受访谈时说道:“听党的话,听毛主席的话,我们的思想转变得很快,就安下心、扎下根,长期建设新新疆。”

能够被提取与保存的记忆始终是有限的,人们更愿意相信一成不变的历史真相,往往对记忆是否有失偏颇、记忆能否被激活、人们如何铭记历史、“吃水不忘挖井人”等等一系列产生疑惑。但是,口述历史并不是质疑它的正确性与推敲信源的可信度,而在于它能够提供一段历史中不完整的段落。

(二)叙事方式:口述历史丰富记忆的内容

系列纪录片《兵团人》主要是由历史画面配解说词,以插叙的方式穿插不同代际兵团人的访谈作为口述材料予以呈现。不同的叙事方式能够影响一部纪录片的调性与主旨:顺叙能够让人们在观看纪录片时注意到时间的流逝,按照时间顺序看到事件的开始、发展、高潮与结束的发展过程;插叙则可以让所有材料相对独立地有组织呈现,有助于情节的展开,突出升华主题,让纪录片结构富有变化。

在四集系列纪录片《兵团人》中,“大顺叙 + 小插叙”的组合结构十分清晰。第一集到第四集以兵团建立、兵团大生产、兵团建设、兵团未来为主线,中间插入介绍了新疆生产建设兵团六十多年来不同代际的兵团儿女前赴后继投身于兵团事业的副线。随后,每一集穿插三到四个主人公的故事,解说词伴随着历史照片、历史影像资料、主人公当下的退休生活等;其余部分皆是插入了“兵团人”的回忆式访谈,让整个纪录片的叙事过程显得流畅而不失趣味。此种叙事方式丰富了纪录片的主体结构,也凸显了口述历史的不可或缺性。

回忆式访谈中出现的时间类高频词有“那个时候”“以后就好了”“当时”“现在回忆一下”“如果”等,时间跨度给受众带来的观感与听感更加深刻,其引出的对某一历史片段的回忆也更加充实。第一集《信念》中提到这些军垦兵团人的年龄“耄耋者九十有二,古稀者七十有八,平均年龄八十五岁,平均军龄六十六载”,他们的采访内容混杂着年代久远的创伤与陈述事实的真实感,能够激活大众对历史的感怀与共鸣,从而实现以影像为代表的大众媒介的教育功能。片中还提到新中国成立后,为平息叛乱亟须迅速进入和田,当时的路线选择不止一种,第一野战军第一兵团第二军五师十五团的士兵们却选择了最危险的一种。兵团第十四师四十七团老兵王传德说:“原计划走好路(顺畅的路)就是不行,就是耽误时间,首长就命令我们必须走塔里木(横穿塔克拉玛干沙漠)这条路,才能早点进入和田。”

记忆的个体本身是单薄的,记忆的内容有时会混杂不清,而良好的叙事方式则有助于保持事实的清晰性与逻辑性,让口述历史变得鲜活,让记忆中的单面个体形象变得立体化,给予历史更为丰富多维的解读,也有利于减轻关于兵团建设过程中艰苦岁月的记忆创伤。口述历史在公共空间与大众媒介中的呈现,能够引发大众的个体记忆,成为社会历史与社会记忆密切相关的一部分,这也意味着访谈者与受访者之间建立起的访谈信任转化为一种社会行为。第一集《信念》讲述戍边女兵孙龙珍为国捐躯的英勇事迹,人们缅怀至今。孙龙珍女儿于敏秀说道:“要是我妈妈不牺牲的话,她和千千万万老军垦一样,会在这儿待一辈子。那么在老年人队伍里、秧歌队里,都会看到她的身影,她也会儿孙满堂……”

正如上文保罗·康纳顿的观点,任何社会秩序都离不开社会记忆的维系,口述历史通过不同的叙事方式,能够借助大众媒介丰富记忆的内容,记忆是口述历史中最有价值的核心。口述历史的纪念与历史价值在于它影响着公众对历史事件认知的变迁过程,也影响着公众记忆的形成和变迁。[①] 记忆给人们带来的不仅有军垦戍边的艰辛与不易,还有为国镇守边疆的自豪与无悔的感情;记忆给人们带来的不仅仅是补充主流媒体对这段历史往事的解说词与档案资料、老照片,还有平衡情感的、主观的集体记忆与线性的、历史的、敏感的个体记忆。

(三)情感价值:口述往事唤起身份认同

老兵魏德友除了谈论自己为什么愿意在5600多公里的边境线上巡边垦荒之外,在谈到自己的女儿时他哭红了眼睛,“这些年我对不起她们,我没有陪她们,人家的孩

① 李娜.当口述历史走向公众:“公众口述历史”中的伦理问题刍议[J].社会科学战线,2016(3):101.

子什么都有,我对不起她们”。一个兵团老人的铁骨柔肠让人不能不为之动容。在社会学领域中,人们认为个性是通过社会化及我们如何在他人面前表现自己而形成的;在这个过程中,个体很容易形成或改变对某一群体的认同。在王震将军的带领下,第一批参与新疆生产建设兵团的人成为第一代“兵团人”,他们的子子孙孙逐渐成为“兵二代”“兵三代”。不光是社会公众,即使是作为兵团人的后代,他们也并不能保证对军垦老人的往事有深入的了解并产生共鸣。

口述历史可以找到主人公与社会大众的共通点与不同点,有一成的主人公在谈到自己经历的艰苦岁月的时候,面对亲人的失去与自身的创伤,都会忍不住流下眼泪。这种真情实感的流露是与大众沟通的关键节点,同时也淡化了人们对于口述历史真实性的怀疑。口述历史倡导维护公众利益,争取边缘人群或普通人群的话语权。因此个人的记忆对口述历史至关重要,因为只有个体记忆才能够在带来历史真实感的同时具有记忆的情感价值,才能对社会发展产生一定的作用。

在一定时间与空间的特殊环境中,生活在西北边陲的人形成了自己是一个“兵团人”的个体身份认同,通过影像媒介的传播作用,加强了集体认同与社会认同。

四、结　论

记忆是口述历史的核心。

口述历史虽然不是《兵团人》这部系列纪录片的核心,但却是其中的闪光点。其一,口述历史的“第一人称”成为记忆的主体,记忆的完整性与真实性得到口述历史的佐证。其二,口述历史的叙事方式丰富了记忆的内容,记忆的逻辑性得到升华。其三,口述历史中的记忆蕴含着大量的情感价值,人们可以通过口述历史唤醒内心多重身份认同。

本文以新疆生产建设兵团口述历史系列纪录片《兵团人》为例展开相关研究,可以发现,记忆是口述历史中最核心的要素,有了个体的记忆才有补足或进一步解读历史的可能性,才有让普通人登上历史舞台、讲述历史细节的机会。不足之处在于,这部系列纪录片并不只拍摄了纯粹意义上的口述历史事件,局限于这部纪录片的分析同样会限制研究口述历史与记忆的关系的视角。因此,在后续的研究中,须进一步加强与其他口述历史实践作品的比较与深入探讨。

〔黄东利,中国传媒大学 2018 级硕士研究生,主要研究方向:新媒体传播〕

论当代都市电影中的女性身体叙事与美丽意识形态*

蒋洪利

【摘要】在以《瘦身男女》《丑女大翻身》为代表的当代都市电影中，女性身体往往被塑造得纤细而美丽以参与都市爱情神话的建构。与之相对的，肥胖与丑陋则成为一种隐喻的疾病。不仅如此，电影镜像还以合谋者的身份参与现实世界中的身体建构。可以说，透过当代都市电影对女性自身身体的塑造以及女性对美丽的执着与追逐，人作为商品的荒诞性与美丽作为景观意识形态的霸权性纤毫毕现。

【关键词】女性身体叙事　美丽意识形态　都市电影

一、作为都市景观的女性身体

从景观的角度来说，可能没有哪个时代比现在的人们更关注身体。这种关注不再将身体视为一个生物学或生理学的实体；更多的时候，人们将身体视作一种建基于社会学与语言学之上的符号体系。相较于男性的身体来说，女性的身体往往具有更多异质性与更为丰厚的社会文化内涵，因而常常成为身体社会学的关注对象。

在女性的身体中，发型往往是最显眼且容易引发对话的能指。在中国古代，发型可以说是区分男女性别的一种极为重要的方式。即便在同性之中，女性的发型也因年龄的不同而显出差别。到了当代，女性发型则更多地成为一种彰显女性魅力、传达社会地位的工具。一般而言，长发总是跟性感尤其是年轻、漂亮联系在一起，短发则更多地与成熟、知性联系在一起。关于这一点，在当下女性群体中做一个简单的调查便可

* 本文系 2016 年度国家社会科学基金一般项目“中国当代文艺实践中的人民性研究”（项目编号：16BZW148）、2016 年度教育部人文社会科学重点研究基地重大项目“社会启蒙与文学思潮的双向互动”（项目编号：16JJD750019）的阶段性成果。

一目了然。尽管如此,女性在决定哪个发型适合自己的时候往往迟疑不定。这一方面与女性的心理结构有关,另一方面也与内嵌于社会之中的“发型景观”有着很大的联系。女性往往借助于综艺、偶像剧、发型广告、时尚杂志跟踪时尚潮流;更多的时候,她们以自己喜爱的某位媒体明星的发型为模板设计自己的发型。在这一过程中,她们想象性地完成了将“常人难以达及的社会劳动的成果”加诸己身,然而,生产这一幻象的主体——媒体明星的活动并不是真正自由的。她们不可能提供任何真实的选择,毕竟她们也是匍匐于“最高级的神圣”脚下的一分子。与发型的设计相类似,女性脸部妆容的描绘以及用于描绘脸部妆容的化妆品之选择也被置于景观的神威之下。更具讽刺意味的是,“在目前被倒转的景观世界里,使用价值必须被明确显示出来,这不仅因为它的真实的现实被过度发展的商品经济所侵蚀,而且还因为仿造的生活需要一个虚假的理由”①。在这个层面上说,“使用价值变得纯粹是被观看的,并且现在它已完全被交换价值所摆布”②。对于当下的女生而言,你会不会用眼线笔、会不会抹粉底液、会不会涂口红不再重要,重要的是,你是否拥有一瓶阿玛尼、一支纪梵希以及是否能持续更新换代,以达到跟自己所追随的明星与时尚潮流相同步的位置。即便面对消费后干瘪的钱包和空空的肚皮,她们也毫不畏惧。这是因为时尚的魅力在于“它受到了社会圈子的支持,一个圈子内的成员需要相互的模仿,因为模仿可以减轻个人美学与伦理上的责任感”③。然而她们不知道的是,当这些人在密谋反抗因消费招致的非议时,立于不败之地的景观早已拿起了点钞机,开心地细数今天的进账。

受到伦理的禁忌,中国女性很少靠展露自己的胸部来显现女性的魅力,腿在这时作为一种替代性满足出场。天气刚刚回暖,人们便能在中国各大城市的街上看到露出光滑洁白的大腿的女性,她们大多穿着白色或者灰色的超短褶裙,并搭配着与裙装颜色相近的高跟鞋。即使是一些怕冷的女性,她们也没有想被这一潮流丢下的意愿。她们常穿紧身的牛仔裤、铅笔裤,搭配黑色或其他颜色的高跟鞋;而另一些大腿相对较粗的女性则选择阔腿裤、烟管裤、微喇叭裤、哈伦裤等能遮掩自身缺陷的服装。等到了夏天,女性则更是如八仙过海一般,尽显性感之能事,无限扩大腿部对自身美丽的传递作用。即便到了冬天,女性也不曾放过任何展现腿部线条的机会,那些穿上丝袜或厚打底裤(一般戏称“光腿神器”)的双腿依旧可以延续春夏的装扮。一些女性在这时也会选择长筒靴作为搭配,一方面可以借此拉长小腿,另一方面也可以遮掩腿部不直的缺

① 德波.景观社会[M].王昭凤,译.南京:南京大学出版社,2007:17.

② 德波.景观社会[M].王昭凤,译.南京:南京大学出版社,2007:16.

③ 齐美尔.时尚的哲学[M].费勇,等译.北京:文化艺术出版社,2001:92-93.

陷。不得不说,服装作为身体的延伸或者说身体的一部分,持续更新着女性的身体景观。这种快速的景观变更看似是一种关于身体美的定义的断裂,然而这正是深潜于身体景观这一"最高级的神圣"之下的分裂。这种情形正如德波所说的那样:"每个商品都追随着自身的激情进行盲目的斗争,却不知不觉实现了某些超越他自身的东西:商品的全球化同时也是全球的商品化。"①在一个流行"颜值即正义"的社会,女性身体成为景观社会的重要橱窗。它一方面作为可流通的图像符号,成为景观社会的共通货币,另一方面也参与形构当代都市电影景观。

二、隐喻的疾病与爱情乌托邦

在这个以瘦为美的社会中,肥胖成为困扰万千都市女性的魔咒。2001 年,杜琪峰执导了由刘德华、郑秀文等人参演的《瘦身男女》。该片首先向观众传递的便是这种对肥胖的厌恶与恐惧。影片一开始,黑川像一个忧郁的骑士,坐在黑色钢琴旁边,以其低沉哀婉的声音向观众倾诉自己的内心。黑川曾经的爱人 Mini 因受不了此种气氛不断惊叫,最终遭到人们纷纷指责。其后,画面转到包租婆努力向各色男人"推销"Mini 的场景,而在场的男人则以各种理由予以拒绝(其中还包括一个头发花白的老人)。可以说,每个男人对其肥胖的身体唯恐避之不及。从某种程度上来看,这种肥胖厌恶症的产生与现代医学有着密切的联系,甚至可以说是伴随着现代医疗体制的建立一同完成的。现代医学认为肥胖是由于食物摄入过多或机体代谢的改变而导致体内脂肪积聚过多造成体重过度增长并引起人体病理、生理改变或潜伏的状态。这种病理性的状态可能会导致女性内分泌失调,增加患糖尿病、高血压、心血管疾病的概率,甚至还能引发子宫内膜、卵巢及乳房等部位的癌症。为了健康,人们开始积极寻求减肥之道。这正如 19 世纪的人们发现肺结核并不是遗传病,而是由结核菌引起的传染病,而"'病原体'的发现,似乎给人们这样的错觉:就好像以往各种传染病都可以通过医学治疗似的"②。然而,这种对症下药式的治疗方法并不能从根本上根除人们对肥胖的恐惧。正如雷内·杜波斯所说,"'人与微生物的斗争'这一印象完全是神学式的,所谓的细菌是无所不在的肉眼看不到的'恶'"③。在这里,如果说是细菌借科学的最新发现演绎故事,毋宁说在显微镜下才能看到的微生物成为大众所能感知的日常存在。与之相类似,作为"疾病"的肥胖也是借助于有关肥胖的通俗易懂的隐喻完成的。换

---

① 德波. 景观社会[M]. 王昭凤,译. 南京:南京大学出版社,2007:25.
② 柄谷行人. 日本现代文学起源[M]. 赵京华,译. 北京:生活·读书·新知三联书店,2003:101.
③ 柄谷行人. 日本现代文学起源[M]. 赵京华,译. 北京:生活·读书·新知三联书店,2003:102.

句话说,在日益客观化、物质化的疾病之外,仍存在着且不断扩大的不那么客观化、物质化的疾病的领域,或许可以称之为“伪疾病”或隐喻的疾病。在影片《丑女大翻身》的尾声,汉娜的闺蜜之所以前去做减肥手术,除了看到汉娜的成功之外,更主要的原因仍是充斥在身体周围并未消散的关于肥胖的隐喻。由此可见,人们对于健康的想象是和具体的社会相关联的①,并不会因为疾病的消除,人们就会变得健康。这也就是说,病与每个人身体上的反应无关;病以某种分类表、符号论式的体系存在着,这是一种脱离了每个病人的意识而存在着的“社会制度”。在现代社会,“健康”意味着不得不对身体施加更多的束缚,以迎合一个日益残酷同时又作为一个美好幻想出现的标准②。

与肥胖厌恶症相对的是人们对苗条身材的追捧与疯狂,而这一种美好的想象往往与爱情的取得结合在一起。在《瘦身男女》中,女主人公 Mini 遭受失恋打击后,饮食失去控制,体重飙升,再遇男友时羞于相认,爱情即将逝去。当她听到男友要跟另一个女人订婚的消息后,情绪更是一度失控,险些寻死。男主人公肥佬为了拯救 Mini 帮她减肥,历经磨难后,Mini 终于恢复了从前的美貌,按时赶赴与男友的十年之约。五年后,韩国导演金容华拍摄的《丑女大翻身》虽然剧情不同,但其故事内核极为相似——汉娜起初是一个又胖又丑的替身歌手,偶然间发现韩尚俊对她的关心都是假的,气急之下,她去找整容医生做了全身手术。没了汉娜的亚美(被替身的歌手)转行做话剧演员,韩尚俊也一直在寻找合适的替补歌手,于是,化名珍妮的汉娜前去应聘并且获得成功。爆红后的汉娜在演唱会上自曝身份,观众和韩尚俊感动于她的经历,纷纷喝彩,汉娜也在此后取得了事业与爱情的双丰收。当观众沉浸在电影大团圆结局以及关于爱情的美好幻象中的时候,需要警惕的是此类影片所带来的虚幻镜像。《瘦身男女》的导演杜琪峰很会利用观众的“阅读期待”,在完成 Mini 与黑川的“有情人终成眷属”的设计之后,让 Mini 发现肥仔为帮自己减肥所承受的痛苦,剧情很自然地转向 Mini 与黑川分手,踏上寻找“真爱”之旅。然而,当二者不期而遇之后,肥仔已经变成了一个又瘦又帅的男人,俊男靓女的结合成为最终的结局。在这里,肥仔和 Mini 是在完成身体的规训之后才获得的爱情。与此同时,影片中的一个细节也值得人们深刻考究,那

---

① 举一个简单的例子,刘心武在《班主任》中曾这样描写小流氓和失足少年宋宝琦:“……两只肌肉饱满的胳膊撑在床边,两眼无聊地瞅着互相搓动的,穿着白边懒鞋的双脚,拒绝接受一切人类文明史上有益的知识和美好的艺术结晶的这个宋宝琦……”在知识分子的启蒙话语之下,健康的肉体反而处在优雅而常常受虐的知识分子之下,健康成为一种粗俗。在 19 世纪,胃口好反而成为一种病态,病恹恹的反而成了一种健康的表现。

② 福柯在《规训与惩罚》中举了两种示范性的惩罚模式:一种是发生在启蒙运动之后,18 世纪中期之前的魔鬼般的残酷肉刑;另一种是一份严格的作息时间表。后者虽然看似更文明、更温和,其实质则是更为严苛的身体规训。

就是肥仔在帮助胖 Mini 减肥时,曾几次看着 Mini 曾经纤细美丽的容貌发呆。也就是说,肥仔是在与瘦 Mini 的臆想中完成了爱情的升华。与之相类似,《丑女大作战》中,胖汉娜因身体的丑陋几经亚美的羞辱,男主也在生日宴上坦白自己对汉娜的照顾只是为了利用她。为了突出身体的丑陋所带来的感情缺憾,导演还运用插叙的手法交代了汉娜的初恋选择与之结合不过是为了兜售减肥药。当汉娜减肥归来化身成美丽的珍妮时,韩尚俊不禁动情。为了完成这一爱情乌托邦的想象,导演让韩尚俊自己找出汉娜身世的真相,并让他主动帮汉娜完成个人演唱会。当一切以喜剧结尾时,人们不禁要问:韩尚俊爱上的是曾经的汉娜还是现在的汉娜呢?抑或他们的爱情是建立在二者身体的成功之上?毕竟韩尚俊也是一个风度翩翩的美男子。当认真审视两部影片所带来的感官效应之后,人们甚至可以将二者甚或更多与之相类似的都市电影的故事内核简化为"身体丑陋 = 事业 + 爱情的失败""身体俊美 = 事业 + 爱情的成功"。或者可以直接说身体的美丑决定着一个人的成败,而这一赤裸裸的残酷现实正是当代社会生存的重要法则。借用海德格尔在《世界图像时代》中的一句话就是:"从本质上看来,世界图像并非意指一幅关于世界的图像,而是指世界被把握为图像了。"①对于当代都市社会的人来说,他们业已变成德波口中的"景观"或者海德格尔口中的"图像"了。

三、真正的最高级:美丽意识形态

不止于当代都市电影,在当下社会中,人们也可以很清晰地看到每一位女性为追逐美丽所做出的努力。就发型而言,其内部潜隐着关于社会阶级、种族、年龄和性别的信息,因而,一种发型的塑造是一种关于个体性格的显影以及自我概念的塑造。然而,在理发店这一空间内部,就有着关于如何定义美丽的分歧。理发师总是在顾客面前显示他的美发资历以及关于发型设计的专业性。他们为顾客提供发型设计的建议并努力显示这样一种优越性:"我推荐的发型是时下最流行且最适合你的脸型以及身份的。"然而,每一位到店里理发的顾客都有着一个关于发型的自我设定,即事先根据自己对美的理解预设好的发型。在实际的操作中,这一自我设定往往遭到发型师的否定。值得注意的是,发型师在多大程度上是正确的呢?更多的时候,他们是在一种关于美的专业性设计之中转移由阶级差异所带来的心理落差。而那些前来理发的女性虽然会否定发型师提出的建议,但是她们从来没有否定打理

① 海德格尔. 世界国像时代[M]//孙周兴,选编. 海德格尔选集:下卷. 上海:上海三联书店,1996:899.

发型的重要性以及基于理想化美丽的女人味的概念。也就是说,“意识形态的要求获得了一种单调的实证主义的正确性:它们不再代表历史的选择,而成为不可否认的事实”①。关于这一点,人们还可以在女性为脸部“整形”所做的全部选择中看到。她们竞相追随电视广告、娱乐明星、小红书等一系列消费景观推给她们的“好产品”,并且在一个个不是节日的节日里狂欢,然后在“各种流行小玩意儿的扩散增生”中完成了这样一个事实:作为商品的大众已变得日益荒谬,而它自己的荒谬竟又成为一种商品。②

与腿部线条展示相关的,是一种对肥胖的罪恶性的反感。这种情绪已经不再只是行走于黑夜之中的刺客,而成为一个生活在影子之中的幽灵。有关这一幽灵的“神话”在当下社会肆意撒播。在现代社会,越来越多的健身房开设专门针对女性的私教班,并且这些健身房在拉拢顾客的时候,也开始将更多的目光转移到女性身上。然而,人们从这些热衷于有氧健身运动的女性身上,看到的则是一种基于美丽意识形态的错位。她们不再刻意强调甚至会主动规避参加有氧健身运动的塑形目的,转而将之与艰苦的健身运动所揭示的个性特征诸如毅力、意志力等相联结,试图将身体与身份相分离。这一方向的努力显然是要拒绝将有缺陷的身体作为确认自身身份的方式,转而希望通过在有氧健身运动的过程中所展现的美好品质作为自我身份确认的方式,进而降低个人对外形缺陷所负的责任。与此同时,女性身体的胖瘦还经常与女性的爱情相连接,在某种程度上,肥胖意味着失去爱情,瘦身意味着收获爱情。时至今日,仍有许多女性将之作为自身减肥的动力。值得注意的是,关于肥胖与爱情主题的叙事并非仅《瘦身男女》一部,在同期及稍后的一段时间,全球拍摄并播出了许多相类似的电影。③可以说,景观再次制造了美丽的泡沫吸引着女性进入美丽意识形态统治之下的温柔乡里。④

诚如上文所提到的,给人带来巨大福音但也造成了人们痛苦的医学技术,其合法性的确立得益于深深嵌入社会的知识制度以及由此知识体系生成的景观,以至于人们很少去质疑它以及它的确立过程。借助医学以及医学景观的神话,人们不断加强自身

---

① 德波.景观社会[M].王昭凤,译.南京:南京大学出版社,2007:99.

② 德波.景观社会[M].王昭凤,译.南京:南京大学出版社,2007:25.

③ 其中较有代表性的包括2001年英国拍摄的《BJ单身日记》、2005年德国拍摄的《前任女友》、2005年中国拍摄的《瘦身》、2008年日本拍摄的《摇滚减肥》、2014年中国拍摄的《整容日记》等。

④ 2019年,一首由网络红人王七七演唱的歌曲《少女没有腰》可以看作对该现象(美丽意识形态)的消极反抗。歌词主要描写的是身边的女性经常能得到异性的关爱,而肥胖的自己往往被忽视,于是开始呐喊:“吃你家大米了吗?”“费你家布料了吗?”然而,这种抵抗很快就淹没在了对爱情的期待与向往以及轻快、活泼的吉他伴奏里。

对肥胖的关注。更有意思的是,"现在,身体被理解为可以随心所欲地改变,'不受历史、社会地位甚至个人生平的限制'。身体不仅仅是一种个体认知的基本标志,现在还存在无限制的改变、修正的空间。身体不是一个需要医疗干预的机能不良的对象,而是一件商品,像汽车、冰箱、房屋等商品,可以根据新的兴趣和资源的丰富程度而不断地升级、完善"①。基于此,越来越多的美容机构开设在学校、小区、闹市区周边,越来越多的医院开设美容专科,越来越多的美容广告"悄无声息"地嵌入女性生活的方方面面,越来越多的女性选择通过美容整形"修补"美丽及关于美丽的神话。迈克·费瑟斯通曾指出:"内在身体的保养维护的首要目的,已经变成对于外在身体外观的强化与突出。"②现在,必须纠正他的是,内在身体早已被废止,现在是外在身体一统天下的时刻。而人们对外在身体的保养维护的首要目的,已经变成对于身体景观的强化与突出。事实上,这一荒谬的社会现实早已被德波所阐释:"景观——由一种经济生产的自动化体系的具体成功所导致的意识形态物质化——事实上,它将社会现实认同为在它自己的影像中改铸全部显示的意识形态。"然而,女性在肆意改塑自己身体的同时也引发了新一轮的自我认同危机。在《丑女大翻身》中,汉娜面对着台下的观众,大声疾呼:"我都不知道自己是谁了,我都不记得我长得什么样了。"手术后的病人,他们的身体虽然变得更正常了,但是品格却受到了怀疑,自我也因此显得不正常起来。对于健身房里的妇女来说,她们努力把个人身份从其身体中分离出去,而接受了美容外科手术的人则要更加努力地把身份和新的身体统一起来。

在现代社会,人人都想真正享有追求美丽的自由权利,然而,这正是美丽意识形态及其景观统治人间的手段,"因为它充分曝光和证明了全部意识形态体系的本质:真实生活的否定、奴役和贫乏"③。景观通过碾碎自我与世界的界限将所有人都纳入统一的体系之内,在这一封闭的自由王国之中,所有沟通都无法被回答,人们所能做的就是对商品的消费和接受,就是认同景观推到自己面前的"所有好的"。然而问题的关键之处在于,人们只能去定义美丽,却不能触及关于美丽的定义,而这正是作为景观的美丽意识形态永恒不朽的真正秘诀。匍匐于美丽意识形态之下的信徒就像嗷嗷待哺的婴儿,时刻等待着美丽意识形态洒下的温柔目光。当代都市电影作为美丽意识形态行走在人间的使者,时刻向女性传达着关于美的定义,虽然此后的电影中不再花费大量的镜头描写塑造美好身型这一行为,但从选角到宣传,当代都

① 吉姆林.身体的塑造——美国文化中的美丽和自我想象[M].黄华,李平,译.桂林:广西师范大学出版社,2010:65.

② 汪民安,陈永国.后身体、文化、权力和生命政治学[M].长春:吉林人民出版社,2003:325.

③ 德波.景观社会[M].王昭凤,译.南京:南京大学出版社,2007:99.

市电影无时无刻不在诠释着当代都市女性应该有的样貌。在一个把身体等同于自我和道德价值的社会里,文化意义被附着于身体的差别之上。在此种意义上说,身体成为压迫的基础,这种压迫所针对的是社会性别、阶级、种族和年龄所有的蕴含于身体之中的社会特征。可能对于当代女性来说,她们什么时候真正掌控了身体,就有可能真正掌控自我了。

〔蒋洪利,南京大学中国新文学研究中心中国现当代文学专业2019级博士生,主要研究方向:中国现当代文化与文学、亚洲新电影研究〕

“义”的解构

——香港警匪电影中的关公崇拜

王秋玉

【摘要】香港影视作品中黑社会团伙出去“打杀”之前，都要拜关公；而警察出警抓捕黑社会分子，也要在关公像前拈香祈祷。关公成为香港黑白两道都尊崇的神灵，他们都认为关公会保卫尽忠尽义之人。香港警匪电影中的关公崇拜所代表的“义”，随着社会发展的轨迹也显现出独特的发展脉络，从20世纪80年代以吴宇森《英雄本色》为代表的完美英雄之“义”，到20世纪90年代以刘伟强《古惑仔》系列为代表的儿童乐园式之“义”，再到21世纪后以《无间道》为代表的现代企业式的“义”，经历了“义”的建构、解构和再建构的过程。

【关键词】关公崇拜　“义”的解构　香港警匪电影

关公是人们对关羽的尊称。历史中的关羽是东汉末年从平民百姓中涌现的英雄人物。他是武艺高强、具有军事策略的军队领袖，又是精通《左氏春秋》的儒雅将军，更是有着高尚道德情操的义士。虽然他也有致命的弱点——“刚而自矜”，但不影响其成为受亿万人顶礼膜拜的神灵，原因在于，作为关羽神格的基本内涵的“义”，不但符合中华民族崇尚忠义的伦理传统，还有着符合现实的实用性作用。香港警匪电影中的关公崇拜成为一个独特的意象被不断表现，其中关公所代表的“义”经历了从兄弟情“义”的建构，到“义”的消解至以“利”代“义”，再到由现代价值观重建“义”的过程。

一、关于关公崇拜

(一)关公的神化①

关羽的神化经历了从恶鬼祭祀到儒、释、道三教供奉的过程，最终定型为全社会顶

① 傅隆基.关羽从人到神的演化[M]//杨建文.三国演义新论.武汉：华中理工大学出版社，1999：99.

礼膜拜的万能神。

关羽兵败被害身首异处,因而在湖北当阳(关羽葬身之地)自南北朝时开始屡传关羽魂魄不宁的显灵故事。到了隋朝,天台宗四祖智顗和北派禅宗之祖神秀都曾在当阳玉泉寺任住持,为弘扬本教派佛法,尊关公为迦蓝。但这时,关羽的宗教地位并不高①,仅是荆楚一带人们供奉的兴邦安民之神。

宋代道教兴盛,宋徽宗崇宁年间解州蚩尤神破坏盐版,徽宗命天师虚静真人召请关将军大破蚩尤,保护了宋廷的经济命脉盐池,于是徽宗封关羽为“崇宁真君”,关羽由此成了经济保护神和财神。同时宋代积贫积弱、武力衰竭,将王朝的兴盛系于神灵的庇佑,关羽作为忠勇义的标志被不断册封②,且册封典礼在当阳玉泉寺的县烈庙举行。于是佛教神关羽道教化,成了救国的武神和国家的保护神,关帝庙由此普及。

随着《三国演义》影响的不断增强,明清关羽崇拜达到顶峰。受理学影响(理学推崇关羽为完美践行忠义第一人)③,关羽成了士大夫认可的除孔子外的尊神。明清两代帝王不断对关羽加封④,以确保自己的统治地位。清末至民国,全国供奉关羽的“武庙(关帝庙)”的总数达 30 万之多,孔庙难以企及。这些关帝庙成为广大民众祭祀祈祷、举行节日集会、演出戏剧的场所。通过宗教、文化教育渠道,关公所体现的中国传统道德伦理及价值观念得到有效普及宣传。

(二)香港的关公崇拜

自秦始,岭南接受了四次大规模中原移民和文化迁徙⑤,而香港的关公崇拜就是由这些来自中原的客家人带入的。客家人在清初大量迁入香港并兴建关帝庙,以新界为例,现时在新界区奉关帝为主神的庙宇,大多建于清初复界之后⑥。因关帝拥有多样的神力且贴近生活,关公信仰普遍,其神像在普通市民家、商场、饭店、黑社会甚至警察局因不同缘由都有供奉。平民百姓希望借助神力消灾祈福;学子因关公夜读《春秋》,有国士之风,奉他为五文昌之一;商人因其善于理财,长于算数认账,奉其为武财神;警署供其灵位,赞美他一生锄强扶弱、除暴安良,视为后世典范,

① 董乐义. 试谈关公文化的形成及其内涵——兼析关公文化《三国演义》中的关公形象[M]//杨建文. 三国演义新论. 武汉:华中理工大学出版社,1999:199.

② 宋哲宗封关羽“显烈王”,宋徽宗封关羽“义勇武安王”,南宋孝宗封关羽“英济安王”。

③ 傅隆基. 关羽从人到神的演化[M]//杨建文. 三国演义新论. 武汉:华中理工大学出版社,1999:99.

④ 万历十八年,关羽被封为“协天护国忠义帝”;万历四十二年,关羽被封为“三界伏魔大帝威远镇天尊关圣帝君”。清末关羽的封号加至 26 字:忠义神武灵佑仁勇威显护国保民精诚绥靖翊赞宣德关圣大帝。

⑤⑥ 关溪莹,杨秋. 论岭南民俗文化的特征与发展趋势[J]. 中华文化论坛,2008:116.

神像前燃长明灯,象征武惠及义气长存;黑道重关羽义气,可成为凝聚团体的精髓支柱①。农历六月二十四的关公诞辰是香港民间祭祀关帝的日子②,在关帝庙举行大型的宗教仪式。关羽神像大致分为文教神、武神和财神三类,文关公神像因关公夜读《春秋》而手拿《左传》,保佑学子读书出人头地;武关公因关公历史上武将之身份而持有刀剑,坐卧形俱有;而财神关公因关公擅长会计,既有持《左传》的君像,也有拿关刀③的君像。

香港现代的关公崇拜与这座城市的社会处境有关。进入20世纪80年代,香港市民在享受20世纪70年代经济腾飞所带来的物质富裕的同时,也感受到现代文明所带来的压力。市场经济跌宕起伏、风云变幻;社会各个领域竞争机制与优胜劣汰原则,加速了人们的生活工作节奏,使人们产生了精神上的无形压力和高度紧张。至于金融风暴、股市风险、房产涨落,更是让人觉得社会飘摇不定,难以把握自己的命运。人们尤其是男性,在女性地位提高、生活压力剧增的背景下,需要重新获得一种对自我价值的肯定。因此通过关公崇拜,安宁内心,表达把握命运的期许④。同时,1997年香港回归对港人造成的身心冲撞极为剧烈,港人面临着严重的身份认同焦虑,急需一种本土化的认同机制,这种复杂的情感在虚构的电影故事中得以发泄,以电影故事中随处可见的关公崇拜为例,集中体现于警匪片中关公情节的变化。

二、香港警匪电影中的关公崇拜

香港影视作品中黑社会团伙出去"打杀"之前,都要拜关公;而警察出警抓捕黑社会分子,也要在关公像前拈香祈祷。关公成为香港黑白两道都尊崇的神灵,他们都认为关公会保卫尽忠尽义之人。香港警察和黑帮所祭拜的关公有所不同:警察在警署奉关公表示忠勇求庇护,君像穿象征天下太平的绿袍红鞋、持关刀;黑社会拜关公求战无不胜,君像穿代表血战沙场的红袍黑鞋(一说绿鞋)、悬宝剑。

而香港警匪电影中的关公崇拜所代表的"义",随着社会发展的轨迹也有着独特的发展脉络,从20世纪80年代以吴宇森《英雄本色》为代表的完美英雄之"义",到20世纪90年代以刘伟强《古惑仔》系列为代表的儿童乐园式之"义",再到21世

① 施志明.本土论俗——新界华人传统风俗[M].香港:中华书局(香港)有限公司,2016:111,116.

② 高京.魅力香港[M].北京:中国文联出版社,2009:143.

③ 一说是由于关刀锋利因此从商求利之人拜关公。

④ 朱华阳,王珮.关公文化对创新社会管理的启示——以香港社会的关公崇拜为例[J].三峡论坛,2012(4):8.

纪后以《无间道》为代表的现代企业式的“义”①,经历了“义”的建构、解构和再建构的过程。

(一)香港黑帮的关公崇拜

香港的黑社会组织由早年的“洪门”演变而来。“洪门”起源于明末清初,为反清复明的重要组织②。从那时起就供奉关帝,清顺治年间,福建天地会入会仪式中要在关帝像前起誓③。关帝实际上成为洪门社会道义精神的诠释和象征,表现为对国家民族的忠义,对百姓群众的爱护④。香港在清末成为殖民地后,百姓备受欺凌,难以立足,于是洪门成为老百姓伸张正义、除暴安良的民间组织。洪门现已分为多个独立社团,但关帝信仰依然流行,以关帝作为象征所建立的江湖规矩一直流传至今⑤,要求人人恪守“义”的法则。江湖中的“义”既来源于儒家文化中的“仁义”“忠义”“信义”,又包括墨家的“侠义”,更多地表现为《三国演义》中桃园三结义“不求同年同月生,但求同年同月死”的兄弟义,其内核是男性之间友情的升华⑥。

20 世纪 80 年代吴宇森的《英雄本色》中关公崇拜的“义”是一种象征父亲的宗教符号,作为一种理想的侠义精神和道德指标,虽然电影中很多拜关公的场面都包含讽刺意味,表示公义和正义在社会中已不存在,但吴宇森以书写江湖的方式展现了人们对这种美好的崇拜依然有所寄托。为消除观众对于黑道英雄本身作为罪犯的抵触心理,电影强调黑道英雄的外形俊美,增添了亲和力与个人魅力,尤其是将“义”转移到黑道人物身上,更是增加了观众对其行为的认同感。电影中将“义”的内涵缩小和固定为兄弟情义,在兼顾“仁义”(对手下人)、“忠义”(对组织)和“信义”(对合作伙伴)的同时,与“正义”与“侠义”融合,构成其“江湖道义”⑦。作为行“义”之人的黑道人物,由于种种“义举”而被塑造成近乎神的现代英雄。《英雄本色》结尾,小马哥为了豪哥义无反顾地回到码头;《喋血双雄》的结尾,小庄为了死去的四个兄弟扯掉吊臂拿枪杀出教堂等画面,都彰显了这种“义”。

20 世纪 90 年代,根据漫画改编的七部古惑仔系列电影上映,讲述陈浩南从古惑仔上位至铜锣湾堂主最后成为洪兴接班人的故事。片中重点描写的是黑社会内部的

---

①⑥⑦ 许乐. 警匪电影与都市江湖——1986 - 2003 年香港警匪电影中“义”的承继探询及“都市江湖”的镜像空间勘查[D]. 北京:北京大学,2005.

② 以洪英、郑成功、史可法等为主要人物,其标举“指天为父,指地为母,撮土为香,歃血为盟,结拜兄弟,共同反清”,所以洪门又称天地会。

③④ 朱华阳,王珮. 关公文化对创新社会管理的启示——以香港社会的关公崇拜为例[J]. 三峡论坛,2012(4):9.

⑤ 秦宝琦. 中国秘密社会新论[M]. 福州:福建人民出版社,2006:63-87.

争权夺利,“义”的书写以“讲义气”的形式出现①,并且以隐喻的方式将“利”置于“义”之上。片中多次出现的关公塑像,是“讲义气”的重要体现,也昭示对传统关公崇拜的瓦解。虽然电影中的正派还在恭贺关公的寿辰,但这仅仅是一个黑帮聚义的噱头。电影中的反派、身为东星五虎之一的乌鸦对被打碎的关公像说:“关老爷,拜你有什么用?做小弟的都拿刀子捅大哥了,出来混的没有一个讲义气的,你那一套过时了。”2000年林超贤的《江湖告急》中任因久多次强调忠义,每天对着关公像膜拜,当真实的关公对其反复念叨“义”以打消其行“不义”之事的念头时,任又训斥关公道:“难怪你一辈子都当老二,我知道你怎么倒霉的了,你又笨又老实,当大哥不是这样办事的,关老二!”当象征忠义的关公与信奉忠义的黑帮相遇,黑帮所信奉的道德便暴露出其虚伪性,构成了对“义”的瓦解。

21世纪后,以《无间道》为代表的,是更为现代的“义”。警察在黑帮内部的卧底与黑帮在警察内部的卧底构成立体复杂的叙事结构,从而弱化了暴力的打斗和对传统理想化“忠义”的强调,转而从亲情伦理角度博取观众的共鸣,以理性暴力解决江湖恩怨的方式吸引观众。② “义”的彰显不再由黑道英雄来完成,而是通过警察身份予以表现。

(二)香港警察的关公崇拜

1913年,香港警察就供奉关公像,视关帝为职业守护神。以香港大馆为例,曾经的香港大馆有九个关公神龛。有拜关公习惯的纪律部队人员,除每天出更前在神位上香之外,还会定期举行较大的祭祀仪式,如农历新年、关公诞辰、升职、成功破案、警署开张这类情况均会祭祀烧猪,感谢保佑。

香港警察拜奉关公,实质是崇拜关公精忠报国、除暴安良的精神,以及作为维护社会稳定平安的守护神的象征。关公疾恶如仇、义薄云天、除恶惩奸、行侠仗义的社会责任感和道义感是人们崇拜和敬奉他的根源,这与警察伸张社会正义的职责是一致的。同时警察在执行作战任务前祭拜关公,表现无所畏惧、舍生取义的勇气,关公身上具备的忠义精神可以激励警察恪尽职守,由此警察拜关公不仅是一种传统,更演变为一种心理上的慰藉。③

在香港警匪片中,警察历来代表正义。早在20世纪90年代的侦探电影中就已出

① 片中陈浩南说自己上位的原因是讲义气、够狠、兄弟多。

② 许乐.警匪电影与都市江湖——1986－2003年香港警匪电影中“义”的承继探询及“都市江湖”的镜像空间勘查[D].北京:北京大学,2005.

③ 朱华阳,王珮.关公文化对创新社会管理的启示——以香港社会的关公崇拜为例[J].三峡论坛,2012(4):8.

现警察对关公的祭拜,如 1991 年的《五亿探长雷洛传》,以香港前总探长吕乐为主人公的原型,而他在长洲关公忠义亭内有过真实拜关公的记载,表现出传统的关公崇拜。而到了 1995 年周星驰主演的电影《回魂夜》,影片已经以调侃的方式展现警察对关公的崇拜,把拜关公的警察塑造成守旧又没有能力的人。在香港的黑帮片中,因为主人公为黑道英雄,少有对警察具体的展现,警察形象多表现为电影结尾的警笛,昭示着黑道英雄的陨落。而从《无间道》开始,出现了好警察与坏警察的对立,但这时候的警察已很少以祭拜关公的形式表现人物的忠义,警署的关公像也较少出现在影视作品中,但"义"依然通过正义的警察身份透露出来,表现出一种包含着现代性的社会价值观念,即"通过个人奋斗追求事业成功,希望得到社会秩序的认可与接受,从而获得正当身份及社会地位"①。

三、结　语

香港的现代关公崇拜投射到警匪电影中以"义"的不同内涵表现出来。从吴宇森电影对完美英雄主义的理想"义"的追求,到《古惑仔》电影中"义"的消解与"利"的置换,再到《无间道》以警察作为"义"的现代形式的象征,投射出社会浪潮推动下的反思与进步,彰显了"关公崇拜"的普世价值和现代精神。

〔王秋玉,香港浸会大学中文系硕士,主要研究方向:地域文学、民俗文化〕

① 许乐. 警匪电影与都市江湖——1986 - 2003 年香港警匪电影中"义"的承继探询及"都市江湖"的镜像空间勘查[D]. 北京:北京大学,2005.

新媒体短视频平台发展路径研究

杨 勤 李珂馨

【摘要】新媒体发展已进入大数据时代,移动互联网的持续创新改变着新媒体的发展态势,但是,结合近三年的现有研究数据不难发现,社会化媒体依然是新媒体发展的焦点,以分享经济为理念的媒体创意经济逐渐形成,以上均为未来新媒体发展须突破的靶向。这些靶心将全球媒体未来的发展趋势集中于新媒体与传统媒体的结合、新媒体的社会化应用、盈利模式的创新、平台的建设和改良、新媒体助力文化强国之路等若干方向。媒介融合的深度与广度不断拓展,这就给短视频的发展带来了新的机遇和挑战。

【关键词】新媒体短视频平台　内容型社区　内容安全

如今的传媒行业发展已进入文化泛化和“大传媒、全媒体”充斥的时代,我国接入国际互联网也已二十余载。网络新媒体的产生与成熟,使得大千世界中已难寻文化与传媒覆盖不到的真空地带了。网络新媒体的开放性、互动性、参与性和去中心化等诸多特征,已悄然改变着信息的产生方式和传播方式,传统信息格局逐渐被打破。因此,在新媒体语境下,人们的生活方式、交流途径、获取信息的渠道等,都被浓缩于新媒体互动平台之上,其中,新媒体短视频平台以创作门槛低、社交属性强和碎片化娱乐的特征,参与到新媒体平台的竞争中,并逐渐发展成熟。世界运行之轨迹正被新媒体所改写。

一、中国短视频平台发展历程

从长视频到短视频,从 PC 端到移动端,视频平台自出现以来,内容制作门槛呈现出逐渐降低的特点,相反,其传播度日益广泛。因此,当全民逐渐进入视频时代,短小精悍、传播力强的短视频就成为互联网时代的新宠儿。无论是作为精神食粮的内容生产源头,还是负责社交的传播平台端口,短视频行业正经历着前所未有的超快速发展。

相对于一直活跃在新媒体平台的声音或图片分享,短视频具有直观、生动、交互性强的差异化竞争优势。短视频开发可以使产品、品牌以及公司获得更多体验价值,信息传播渠道更加广泛,传播内容更加全面,受众的购买力被激活,从而增加了短视频产品的附加价值。

2011年3月,最初用于制作和分享GIF图片的工具型应用——快手上线,并在2017年12月主要短视频App月活跃用户排行榜中,以1.546亿万人坐上头把交椅。2011—2012年,短视频在短时间内提供了高强度的内容,迎合了人们快节奏的生活娱乐文化需求,逐渐被受众接受,秒拍、有料相继上线,至此,立足于社交平台的移动短视频拉开帷幕,短视频从创业萌芽期步入应用转型路线的成长期,但尚未显现出市场的规模化发展。2013年,小影、微视、魔力盒等短视频App相继上线,秒拍联手社交平台——新浪微博,完成2500万美元的B轮融资,用户量级达千万;同期,腾讯推出与之抗衡的微视,“明星加盟”推动短视频行业迅速发展,产品功能得到进一步完善,市场规模进一步扩大。2014年快手涅槃重生,定位草根用户群体,聚焦于普通大众,主打草根亚文化短视频,因此获得中低收入用户青睐;同年,微视、美拍和秒拍先后发起了“春节拜年”“全民社会摇”“冰桶挑战”三大著名战役,将短视频推向了一个新的发展方向。2015年,短视频行业进入调整阶段,迫于市场空间被挤压,微视显现出后劲不足的缺陷,被腾讯放弃;小咖秀作为工具摄影型短视频软件问世,同类型短视频App成为新兴的短视频分支。2016年,内容创业者纷纷涌入短视频市场,短视频行业向“内容多元化”方向发展,垂直领域出现诸多优秀的短视频内容制作商,如主打生活方式的“刻画视频”“二更”“一条”,主打财经领域的“功夫财经”,主打体育短视频的“秒嗨”,主打美食的“日食记”“罐头美食”……与此同时,“秒拍”“美拍”“快手”三大短视频平台逐渐呈现出三足鼎立的态势。至此,短视频行业融资呈井喷态势。值得一提的是,2016—2017年出现大规模对短视频内容创业者的补贴,并且,以头条视频为典型代表,“短视频资讯智能分发”成为这一时期重点探索的方向。于是,2017年,短视频市场迎来创业新风口,各大互联网巨头纷纷布局短视频业务——腾讯领投快手,“复活”微视;阿里巴巴文娱集团旗下的土豆网全面转型为短视频平台,投入20亿元打造“大鱼计划”。时至2018年,中国短视频市场规模有望突破百亿元大关,达到113.25亿元。[①] 至此,短视频迎来黄金爆发期,行业竞争进入白热化阶段,内容制作者也偏向PGC化专业运作。目前,短视频即将进入付费时代,商业模式越发成熟,移动短视频生态化凸显。

---

① 上海艾瑞市场咨询有限公司.2017年短视频行业研究报告[EB/OL].(2018-01-08)[2020-03-13].https://baijiahao.baidu.com/s?id=1588707415261971623&wfr=spider&for=pc.克劳锐.2018中国自媒体行业白皮书[EB/OL].(2018-03-29)[2020-03-13].https://www.useit.com.cn/thread-18501-1-1.html.

二、新媒体短视频发展现状

包括新媒体短视频在内的互联网行业，可看作一座金字塔。如果把这座塔分为塔尖、塔身、塔基三层，正可对应代表性的互联网企业或产品。这三层的不同位置，也决定了所对应企业的体量有着天壤之别。

身处底层的塔基是广义的内容生产商，无论是用户原创内容还是专业生产内容，他们所提供的都是广义的内容，其核心能力也正是内容的生产力。而这一能力的大小，也基本决定了体量的大小。

作为塔身，平台传播是行业发展的关键。内容做得再好，如果没有一个变现的平台去传播也是不行的。结合互联网来说，爱奇艺、优酷等便可看作金字塔塔身的平台型企业。多数所谓的新媒体，只能称为内容生产商，尚谈不上媒体，因其没有自控的传播渠道，即便有，也过于弱势。因此，许多传统媒体或所谓的新媒体，辛辛苦苦做出来的内容，如短视频，首先会发在微信公众号或微博官方账号，而不是自身平台。这种甘于让自己变成腾讯或微博 UGC 或 PGC 的根源有二：一是自身平台的传播力度与效果尚浅；二是本体自身缺少平台搭建环节。所以，无论处于风口的短视频创作机构，还是已走出风口的微信公众号创业，其实都不是媒体创业，最多只是内容创业。它们只是底层的生产商，绝不是中层的平台。

位于行业塔尖的，则是平台型企业的老板。处在金字塔塔尖的企业都是生态型企业，但互联网企业的生态环境是需要孕育的。

微信就是一个从平台型升级成生态型的产品。诞生之初，微信最为公众所知的功能是即时通信，所以，最初的微信在用户心中就是一个通信工具。随着微信用户群的不断扩大，工具便自然成了平台。用户多了，可转化的需求也就多了，微信终于成长为一个生态。微信公众号开启了内容生态，微信支付营造了金融生态，甚至一个小小的“王者荣耀”都可以酝酿出游戏生态，而小程序的生态也已经在培育中……这一个个小生态便组成了微信的大生态。短视频平台的建设和发展遵循的正是这样的路径。

短视频平台正活跃于这样的行业环境中，其发展现状呈现出如下特点：

一是平台化发展。“全民”“草根”“智能分发”……从上述短视频平台发展现状中的热点词汇不难分析出，目前市场上的短视频平台汇聚了海量的原创内容生产者，用户原创内容的产生使短视频平台的质量得到稳步提升，并在平台与用户之间逐渐形成了较大的用户黏度。短视频的平台化发展，是用户的社会化应用需求进一步拓展的结果。

二是内容型社区。传媒的本意是传播文化和文明。短视频平台用户作为参与主体,有着分享信息和创意的交往需求。作为社交的延伸,短视频平台为用户提供了集观看、制作、下载、分享于一体的聚合式内容传播手段。同时,用户通过参与短视频平台的话题活动,时间、空间、人群的限制被打破,参与线上活动变得即时即地、简单有趣,用户的参与感得到较大的满足。短视频平台成为用户创意分享和线上线下交往的内容型社区,其便捷性不言而喻。

三是生态化孕育。对于短视频平台的建设者来说,将平台型产品升级成生态化产品是其经营目标。目前,短视频行业的主要商业模式是以原生广告为主的内容营销,短视频在与用户的信息交互共享这一过程中,短视频的另一参与主体——广告主,可以有效地掌握受众偏好,及时了解用户作为消费者对产品的整体感受,利用这一点,短视频行业可以更好地配合广告主借助于短视频平台实现整体的营销计划。此外,以游戏互动为内容的短视频甚至可以衍生出游戏生态,开发周边。现下就不乏某些短视频平台尝试通过打赏、赠送礼物获得收益。

三、短视频平台发展新路径

(一)媒体手段融合

自短视频内容的生产向UGC倾斜以来,在搞笑幽默、美食、美妆等进入门槛相对较低的领域里,短视频创作的赛道正变得拥挤。传统媒体的发展历程较长,在内容的组织与生产上有着充分的优势,其品牌影响力对新媒体有绝对的助力作用。但传统媒体的"一次性消费"特征使优质内容及优质传播渠道的效果都打了折扣,造成信息传播与效益扩大化的必然浪费。因此,拓宽渠道的必要性摆在传统媒体面前,融合成为其必然选择。

短视频平台借助新媒体的便捷优势,凭借其用户黏度强、盈利方式灵活等特征,可有效地将传统媒体中的优质内容以分切的碎片化形式,在用户中更为广泛地传播。如此促使短视频内容创作呈现出多元化、垂直化的发展趋势,涉及军事、体育、财经、音乐、健康等类型的短视频内容将逐渐增多,视频内容深度也将得到进一步提升。

(二)平台建设与改良

今日头条发力西瓜视频,快手、抖音传播热度持续火爆……新媒体发展前景广阔。但是,由上述分析可以看出,当下的新媒体短视频平台缺少的不是内容,而是优质的原创内容。优质内容欠缺、供给量不足是目前短视频面临的最大挑战。以秒拍为例,在

2017 年主要短视频 App 用户满意度调查中，秒拍因集观看、拍摄、剪辑、分享于一体，为创作者提供内容发布、变现和数据管理服务，为用户提供观看、分享、下载等社交服务，成为网民短视频社区，在用户满意度排行榜居于榜首。“其每日视频上传量可达三百多万，但多以草根自拍为主，内容可看性低，远不能满足用户多样化需求。”①

并且，在众多短视频平台以新媒体方式提供新闻信息服务的同时，依旧存在肆意篡改、嫁接、虚构新闻信息等情况。因此，为了加强互联网信息内容管理，促进互联网新闻信息服务的健康有序发展，国家互联网信息办公室审议通过了《互联网新闻信息服务管理规定》，自 2017 年 6 月 1 日起施行。2017 年 10 月，西瓜视频查明个别 ID 发布侵权视频的事实，并迅速下架侵权视频，承诺严厉打击自媒体侵权；2018 年 4 月，央视新闻频道连续播出“快手”“火山小视频”传播涉未成年人低俗不良信息的内容，国家网信办迅速调查，并接连给两家公司开出巨额罚单，提出用词极其严厉的整改要求。

由此可见，内容安全仍是根本。

加强视频生产能力无疑是提高优质内容供应量的前提。其中，除了加大对优秀生产团队的扶持外，善于发现、挖掘、提升内容价值，应是短视频平台未来优化视频内容品质需要高度重视的问题。

（三）社会化应用助力文化强国之路

短视频在其萌芽期、成长期和爆发期的各个阶段都显现出不同的发展策略。目前，我国的短视频行业已进入百花齐放的成熟阶段，向专业化、精品化方向稳步发展。更多的专业化用户对短视频内容提出了新的需求，行业不断细分，草根用户也开始寻求组建团队的路径，保证内容的可持续生成，维持长尾经济。

习近平在《加快推进网络信息技术自主创新 朝着建设网络强国目标不懈努力》的讲话中指出：“要强化互联网思维，利用互联网扁平化、交互式、快捷性优势，推进政府决策科学化、社会治理精准化、公共服务高效化，用信息化手段更好感知社会态势、畅通沟通渠道、辅助决策施政。”②这一重要论述深刻阐明了互联网在经济社会发展和综合国力竞争中的重要作用。我们要实现“两个一百年”奋斗目标，必须加快建设网络强国，而短视频平台作为网络新媒体平台的中坚力量，具有传播范围广、用户黏性强、易搭建交互性社区的优势，更应肩负起建设网络强国的重任。

结合上述背景，经济、科教等领域开始逐渐衍生出生产专业化内容的短视频产品。

---

① 谢新洲，田丽. 加快实现网络强国的战略目标[N]. 人民日报，2017-04-18(7).

② 习近平. 加快推进网络信息技术自主创新 朝着建设网络强国目标不懈努力[EB/OL]. (2016-10-09)[2020-03-13]. http://www.xinhuanet.com/politics/2016-10/09/c_1119682204.htm.

随着微课的普及,越来越多的高校教师开始步入直播行列,经营着自己的“网红”名片,作用于课业知识的课外传播,让影像表达成为一种重要的知识传播方式;“二更”“一条”等平台点击量居高不下的“匠心”“非物质文化遗产”等系列,提升了受众的观看效率,优化了欣赏体验,影像传达又成为一种重要的文化呈现方式;生动直观的电子产品的视频使用说明、生活小妙招的短视频展示等,影像传达在这些领域成为一种重要的技能提升手段;抖音与河北石家庄正定古城签订了合作推广协议,捧红了众多“网红景点”和产品;秒拍成为“短视频+公益”的鼻祖;短视频在新闻节目中开始得到应用……上述方方面面的内容垂直深耕,为短视频的社会化应用提供了广阔的前景。

(四)深入展开商业化探索

短视频平台的用户将大量的碎片化时间投入短视频的阅览当中,可见,短视频作为一种新的新媒体信息承载方式,已充分得到受众的认可。

短视频在信息传播的过程中,产生了“以小见大”的效果。每个短视频中的个人、话题、行为、产品等在短视频平台上传播初期,呈现出不可避免的分众化现象。而在传播过程中,随着关注度的不断集中,其波及的人群范围也随之扩散;当短视频传播成为“热门话题”“爆款视频”时,大众传播的效果随即显现出来。它是一个分级裂变的过程,而这一特征可以使短视频本身的商业价值扩大化,在长尾经济的环境下,生成头部资源效益。①

目前,中国短视频行业的变现渠道主要以流量变现和内容变现为主,这一点无论对于个人用户将潜在的商业需求转化为实际购买力,还是对于企业用户的养成策略来说,无疑都是有良性带动作用的。未来,短视频将作为一种新的广告形式,参与到广告行业的竞争中去;同时,短视频所吸引的注意力资源也将继续推动内容生产者、App平台及分发平台的进一步商业化。

〔杨勤,河北传媒学院影视艺术学院讲师,研究生副导师,主要研究方向:广播电视艺术学;李珂馨,河北传媒学院影视艺术学院教师,主要研究方向:广播电视艺术学〕

① 信博.新媒体环境下短视频发展分析[J].西部广播电视,2017(9):2.

简述中国画意摄影之发展

周祥蕾　宋艳丽

【摘要】画意摄影是指模仿绘画形式和理念的一种摄影风格,以其唯美的画面语言成为早期摄影的重要门类。中国传统画意摄影深受中国传统绘画的影响,走出了一条摄影与传统绘画结合的创作之路。诞生于西方的画意摄影在中国得到了充分发展,先后出现了陈复礼、郎静山、刘半农等一大批画意摄影家和画意摄影理论家。这些画意摄影师将中国传统绘画理念与摄影相结合,创立了"集锦摄影""影画合璧"的作品,创作出古典写意、意境悠远的绘画照片。当代语境下的新画意摄影加入了时代的元素,利用电脑合成等手段,创造出新的画意影像,形成了更为丰富的语义内涵,即新画意摄影。

【关键词】画意摄影　集锦摄影　影画合璧　新画意摄影

一、前　言

摄影术发明之初就被看成辅助绘画的一种工具,所以摄影和绘画从根源上便有着密不可分的联系。摄影越是忠实地模仿绘画,就越接近真正的艺术。而自摄影术发明至今,画意摄影一直贯穿其中,并且在摄影发展史上起到了里程碑的作用。[①] 19 世纪中后期,越来越多的人表现出对摄影艺术品的热衷,在势不可当的摄影浪潮冲击下,艺术界也慢慢接受了摄影的存在。一些艺术评论家指出,摄影应不仅仅是简单的复制和记录,而应该追求更高的艺术品格和内涵,故而将传统艺术的美学主张转化到摄影领域,其中就有要求照片必须有美感,能够符合时代审美需求,起到教化人心的作用。这种主张影响到当时的摄影创作,最终形成了绘画主义摄影思潮,即画意摄影(Pictorialism)。

① 郭慧慧. 概述中国画意摄影之发展[J]. 剑南文学:经典阅读,2012(12):173.

二、画意摄影概述

(一)什么是画意摄影

画意摄影是指模仿绘画形式和理念的一种摄影风格,以其唯美的画面语言成为早期摄影的重要门类。画意摄影在创作上极力模仿绘画,在造型规则、审美规范以及创作内容上也努力向绘画靠拢,以绘画的造型原则规范摄影创作,在创作上追求诗情画意的境界。[①] 这种模仿绘画而出现的摄影作品,无论是布局还是最终的效果,都跟绘画相似,因此被称为画意摄影。

(二)画意摄影的发展脉络

纵观摄影发展史,绘画对摄影的影响比其他门类艺术都更加深远。绘画和摄影的关联由来已久,它们之间有着很强的相似性。无论是对具体形象的再现、对肌理变化的处理,还是艺术移情的方式,抑或者对色彩的把握、对情绪的控制等方面都有相近之处。尤其是在摄影最初诞生的阶段,摄影着意模仿绘画艺术,在造型手段和美学规律方面都从绘画艺术中汲取营养,尽力模仿绘画的造型手段和审美规则,甚至于创作题材和内容也与绘画十分相似。而摄影模仿绘画的结果,促成了摄影史上第一个艺术流派——绘画主义摄影艺术流派,即画意摄影的诞生。画意摄影经过发展、完善,先后出现了绘画派摄影、印象派摄影流派,这些摄影流派都是对绘画的模仿和敬仰。

1. 严谨诗意的绘画派

绘画主义摄影艺术流派,简称绘画派,是 20 世纪初在摄影领域盛行一时的一种艺术思潮,最先诞生于 19 世纪中叶的英国。绘画主义摄影艺术流派的发展大致经历了三个阶段:仿画阶段、崇尚典雅阶段以及画意阶段。该派摄影家在摄影创作上追求绘画的效果,模仿绘画的造型原则和审美规范,努力向绘画艺术靠拢。其创作题材大多来自宗教故事或文学作品;创作方法是先确立主题,画好草图,请模特扮演,后经暗房加工而成。这类作品结构严谨、布局考究,作品极富情节性、叙事性和寓意性,崇尚古典主义风格,因而显得含蓄、沉静、典雅。1857 年,英国摄影家、艺术摄影之父奥斯

---

① 画意摄影[EB/OL].(2017-08-03)[2019-05-23].https://baike.baidu.com/item/绘画主义摄影/8481210? fr = aladdin.

卡·古斯塔夫·雷兰德拍摄的作品《人生的两条道路》(图1)①,首开绘画派摄影的先河。在摄影还不受重视的当时,这幅作品以唯美的画面、精致的构图和勉励性的主题受到维多利亚女王的青睐,绘画派摄影也成为那个时代的主流,占据着主导地位。

图1 《人生的两条道路》(摄影:奥斯卡·古斯塔夫·雷兰德;1857)

2. 光影朦胧的印象派

从19世纪80年代起,画意摄影逐渐失去了时尚导向的力量,但绘画对摄影的强大影响并没有就此消失;相反,它从更高、更新的角度切入了摄影,这就是印象主义思潮在摄影中的表现。印象主义摄影艺术流派是绘画主义摄影艺术流派的一个分支,这一流派的艺术特色是调子沉郁、影纹粗糙,富有装饰性,但缺乏空间感。

19世纪60年代中期,印象派绘画运动在法国兴起,一批印象派画家如马奈、莫奈、雷诺阿等迅速崛起,成为艺术领域一股充满活力的新生力量。印象派绘画强调画面的光影效果和绚丽的色彩,画面中的形象没有明确的线条和轮廓界线,亦不强调立体感和质感,营造出梦幻、迷离、朦胧的感觉。印象主义摄影借鉴了绘画中的印象主义风格,运用柔焦、软焦等方法,追求一种模糊、朦胧的艺术效果。

除此之外,印象派摄影家还用画笔、铅笔、橡皮在照片画面上涂抹,改变原有的明暗变化,刻意追求绘画的效果。比较知名的印象主义摄影家有英国的乔治·戴维森、法国的罗伯特·德马奇等。1889年,乔治·戴维森拍摄的《葱田》(图2)②是印象派摄

① 雷兰德. 人生的两条道路[DB/OL]. (2018-04-20)[2019-12-11]. http://www. mei-shu. com/art/20180420/30070. html.

② 戴维森. 葱田[EB/OL]. (2017-05-22)[2019-12-11]. https://www. meipian. cn/k4otfef.

影的典型代表作,画面中细密秀挺的青葱安安静静地伫立在整齐的葱园中,顶上盛开的白花连成一片,虚化了清丽的葱影,为画面蒙上小村庄特有的恬静色彩;柔和画面恰如景色在头脑中一扫而过留下的印象。这是摄影史上第一张成功的印象主义摄影作品。而罗伯特·德马奇 1902 年拍摄的《在草坪上》(图 3)①,画面整体呈现出古典唯美的意境,影纹层次与印象派画家独特的笔触酷似,其生动性不言而喻。

图 2 《葱田》(摄影:乔治·戴维森;1889)

图 3 《在草坪上》(摄影:罗伯特·德马奇;1902)

三、中国传统画意摄影

自摄影术被引进国内的那一刻起,摄影就与我国传统绘画艺术产生了不解之缘。尤其是 20 世纪二三十年代的摄影艺术家们深受中国传统绘画的影响,探索出一条摄影与传统绘画结合的创作之路。诞生于西方的画意摄影在中国得到了充分发展,先后出现了陈复礼、郎静山、刘半农等一大批画意摄影家和画意摄影理论家。1927 年 9 月,刘半农出版了摄影理论文集《半农谈影》,提出“把作者的意境通过摄影表现出来”②的写意思想;1934 年,郎静山的写意摄影更是集摄影与绘画之所长,创立了“集锦摄影”的方法;20 世纪 40 年代末,陈复礼则在郎静山“集锦摄影”的基础上更进一步,创立了独特的“影画合璧”的作品。这些画意摄影师将中国传统绘画理念与摄影结合,创作出古典写意、意境悠远的绘画照片。

① 德马奇. 在草坪上[EB/OL]. (2017-08-19)[2019-12-11]. https://www.zhihu.com/question/63155054/answer/208411651.

② 刘半农. 半农谈影[M]. 北京:中国摄影出版社,2000:32.

（一）郎静山与集锦照片

画意摄影在文化背景迥异的中西方有着不同的表现风格。以绘画艺术为例，西方绘画艺术重写实，而中国绘画艺术重写意，不同的绘画艺术创作理念也影响了摄影艺术，这在中国画意摄影大师郎静山的作品中有深刻的体现。

郎静山是20世纪中国著名摄影师之一，是最早被西方摄影界所熟知的摄影大师，他一生致力于集锦摄影的研究和创作。他的集锦摄影营造出了中国画所特有的悠远绵长的意境，是对中国传统文化的发扬，体现了其本人独特的审美理念和精神境界的追求。郎静山的作品极具有个人艺术风格、鲜明的民族特色和东方美学意境，他将现代科学摄影技术与中国的传统绘画相结合，创立了集锦摄影。他曾说：

> 我做集锦照片，是希望以最写实、最传真的摄影工具，融合我国固有画理，以一种‘善’意的理念、实用的价值，创造出“美的作品”。[①]

所谓“集锦摄影”就是集各种物景配合成章，舍画面之所忌，取画面之所宜，使作品达到理想、完美的效果。[②] 这种理念就如同中国传统绘画六法中“传模移写”对于位置的经营处理，这种方式需要经过暗房加工，将多张底片通过叠印技术营造出“影中有画、画中有影”的视觉效果。绘画六法中有“经营位置”与“传模移写”的画理，画家作画可以自由取舍、去芜存菁；而摄影受器材和拍摄对象的限制，不能随心所欲地对画面进行取舍，因此必须采用“集锦”之法。

郎静山以相机和画笔重塑中国画的山水意境，将绘画的高超境界融入摄影艺术之中。一方面，他在理论上遵从中国古代绘画六论，借鉴中国传统绘画的章法布局，将中国的主题和意境引入摄影；另一方面，他走进自然，感受生活，拍摄了大量的名胜风光，把大自然的四时景物和富有诗意的生活细节作为摄影创作的素材。如1945年他创作的《晓风残月》（图4）[③]描绘的是一对恋人即将别离，彼此的感受如随风飘散的柳丝般慌乱；枯树和独木舟是当时时代的象征，恋人的心在小舟中摇摆不定；渺小的远山，居高临下的柳枝，余音袅袅，尽显含蓄之美。

郎静山在作品中也将人与自然融为一体的关系表现得恰到好处，如《晓汲清江》

---

① 郎静山. 静山集锦作法［M］. 台北：中华系列出版委员会，1958：30.

② 集锦摄影［EB/OL］.（2018-06-16）［2019-12-14］. https://www.sohu.com/a/236175691_803648.

③ 郎静山. 晓风残月［EB/OL］.（2018-04-20）［2019-12-14］. https://news.mei-shu.org/art/20180420/30374.html.

(图 5)①、《松荫高士》(图 6)②、《松荫静坐》(图 7)③等作品,体现着郎静山心中的“世外桃源”。郎静山的集锦艺术无论是从题材表现还是画面布局都借鉴并发扬了中国传统绘画艺术,具有鲜明的东方写意风格,蕴含着丰富的美学思想,对世界摄影艺术产生了重要影响。

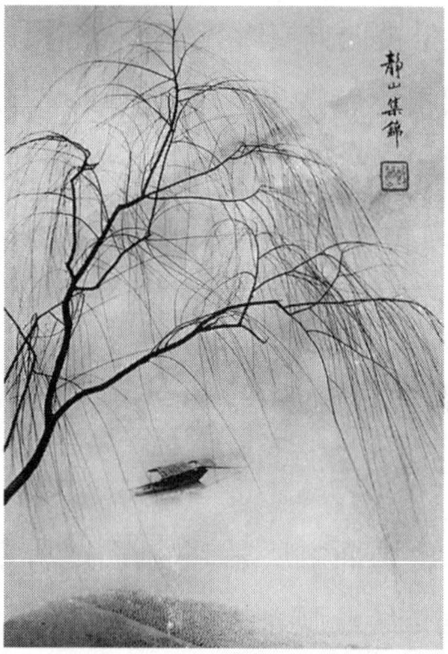

图 4 《晓风残月》(摄影:郎静山;1945)

图 5 《晓汲清江》(摄影:郎静山;1934)

图 6 《松荫高士》(摄影:郎静山;1953)

图 7 《松荫静坐》(摄影:郎静山;1963)

---

① 郎静山. 晓汲清江[EB/OL]. (2013-12-13)[2019-12-14]. http://art. rmlt. com. cn/2013/1213/198755. shtml.

② 郎静山. 松荫高士[EB/OL]. (2018-12-19)[2019-12-14]. http://blog. sina. cn/dpool/blog/s/blog_5e40d1e10102ebb4. html? vt = 4.

③ 郎静山. 松荫静坐[EB/OL]. (2018-12-19)[2019-12-14]. https://m. sohu. com/a/270140018_803648.

(二)陈复礼与影画合璧

20世纪40年代末期,陈复礼受郎静山"集锦摄影"的影响,开始了画意摄影的创作。他在摄影上独辟蹊径,把风景摄影同中国画意结合起来,开辟了一条新的中国画意摄影道路。他通过自己的艺术实践,在理论上论述了中国画意与风景摄影的内在联系,从色调运用、空白布局、散点透视等方面,阐述了山水摄影同中国画意相结合的原理,并独创了"影画合璧"的摄影创作风格,将写实的摄影艺术与意境悠远的中国传统绘画相结合,创作出了具有中国画韵味和美感的画意作品。

所谓"影画合璧",是陈复礼与其他艺术家共同创作的作品。陈复礼在自己的作品中,邀请其他艺术家题诗或者补画,例如《雪禽图》《古松》《影子》等。影画合璧作品的优越性,在于摄影不能表达的意境,会通过题诗或者补的画表现出来,收到画龙点睛的效果。例如1980年,陈复礼与画家吴冠中合作的《影子》(图8)①中,两只小鸟的影子是后期画上去的,线条流畅不做作,黑白层次分明,自然和谐,这是单纯的摄影作品所不能比拟的。从陈复礼的作品中可以看出,其作品风格意境深远、静谧恬淡,完整地表现出悠远的写意之风。

图8 《影子》(摄影:陈复礼;1980)

图9 《搏斗》(摄影:陈复礼;1964)

陈复礼最著名的作品《搏斗》(图9)②,运用了中国画传统的繁中求简、虚实相间、藏露结合的方法,大胆运用空白来产生深度,引起观者的联想,营造空灵的意境渲染风

① 陈复礼. 影子[DB/OL]. (2018-09-12)[2019-11-03]. http://k. sina. com. cn/article_1364882532_515a746401900ic3u. html.

② 陈复礼. 搏斗[DB/OL]. (2014-03-18)[2019-11-03]. http://blog. sina. com. cn/s/blog_51ec9abf0101rlw9. html.

浪的险恶,以中国画的散点透视构图,放弃地平线的限制,形成无比广阔的画面,使观者仿佛置身于图画之上,有天下尽收眼底的感觉。

《搏斗》中既有人生、自然、社会的价值,又有极强的艺术感染力和很高的美学价值。作品展现在人们面前的是一个惊心动魄的场面:惊涛骇浪的茫茫大海中,一叶孤舟被恶浪冲击着,前后起伏、上下颠簸,天空乌云翻滚,水手们同舟共济,挥桨搏击。这幅黑白佳作从表面上看,是表现船员们同惊涛骇浪作殊死搏斗,为了生存同心协力,拼搏鏖战海浪,驾驶小舟奋勇前进的精彩瞬间,实质也是寓意着先生自己的艺术创作道路和生活道路,也都是从搏斗中走过来的;寓意着生命的轨迹、事业的成功、时代的发展、社会的进步并非一帆风顺,必须在大风大浪中经受考验,在波澜起伏中奋力前行。

四、当代语境下的新画意摄影

画意摄影虽一直在中国摄影界占有一席之地,但由于受到当时战乱的影响,画意的风格发生转变,摄影家们将镜头对准了战争,以纪实的手法揭露战争的残酷,表现人们艰难的生存处境。20世纪40年代末期以后,摄影创作多以写实风格为主,从事画意摄影的艺术家越来越少,画意摄影处于被淡忘的境地。直到2009年,姚璐创作了《中国景观》,使得画意摄影重新出现在观众的视野中。姚璐的画意摄影没有局限于传统的创作模式和主张,而是加入了时代的元素,利用电脑合成等手段,创造出新的画意影像,形成了更为丰富的语义内涵,即新画意摄影。

(一)新画意摄影定义

所谓新画意摄影,指的是随着数码技术的飞速发展,摄影师开始将目光重新聚焦山水画意摄影,在前人表现山水画意境的基础上,借鉴中国传统绘画语言反映当下社会问题以及自己的思考,向世界展示当下中国的人文景观与社会现实,将中国传统绘画中的"意境"构造转变成一种"观念"表达,创作出具有时代特色的画意影像,被称为新画意摄影。①

(二)新画意摄影的当代性——以《中国景观》为例

新画意摄影在当代语境的表达,虽然在形式表现上依然带有先前画意摄影师们的遗风,但在创作内容、创作手段上都与以往有很大的不同。从陈复礼和郎静山的作品

---

① 于也. 新画意摄影[J]. 山东师范大学学报,2019(5):14-32.

中我们看到的是在中国哲学、中国文化的大背景中，中国文人意境高远的精神境界与无欲无求的仙风道骨，时代特征较弱。新画意摄影更多的是以唯美的方式反映社会现实，加入了作者对时代的反思和对社会生活的理解，具有鲜明的时代特征。可以说，新画意摄影沿用了画意摄影的表现方式和手段，在内容上却不再局限于阳春白雪式的美，而是具有了对社会的深层次理解和感悟，用一种唯美的、反讽的视角表达出来，带有强烈的人文关怀和社会责任感。

新时代背景下，中国的社会发生了翻天覆地的变化，这些变化给予艺术家们新的素材。以摄影师姚璐的《中国景观》(图 10)①系列为例，作品反映的是当下社会发展的弊端。穿梭在城市中，随处可见的是绿色防尘网掩盖之下的一座座土堆。姚璐将这些建筑垃圾收入镜头，通过后期图像处理加工，添加亭台楼阁与小舟，剪辑成一幅幅看似精心构思的青山绿水画面。但细看之下，却会发现在这青山绿水间，有头戴安全帽的农民工、建筑工人，营造出时空上的错位感。乍看充满诗情画意的画面，却隐喻着处处都在大兴土木的社会现实。

图 10 《中国景观》(摄影:姚璐;2009)

① 姚璐. 中国景观[EB/OL]. (2011-04-01)[2020-01-03]. https://fotomen.cn/2011/04/01/yaolu/.

姚璐的摄影传递的是一个虚幻的风景,表达出她对社会现实的反思和态度。随着时代的发展和科技的进步,社会已然进入高度发达的城市化时代。城市化使人们的生活变得更加便捷和美好,但在不断扩张的城市化进程中,也带来了一系列的弊端,最为尖锐的就是环境问题。那些建筑工地上用来遮掩丑陋、防止扬灰的绿色防尘网以及在它掩盖下的一座座土堆,已然成为当代中国的新符号。整个画面远看和谐,近看却处处显示着脏乱与破败,这种以丑陋来营造美的错觉,使丑陋本身成为新的审美对象,给予观者更多反思。

从姚璐的"中国景观"系列可以看出,新画意摄影中的"意"早已不是传统绘画所追求的意境。新画意摄影注重从社会现实出发,通过镜头直面社会现实,作品中体现更多的是对人类社会的思考,带有强烈的人文关怀,这与传统儒家思想所主张的艺术功能说不谋而合。儒家思想讲究通过艺术这一渠道,起到教化社会、教化人心的作用;新画意摄影正是通过对社会现实的记录和表达,引发人类的反思,进而推动社会进步。

五、结　语

"画意摄影"是西方摄影界较早提出的概念。中西方文化背景的不同,使得画意摄影的表达也不尽相同。中国画意摄影师在表现形式上仿照中国传统山水画的创作方法,营造出传统绘画中意境悠远的美感,借由山水表现寄情山水、远离尘嚣的超脱的精神境界,同时也隐喻着摄影师在山水中所寄寓的情感。当代的新画意摄影,则在中国传统文化和传统审美观的影响下,借鉴中国传统绘画的表现技法和意境高远的精神追求,借助相机这一媒介将摄影师自己的心境与社会现实、环境有机结合,用纪实的手法表现城市发展进程中出现的问题,关注人类的生存,将现实和意境融合在一起。可见,唯美是画意摄影的优点,但是并不妨碍它对于现实生活的展现,尤其是在数码技术发达的今天,它能够更加丰富画意摄影的表现方式和内容,体现鲜明的时代特征。

〔周祥蕾,河北传媒学院影视艺术学院讲师,主要研究方向:现代媒体艺术研究;宋艳丽,河北传媒学院影视艺术学院讲师,主要研究方向:人文地理摄影研究〕

美术与设计

汉字形义系统介入平面广告设计的形式与方法

吴 月 范 宾 姜 雪

【摘要】平面广告设计是一个将信息与创意相关联的视觉符号化过程,汉字以其独特的造型结构和抽象精神的隐喻,成为平面广告设计重要的应用元素。汉字具有“形、义”两层系统,在传统汉字构形思想下,借助于“象形”“转注”“会意”等构字方式,可以拓展汉字在平面广告中的内涵与表现;利用汉字的语义表述系统和隐喻系统,可以进一步深化受众的感知并拓展联想。同时,新媒体环境下广告外在设计形式的变化,进一步深化了受众的感知体验和能动思考,汉字对事物形象的援比、概括与表现,成为汉字应用于广告设计的切入点。

【关键词】汉字形义 平面广告 新媒介

平面广告设计是一个信息处理与创意传达相关联的视觉符号化过程。其工作核心是“传播设计”,以实现广告服务价值和引起受众心理体验为重要内容。而当代更为全息化、更具文化属性的社会语境,也对视觉设计提出了新的命题。在跨学科的新视角中,汉字作为记录文化性格最为深切的物化载体,以其独特的视觉形象和信息脚本被设计激活、转化。20 世纪初西方美学家克莱夫·贝尔提出的“有意味的形式”理论,被形式主义美学视为对艺术作出的唯一和权威性的解释①。如果说“有意味的形式”中“意味”是“形式”的修饰,那么回归中国文化情态的原点,所言“近取诸身、远取诸物”②,则既是东方艺术最为独特的创作范式,也成为汉字点画生成、书写的最初意味。综观当代平面设计,汉字作为承载中国文化基因的媒介,俨然成为中国本土设计的创意原型与本体思路。

本文围绕汉字“形、义”两层系统,考察汉字作为一种视觉元素介入平面广告设计而产生的不同应用与表现形式。在字“形”的感知与剖析中,主要通过“六书”造字思

① 常熳.“有意味的形式”与中国古典“意象”的比较研究[J]. 大众文艺,2019(21):31-32.

② 藏克和,王平. 说文解字新订[M]. 北京:中华书局,2002:997.

想所引申的不同形体处理技巧、汉字意象同构特点，以及点画形体借助笔墨意蕴传达更为独特的审美情趣为主要研究内容。随着广告语本内容的扩充，传统的形构技巧难以完整涵盖、传达广告的中心思想，因此研究视角便转向对字“义”系统的关注，文字作为语义的“能指”性符号，探究汉字对广告语本的归纳、指涉、阅读的作用。然而，新媒体时代的来临打破了原有广告以平面印刷为主的展示效果，在人与媒介的交互关系中，利用相关技术深化了受众对广告内在传播内容和外在设计形式的感知体验和能动思考，并有效拓展了汉字“形、义”的表现形式。

一、美术字运动下汉字在平面广告中的形象与问题

汉字作为一种图形元素被应用于平面广告设计，其发端于“美观”“工艺”作为美术设计重要范畴的特定历史时段，“美工”及“美术字运动”[①]对整个设计领域的工作思维与方法都产生了深远影响。李明君先生在1997年出版的《中国美术字史图说》中给“美术字”作出了明确的定义，他认为：“美术字既不同于书法也不同于日常应用文字，它本身属于一种图案性文字，它的字形是在原字的基础上根据想要表达的内容进行装饰，并能美化负载其事物的文字。”[②]

“美术字运动”在将汉字从诗意书写转向视觉编排的过程中，建立了一种新的技术思维与美学范式。特别是宋体、黑体等常规印刷字体形态注重其字义的阅读特征，而非突出文字形体的美感特性，因而在广告传播过程中，常不被观者所关注。该运动是针对图像时代“文字可视化”问题的一场具体视觉实践，以拉丁文字设计方法推动汉字设计，辅之以点、线、面构成设计思维，使之呈现出图案化、流体化、编排化等特点（图1），成为平面广告设计中汉字的一般形象。其功能是以促进公众在观看中获得形体美感和愉悦心理、推动信息接受与物质消费为主要目的。

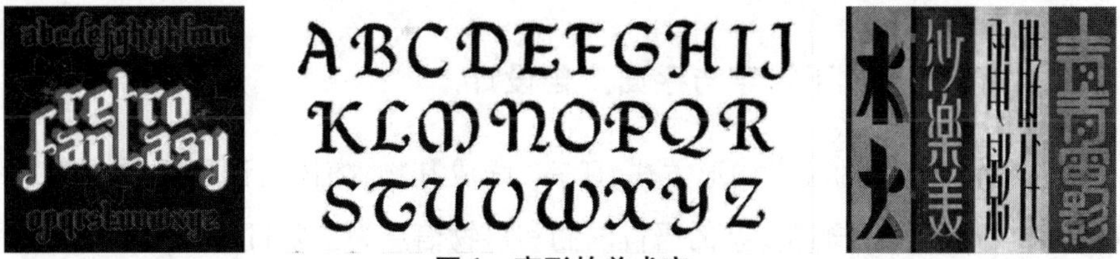

图1 变形的美术字

---

① “美术字运动”发端于新文化运动时期，发生于西方文化设计观念的东渐与近代商品经济发展的时代背景下，钱君匋、张光宇等设计先驱将汉字图案化、装饰化地改造，广泛应用于当时的书籍装帧、广告宣传、报纸新闻中。它是近现代中国视觉文化的重要形态，由此产生了一种被称为“美术字”的新艺术形式，是汉字的一次现代化视觉设计运动。

② 黄冰景. 1926—1945年《良友》画报中的广告美术字研究[D]. 景德镇：景德镇陶瓷大学，2019：11.

美术字的使用是对印刷字体的笔画形体的美化制作,使汉字由印刷体走向了图形、装饰的范畴,通过扭动变形、虚实相衬、底纹肌理、寓图于字等设计技巧,达到协调版式、增强图形元素美观的目的。但是,美术字的应用存在两点不足:其一,在图文互动的设计思维中,广告语义的构思作为图形元素选择、应用的前提条件,美术字的设计原则及表现形式难以成为广告语义内容的解码符号,装饰性美术字作为观看的一般内容,也极有可能使创意与接受双方陷入"图形"审美的陷阱中,从而削弱了广告内在理念的传达与想象空间。其二,美术字设计因为强调汉字的形体流动、美观特征而导致表意性不足。汉字作为一种表意体系的文字,在构形、表意过程中包含了丰富多变的设计智慧,它兼具取象、摹形、援比、隐喻、妙悟等思维技巧。此外,从汉字发展至书法艺术,汉字也超越了记事特性,成为传达艺术美感的介质,观者全然可以借助点画姿态、墨色挥洒获得审美愉悦及价值认同。然而,美术字因为植根于西方设计观念与方法,未将汉字独特的形构、表意内涵运用于平面广告设计中而逐渐式微。

二、传统汉字构形思想下平面广告设计的表现形式与方法

关于汉字构形的方法,古人根据其字形结构总结出"六书"理论,东汉许慎在《说文解字》中归纳为"象形、指事、会意、转注、形声、假借"。这一理论完整具体地分析了汉字的形体构成、表象表意背后存在的逻辑思维方式,每一种构造方式都促进了人们对事物信息的理解与延伸。此外,从汉字到书法艺术,借由笔墨的挥运在笔势的起承转合中进一步深化于形的感知特征,正所谓"达其情性,形其哀乐"①,则是在形与势的感知中同时激活"意"的共识,唤起观者的心理体验。汉字作为平面设计的一种设计元素,传统汉字构形方法成为该元素应用的主要依据,同时还承担了本土文化和社会心理方面的展示功能。

(一)"象形"思维下汉字与平面广告设计

"象形"作为初始的汉字构形方法,所言"画成其物,随体诘诎",是借具象思维对客观事物进行提炼,以概述复杂的语言内涵和事物信息为主要目的。图2是一则关于"动物方舟"的招贴广告,将各种动物的名称、形象借用古老的象形文字代替。该设计是将一般事物形象转化为一套抽象的视觉识别系统,其意义在于强化事物内容的表现维度,增进受众的感性认知。然而,象形文字作为原始早期社会信息的记录符号,随着

① 陈秀杰.达其情性 形其哀乐——解读书法艺术的寄情性[J].安徽文学,2009(2):104.

社会交流内容、层级的扩展，其对事物信息的承载具有一定的局限性。

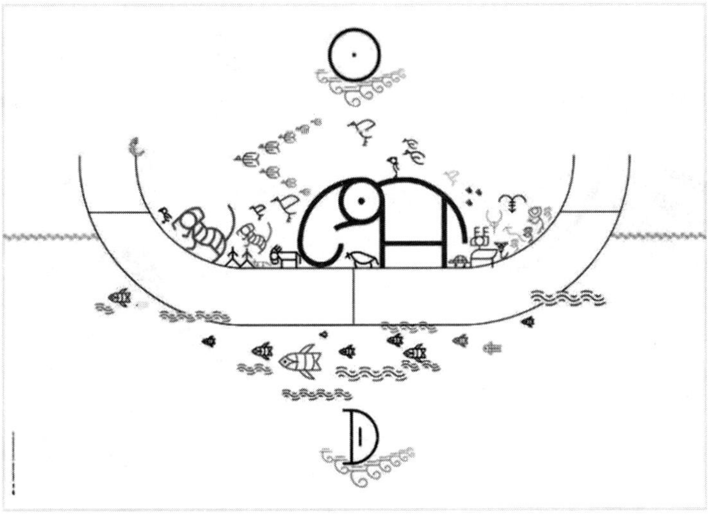

图2　动物方舟①

基于汉字“象”与“意”内在互动的结构特性，设计者必须充分借助对事物“意”的理解与生发，重新构建“象”的体格。在图3的例子中，“家”是该广告的中心内容，设计者将汉字“家”的体势与圣诞树的寓意相互联结，按照原有字形结构特点对其笔画进行重新排列，在“意”的提炼与投射过程中，予以汉字形象化处理。借由汉字形体对事物细节的绝对化描述，与借助原有象形符号替代语义有所不同，该设计思路对事物信息的表达更具直观性和概括性。在“象其物宜”②的设计思维中，视觉形象化过程将复杂的事物予以标记，通过生成具象图形，触发观者对事物的识别感应，“意”的生成与有效传达，一个真实事物的完整形象得以构建。此外，通过恰当地安排字符与其他图形元素的位置关系，巧妙地利用知觉的相似与区分特性，在空间交错中引发视觉游离阅读，可以在增加文字空间表现形式的同时扩充“意”的感知维度。如图4“仁者见仁”将汉字形体解构、删减，与深远的山体相互穿插、组合，通过“意象同构”思维，引发观者在直觉、感悟中体味语义的内涵。无论是借用原有的象形文字还是意象同构思维，都将“象”作为连接语义信息与视觉感知的中间介质，取象与观象作为中国人特有的行为活动与感知方式，已成为本土平面广告设计的重要思维技巧。

① 《动物方舟》，清华美院陈楠设计。

② 象其物宜：语出《周易 · 系辞上》，一般指概括事物之理要用恰当的形象显示出来。

图 3 家①

图 4 仁者见仁②

(二)“转注会意”思维下的汉字与平面广告设计

中国汉字的构造方法是一种模件系统,即“可以互换的构件,用以在不同的组合中形成书写的文字”③。在这套模件系统中,“转注—建类一首”④与“会意—比类合谊”⑤作为传统的字构形式技巧受到设计师们的广泛青睐。图 5 是关于大气防治主题的平面广告。在三角警示符号中将“气”和“尘”形体同构,在视知觉研究中我们将其称为“形基现象”,“气”为类首,通过替换性字符的语义差别,固定观看视点以捕捉信息。因其笔画差异所构成的视觉文本,“比类合谊”的模件思维对同类别信息的组织与传达具有连续高效的优势,正如大气污染源并非“尘”一种,对其他污染问题同样可以基于“污染警示牌”的字构形式予以表述。

转注和会意的应用主要以“字组”形式排列组合构造新的字体形态,如图 6 所示,根据“青山”“绿水”字形内部结体空间的相似性,通过穿插、置换笔画以营造视觉均

---

① 摘自花瓣设计网。

② 摘自宋坤《解构汉字在平面广告设计中的运用研究》一文。

③ 雷德侯. 万物——中国艺术中的模件化与规模化生产[M]. 张总,等译. 党晟,校. 北京:生活·读书·新知三联书店,2015:4.

④ 建类一首:将性质相同或相近的事物合并、立为一类。语出许慎《说文解字·叙》。

⑤ 比类合谊:连缀、排比同类事物,归纳、综合其义。语出许慎《说文解字·叙》。

由在于表现前者。”①在交流过程中，语言的使用与描述构成语义，文字是语义的“能指”性符号，在阅读条件下，二者具有相互约定与识别的特性。“望文生义”是一种经验式阅读思维，它有效缩减了信息传递与理解的时间，成为广告叙事最为本质的设计方法。如图 8 所示，面对新型冠状病毒的侵袭，为了避免个体间的交叉感染，该广告语提倡“加油！坚持宅家，就是胜利！”“宅”作为预防病毒危害的行为手段，构成广告的中心思想，在视觉设计中，通过细边简化的房子和加粗“宅”字笔画的对比构成视觉中心。“宅”字具有明确的语义，引发观者共识而不只是处于视觉形式的感性理解中，语义功能根植于人们日常的交流经验与固定的知识系统中。该广告设计通过汉字形体的“能指”特性，将设计观念与约定俗成的客观认知联系在一起。此类设计思维在 2020 年抗疫广告宣传中得到广泛应用（图 9）。

图 8　宅②

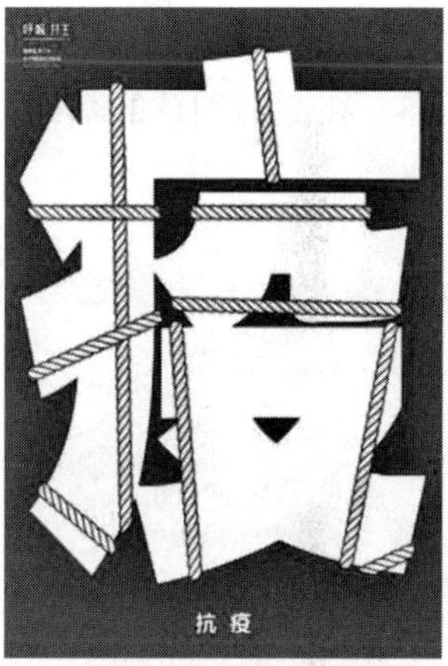

图 9　疫③

语义系统包含两个子系统——表述系统和隐喻系统。“宅”“疫”字的应用设计源自语义的直接表述。隐喻作为人类的基本思维方式，其语义结构中带有更多的思辨与批判意味，因而隐喻思维借助文字形体的“指涉”功能深化了受众的感知的同时也拓展了联想。如图 10 的案例，设计师将“虎”字去掉“厂”部、“象”字去掉“丿”部，形象地描述了猎杀行为对动物的现实残害，同时也隐喻了人性的贪婪。广告设计是一种编码—解码的过程，汉字符号既是编码的视觉技巧，同时作为语义的“能指性”符号，在信息解码中对引导受众明确信息主题、强化感知具有积极作用。

① 肖兰兰. 解读语言与文字［J］. 当代教育理论与实践，2011，3（3）：112-113.

② 摘自上海市抗疫户外广告。

③ 摘自《呼吸 · 共生——2020 全球抗击疫情国际平面设计展》。

图10 谁偷了我的皮,谁拔了我的牙①

广告语的写作是广告创意的重要组成部分,其文本内容的中心语义对视觉符号的选择具有引导作用。如图11所示广告语“万科雲府:是非,进退,得失,是时候,另起一行……”该广告语运用莫尔图形对汉字叠加并置产生视错空间,是对语义的概括和延伸。在图形创意的基础上,汉字和语义相互指涉、联动,成为平面广告设计的重要方向。

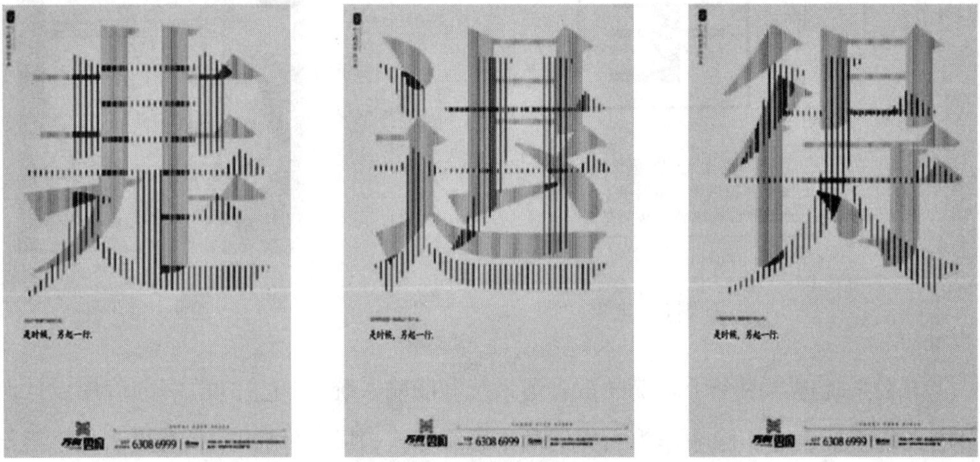

图11 是非、进退、得失②

文字和语义共同构成了文本系统,文本以其更为完整、深刻的叙事内容,从阅读方式上带给广告设计多维度的思考。图12为武汉天河机场T3航站楼平面展示项目——《一日一课》。从该作品规模化的复件排列中,公众可根据对数字、色彩等视觉符号的喜爱偏好移动观看,文本以其完整的叙事情节在阅读过程中扩充了公众感官体

① 摘自李超《符号学语境下平面公益广告设计方法研究》一文。
② 摘自万科地产户外平面广告。

验的时间与空间，给观者带来一种偏向沉浸化的视觉体验。图 13 的作品中，以古典文教内容伴之以“文化波谱”的艺术风格，提供给公众寓教于乐的感官氛围。汉字作为版式中的设计元素，通过汉字的阅读可以将人们带入传统文化语境中。平面广告作为图像信息时代的一类视觉景观，根植于当下信息分类、经济协作、环境危机、文化自信等诸多议题中，也试图提示人们升级广告的责任阈值，平面广告设计从信息服务转为“价值引导”的创意活动，其中设计所包含的非物质系统和文化关怀以追求公共善或是最高善为根本目的。

图 12　一日一课①

图 13　一日一课 09②

四、人与媒介能动关系下的文字与平面广告设计

法国学者马克·迪亚尼(Marco Diani)集合了一批活跃的知识分子对后工业时代的

---

①② 本图由艺术家魏光庆提供。

设计与技术、文化关系及观念变化展开探讨时指出:“设计一向处于主导我们文化的两极之间,一极是技术和工业现实,另一极是以人为尺度的生产和社会乌托邦。”①现阶段绝大多数平面广告的设计与投放建立在受众“离场”的视看关系上,在引导公众需求心理和改善生计的过程中,如何增进公众参与体验的程度,成为设计实践的一项重要内容。

传播学家麦克卢汉提出:“媒介是人的延伸。”②平面广告作为公共空间中信息展示与传播的媒介,在新媒体环境下,不同技术与材料属性也促使人与媒介的关系越发交互化、虚拟化、沉浸化。在突破原有视看关系的同时,新媒体技术将调动身体多重感官与广告信息互动,形成整体知觉体验。如图 14 所示,该广告在光的强弱与移动变化中,营造了一种现实与虚幻叠加的展示氛围,运用抽象的字符阐释无序与不可归纳的冗杂信息,在个体身心的沉浸中,触摸世间万象的流动与偶然之态。在古希腊语中,技术(technique)和触摸(touch)有着相同的词根,通常广告在“平面”印刷模式下易于忽视触觉的感知,在利用新媒体技术介入触觉体验的过程中,对于受众而言,它塑造了一个沉浸其中并引发多重感官体验的三维空间;对于信息本体而言,其所包含的客观与感性内容皆有提示与表现,特别是汉字不同于一般图形元素,从观物取象到形其哀乐,表明汉字对信息中的感性内容具有深刻的象征与抒情作用。

图 14 时间简谱③

① 张译之. 中国设计走过 40 年[EB/OL]. (2018-04-05)[2020-04-11]. http://www.cafa.com.cn/cn/news/details/2110044.

② 刘婷. 身体—媒介/技术:麦克卢汉思想被忽视的维度[J]. 新闻与传播研究, 2018,25(5):46.

③ 第 58 届威尼斯双年展中国馆互动展示项目,摘自中央美术学院艺讯网。

在新媒体技术之“新”与广告设计之“达”的互动融合背景下，借助新媒体技术拓展汉字元素在广告设计中的表现形式有三种不同的路径：其一，以图 14 为例，它将汉字点画从固有的形体中剥离出来，或以更为抽象的形符和审美理想将受众注意力带入形式感知中，该设计技巧拓展了汉字形符对信息语体的“涵咏”价值；其二，利用 3Dmax、VR 等技术，深化字构方法及汉字形体的援比、拆分、组合等形式的感官维度，引导受众从二维离场观看转向虚拟交互体验中；其三，深化汉字水墨意蕴对广告情境的表现与传达，笔墨精神中的“气韵生动”“似与不似”与数字技术的虚拟性在感官层面上具有一定的相似性，汉字在墨韵的流动与渲染中，以情达意、虚实相动，成为广告设计中独特的应用形式与文化属性。综论而言，新媒体技术增进了广告语义与受众感官的体验程度，汉字对事物形象的援比、概括与表现，成为汉字应用于广告设计的切入点。

〔吴月，河北传媒学院美术设计学院教师，主要研究方向：视觉传达与平面广告设计；范宾，河北传媒学院美术设计学院教师，主要研究方向：书法创作与文字设计；姜雪，河北传媒学院美术设计学院教师，主要研究方向：视觉传达设计〕

文学与传播

袁宏道与苏轼山水游记的审美比较

孟欣誉

【摘要】热爱山水的苏轼和袁宏道,其游记散文有着"和而不同"的审美取向。他们都用水意象比喻文章之道,又同时具有平淡、趣味的艺术特点。但是二者的作品在具体表现上又有明显的不同。苏轼提出了"文之变"的写作观点;袁宏道在继承苏轼"随物赋形"的基础上,提出了"气之变"的核心审美观。在平淡风格方面,二者的平淡风在写景、展示世俗生活层面有差别。在表现作品的趣味方面,苏轼与袁宏道又表现出截然不同的审美追求,反映出袁宏道和苏轼的人生经历和时代背景差异。

【关键词】袁宏道　苏轼　山水游记　审美

明代文学家、"公安派"代表人物、性灵说创立者袁宏道,对苏轼文赞赏有加,他在《答梅客生开府》中称:"坡公诗文卓绝无伦。"①他在《将进之》中称赞苏轼的赋:"近日读古今明人诸赋,始知苏子瞻、欧阳永叔辈见识,真不可及。"②关于苏轼与袁宏道的文章,学界大多认同二者的承继关系。但是目前,关于二者的山水散文及其风格的分析较少。笔者认为,二者的文章在审美特色方面,既有相同之处,又有明显差异,尤其体现在文章的"变""淡""趣"等特点上。因此,本文通过对二者的文学理论、审美特点、时代背景等方面的比较,剖析二者山水游记的审美方式。

一、为文之道

苏轼与袁宏道都是热爱山水之人,他们都曾借山水悟行文之道。苏轼在《文说》中,用水意象来比喻行文宗旨,认为其文章秉承了"随物赋形"的原则,注重坦率、自然的风格。他强调文章应当"如万斛泉源,不择地而出","大略如行云流水,初无定质,

① 袁宏道.袁宏道集笺校[M].钱伯成,检校.上海:上海古籍出版社,1979:734.
② 袁宏道.袁宏道集笺校[M].钱伯成,检校.上海:上海古籍出版社,1979:515.

但常行于所当行，常止于不可不止”①，认为写作要信笔抒发、灵活百变。他的山水游记充分体现了这一特点。如《游定惠院》中，作者先是记述游览定惠院，酒后到姓尚的人家休息，文中写道：“醉卧小板阁上，稍醒，闻坐客崔成老弹雷氏琴。”②酒醉而睡、闻琴而起，无论是文章写作还是生活态度，都显示出作者的洒脱之风。他在文中称“客尚欲饮，而予忽兴尽，乃径归”。作者随心而行，大有魏晋文人所谓“乘兴而行，兴尽而返”的率性风格。文章以“时参寥独不饮，以枣汤代之”一句而结尾，仿若言未尽，故事未完，有无尽余味。

这种随性、自由的写作态度被袁宏道继承和发展。袁宏道反对前后七子的拟古风气，认为写作要“独抒性灵，不拘于格套”。前者强调表现真性情，后者指向文章的写作格式。在《文漪堂记》中，袁宏道用水的不同形态来比喻唐宋作家的文章风格，“或束而为峡，或回而为澜，或鸣而为泉，或放而为海，或狂而为瀑，或汇而为泽，蜿蜒曲折，无之非水。故余所见之文，皆水也。今夫山高低秀冶，非不文也，而高者不能为卑，顽者不能为媚，是为死物。水则不然”。③ 袁宏道认为，水的形态之“变”是其最独特的神韵，正如写文章要随心而发、随物而变。因此不局限于固定的“句法、字法、调法”，自由灵活的写作方式体现于袁宏道的山水游记中，他的游记散文个性自由、题材丰富、不限格式。在此基础之上，袁宏道又提出行文之变的具体原因，即气之变；强调在“变”的基础上要注重文章之气，这是“变”的核心内容。他在《文漪堂记》中称“前日所见澎湃之势，渊洄沦涟之象，忽然现前”④。在《开先寺至黄岩寺观瀑记》中他又提出“夫文以蓄入，以气出者也。今夫泉，渊然黛，泓然静者，其蓄也。及其触石而行，则虹飞龙矫，曳而为练，汇而为轮，络而为绅，激而为霆。故夫水之变，至于幻怪翕忽，无所不有者，气为之也”⑤。袁宏道认为水变化万千，有时为泉水，有时是海水，有时是瀑布。而“泉水”“海水”“瀑布”正是因为气势不同而呈现出不同的形态，故气之变是水的基因，它决定了水的形成类别。文章的创作同样如此，“气之变”是文章之灵魂。正如他在《开先寺至黄岩寺观瀑记》中批评了游人对瀑布的评价：“得其色，然死水也。”“色”是表面现象，唯有气才是物的精髓所在。

由此可见，袁宏道继承了苏轼“随物赋形”的理论，认为“变”是文章最核心的理念。“自由性情”是公安派“性灵说”的核心思想，也是文之“变”的情感基础。并且，

① 苏轼.苏轼文集[M].孔凡礼，点校.北京：中华书局，1986：1418.
② 苏轼.苏轼文集[M].孔凡礼，点校.北京：中华书局，1986：2257.
③④ 袁宏道.袁宏道集笺校[M].钱伯成，检校.上海：上海古籍出版社，1979：686.
⑤ 袁宏道.袁宏道集笺校[M].钱伯成，检校.上海：上海古籍出版社，1979：1144.

袁宏道进一步探索到,“气之变”是文章的精髓,即文章不是死物,它是由作家的真性情而感发、向文章之气魄而延伸的过程。

二、为文之淡

平淡风格常见于古代文学作品中,是一种非常重要的审美精神。历代作家对平淡风格的诠释不同,呈现出丰富的表现形式和内涵。袁宏道曾言:“苏子瞻酷嗜陶令诗,贵其淡而适也。”[①]学界通常认可苏轼和袁宏道文章都继承了陶渊明的平淡文风。笔者认为,从山水游记散文来看,苏轼和袁宏道的平淡风格“和而不同”,其具体原因可归结于作者的人生经历以及儒释道精神的差别。

(一)景物描写的差别:重境与重景

景,是指对景物的描写。境,多指环境、意境。山水游记注重景与境的交融,但苏轼和袁宏道对二者的侧重点有所不同。在对景物的描写中,苏轼更注重意境表达和人生哲理的阐发,而袁宏道更重视对景物的细腻描写和赏析。

苏轼的山水游记,致力于借助景物营造某种意境。《记承天寺夜游》用“水”“藻荇”“竹柏”几个简单的景物描写,营造了夜晚空寂的意境,“庭下如积水空明,水中藻荇交横,盖竹柏影也”[②]。寥寥几笔,抒发出无尽的孤独和寂寞。《赤壁赋》的“清风徐来,水波不兴”“白露横江,水光接天”[③]则充分利用景物的特点营造了宁静清新的环境氛围。只有在如此禅境之下,苏轼才会油然生发“羽化登仙”的向往之情。因而,苏轼在状写景物时,常常会采用略写的方式。比如《记游庐山》中,仅用“山谷奇秀”[④]四个字就概括了庐山特色。在文章结尾用诗歌作结:“横看成岭侧成峰,到处看山了不同。”他将庐山之貌上升到哲学层面,更加重视景物的意境和意蕴。在《记樊山》中,他“寻绎故迹”[⑤]、回顾历史,樊山被营造出一种“凄然”的独特意境。苏轼的山水游记中的淡然,是意境与情理相互映衬的结果。这种别具一格的淡然之风,不是“平淡无味”的表现,而是观景者掺入丰富的情感意蕴所塑造的个性化意味。

与苏轼不同,袁宏道的一些作品则沉浸于自然景物之中,而非强调意境的创造和

---

① 袁宏道.袁宏道集笺校[M].钱伯成,检校.上海:上海古籍出版社,1979:1130.

② 苏轼.苏轼文集[M].孔凡礼,点校.北京:中华书局,1986:2260.

③ 苏轼.苏轼文集[M].孔凡礼,点校.北京:中华书局,1986:6.

④ 袁宏道.袁宏道集笺校[M].钱伯成,检校.上海:上海古籍出版社,1979:1147.

⑤ 袁宏道.袁宏道集笺校[M].钱伯成,检校.上海:上海古籍出版社,1979:2254.

个人情感的抒发。在《天目》中,袁宏道发表了对山的评论:“凡山深辟者多荒凉,峭削者鲜迂曲;貌古则鲜妍不足,骨大则玲珑绝少,以至山高水乏,石峻毛枯。”①之后又一连道出天目山的7个绝妙之处,其中对石头的颜色、山的棱角、石壁都有细致入微的观察和描述。《由水溪至水心崖记》采用移步换景的方式,分别介绍了“倒水岩”“渔仙寺”“新湘溪”等7处景点,捕捉到景物的形态、性质、颜色等特征。比起对意境的塑造,袁宏道更在乎是否突出景物本身的特征。因而,袁宏道的山水散文,鲜有情感的起伏,而他所呈现的与自然浑然一体的玩赏态度,是他所营造的文章个性。

(二)为文之淡的人生归旨

苏轼山水游记的“平淡美”,包含人生的起落和对生命的感悟。《赤壁赋》中“物与我皆无尽也”②的感叹,正是他对人生无常的排解,此时的他追求一种物我合一的超脱情怀。苏轼的淡然之风,透露出一种经历挫折后的消解之情,进而生发出“飘飘乎于遗世独立”的超然物外的心态。苏轼的平淡之美深受宗教的影响。在佛教的影响下,苏轼的山水游记常表现出一种“静悟”的禅意。如他在《送参寥师》中谈及自己的佛法观点:“静故了群动,空故纳万境。”(《苏东坡全集·卷十七》)受道教的影响,其山水游记中常出现“仙”“鹤”“道人”等意象。在《后赤壁赋》中,作者梦到道人,想要追随他而去,可见苏轼怀揣远离尘世、归于虚静的道家心态。而在佛教和道教的情感背后,是他根深蒂固的儒家理想。他远离世俗只是遭贬后的无奈之举,治国安民仍然是他的价值追求。

袁宏道之“淡”,源于他追求无忧无虑、自由舒适的生活。他痴爱山水,羡慕陶渊明的隐居生活,出世精神占其思想的主导地位。不同于苏轼的人生观,他认为“大官谁不愿做,然大官累人,远不如闲散之可以适志也”③。因此,袁宏道想要归隐的意图纯粹是为了释放性情,追求无拘无束的生活。他在山水散文中写道:“或为酒肉,或为声伎,率心而行,无所忌惮。”④这与苏轼眼中的山水寓意有天壤之别。苏轼的平淡之美中所包含的情感更为复杂,山水寄寓了他的人生感悟,其中融入出世入世的矛盾心理,而这种人生的挫折和落差是袁宏道所不曾有的。因此袁宏道和苏轼的平淡美,源于不同的情感归旨,而这种人生观和价值观的不同,深深影响了“淡”的韵味。

---

① 袁宏道.袁宏道集笺校[M].钱伯成,检校.上海:上海古籍出版社,1979:454.

② 苏轼.苏轼文集[M].孔凡礼,点校.北京:中华书局,1986:6.

③ 袁宏道.袁宏道集笺校[M].钱伯成,检校.上海:上海古籍出版社,1979:264.

④ 袁宏道.袁宏道集笺校[M].钱伯成,检校.上海:上海古籍出版社,1979:463.

三、行文之趣

从写人和写景的方式来看,苏轼与袁宏道的山水趣味又有一些差别,反映了不同的情感归旨。苏轼的趣味描写中包含自嘲、感慨之意;袁宏道的山水游记中除了有自然趣味外,还包含大量的人文趣味,他利用人物描写来记录旅途之乐,其幽默诙谐的笔法增添了文章的感染力,使文章更具生活气息。

(一)人生之态

苏轼在《游沙湖》中记述遇到当地一位聋医:“余戏之曰:‘余以手为口,君以眼为耳,皆一时异人也。’”①“以手为口”“以眼为耳”,恰当的对比手法写出二者的相同之处,趣味横生,耐人寻味。再如他在《记游庐山》中写道:“已而见山中僧俗,皆云苏子瞻来矣。不觉作一绝云:‘芒鞋青竹杖,自挂百钱游。可怪深山里,人人识故侯。’”②生动地描写山中僧人见到苏轼的激动情态,而苏轼被僧人认出,却并不喜悦。他感慨“可怪深山里,人人识故侯”。一喜一悲之间,于对比、自嘲之中尽显趣味。另外,苏轼在作品中常常给自己赋予各种名号,《游沙湖》称自己是时代的“异人”,在其他文学作品中还有“闲人”“幽人”等自称。其在增加文章趣味的同时,也包含作者情绪的表达,诙谐幽默却又暗含讽刺之味。比如他曾戏称自己是“异人”“闲人”,在感慨时代变化、自身遭遇的同时,又包含孤独寂寥之意。他用趣味来掩盖不得志的苦闷,抒发贬谪后内心的复杂情绪。

袁宏道在《叙陈正甫〈会心集〉》中称:“世人所难得者唯趣。”这种追求趣味的人生态度和文章之美,正是他享乐山水、热爱生活的表现。他在《开先寺至黄岩寺观瀑记》中写道:“既至半,力皆惫,游者昏昏愁堕,一客眩思返。余曰:‘恋躯惜命,何用游山?且而与其死于床笫,孰若死于一片冷石也?’客大笑,勇百倍。”③袁宏道脱口而出两个反问,以“惜命”之论激励游客登山的对话,尽显妙趣。又如《由绿萝山至桃源县记》所记:“一黄冠,簪笋皮,白须照两颧如红霞,疑其异人。余肃冠裾,将揖之,未数步,趋而前,余笑益不止。”④记叙了作者因为认错人而引起的误会,其正经作揖的姿态

① 苏轼.东坡志林[M].刘文忠,评注.北京:学苑出版社,2000:5.
② 袁宏道.袁宏道集笺校[M].钱伯成,检校.上海:上海古籍出版社,1979:114.
③ 袁宏道.袁宏道集笺校[M].钱伯成,检校.上海:上海古籍出版社,1979:1144-1146.
④ 袁宏道.袁宏道集笺校[M].钱伯成,检校.上海:上海古籍出版社,1979:1151.

更让人忍俊不禁。正如“夫趣得之自然者深,得之学问者浅”[①]。可见,在他看来,生活之美,在其自然之态,而非学问所赋予,也是他所追求的生活纯真之趣。

(二)世俗感慨到世俗享乐

苏轼的山水游记中,不乏世俗人情之味。《记游定惠院》中,作者到山上的定惠院游玩,记叙了当地居民的生活,有竹园、花圃以及当地的名吃。《游沙湖》中,怀念友人,感叹时光飞逝。被贬海南后,他书写海南的风土人情,饱含了他对于民生的关注。如《书海南风物》是他在游览了海南之景后之作。苏轼虽屡次遭贬,但并未削弱他的利民思想。在儋州时期,他体察民情,关心民生疾苦。这一时期他的山水作品非常少,而他对世俗的关注开始增多。他屡次被贬,却并无置身山野的洒脱,本质上还是一位忧国忧民的传统文人,怀有兼济天下的仕途情怀。

袁宏道的山水游记中屡屡可见作者对世俗风情的关注,这是他文风的又一显著特点——于山水之乐之中见平凡人情。比如,《阴澄湖》写游客去龙王祠祭拜的热闹场景;《光福》写湖上“画船箫鼓”“歌板相属”[②]的场景;《虎丘记》记述了吴县中秋的盛况。他写《瓶史》,作《觞政》,痴迷于探索民间文化。何大猷曾言,袁宏道的民俗情趣,展现出淡泊自守、与世无争的生活情调。因此最终能够解官归乡,是他心之所向。袁宏道推崇享乐的价值追求,同时也反映出,他试图摆脱“文以载道”的传统文学观。正如吴承学、李光摩在《晚明心态与晚明习气》中提到,晚明文人更追求“消闲遣兴、修身养性为目的的艺术化的生活方式”[③]。晚明时期享乐风气极盛,但袁宏道对生活的热爱和率真,正是其散文所展现的独特魅力。因而,袁宏道的山水散文所传递的不是“去欲”和“极欲”,而是一种“去俗”的文学观。这与苏轼的散文,呈现出截然相反的情感基调。

(三)修辞之趣

苏轼善于运用修辞来表现山水之趣,如《石钟山记》中描写大石的姿态:“如猛兽奇鬼,森然欲搏人。”[④]“猛兽奇鬼”已然描述其凶猛且诡异的特征,比起单纯地书写“搏人”姿态,“欲搏”之态,则平添一种蓄势待发的气质。文中除了视觉体验外,作者还利用听觉来书写景物之趣。他形容山谷中鹳鹤的叫声像“老人咳且笑”,这种“以声

---

① 袁宏道.袁宏道集笺校[M].钱伯成,检校.上海:上海古籍出版社,1979:463.
② 袁宏道.袁宏道集笺校[M].钱伯成,检校.上海:上海古籍出版社,1979:170.
③ 吴承学,李光摩.晚明心态与晚明习气[J].文学遗产,1997(6):67.
④ 苏轼.苏轼文集[M].孔凡礼,点校.北京:中华书局,1986:370.

喻声”的笔法,使夜晚的石钟山更加充满阴森恐怖的气息。不止于此,作者在最后描写山谷之声:“余方心动欲还,而大声发于水上,噌吰如钟鼓不绝。舟人大恐。”声音的突现,切合“我”与舟人跌宕起伏的内心情绪,彰显出妙趣横生的作品风格。

袁宏道在《开先寺至黄岩寺观瀑记》中曾评价,李白和苏轼描写的庐山,皆有一大遗憾,即“未及其趣也”①。袁宏道极其看重写景之意趣。那么在山水游记作品中,袁宏道的山水趣味是如何表现的呢?

与苏轼相比,袁宏道虽也善用修辞,但其用法独具特色。在《满井游记》中,作者形容土膏“若脱笼之鹄”,河面“如镜之新开而冷光之乍出于匣”,山峦“如倩女之靧面而髻鬟之始掠”②。由“脱笼之鹄”“冷光乍出”“髻鬟之始掠”等比喻词可见袁宏道更注重借助静物的动态之感,彰显山水之意态。在《由水溪至水心崖记》(1153)中,作者写穿石山:“根锐而却,末垂水如照影,又若壮士之将涉。”写水心崖“或为芙蓉冠,或如两道士偶语,意态横出。”“壮士将涉”“道士偶语”,都体现了“山”和“崖”不同的旨趣。壮士,是指勇敢豪壮之人,穿石虽“锋棱怒立”却又“根锐而却”,何不像那涉世又未涉世的壮士?而切合山崖之“陡”的地势特点,作者形容两座山崖是窃窃私语的道士,体现水心崖之“骨立无寸肤”“生动如欲去”的神秘且超凡脱俗的意态。

可见,文学的审美追求,受到个人情感、社会氛围等多种因素的影响。苏轼和袁宏道的山水散文作品中,透露出二者文学观的不同,同时也反映出宋明的时代差异。

〔孟欣誉,曲阜师范大学文学院2018级硕士研究生,主要研究方向:中国古代小说〕

① 袁宏道.袁宏道集笺校[M].钱伯成,检校.上海:上海古籍出版社,1979:1114-1146.
② 袁宏道.袁宏道集笺校[M].钱伯成,检校.上海:上海古籍出版社,1979:681.

《幸运的吉姆》的文化意蕴

马明杰　王　敏

【摘要】英国当代著名作家金斯利·艾米斯的长篇小说《幸运的吉姆》中的男主人公吉姆，在以学院为代表的精英文化氛围中，受到了性情、文化、职业安全感等多方面的压抑，在努力挣扎无效的情况下，他通过反对作为学院象征的“威尔奇教授”来实现情感的消极宣泄。最终，吉姆通过学院之外工商业的途径实现了情感的解放和升华，向精英文化发出了胜利者的狂笑。吉姆与学院文化之间有着极深的隔膜，具有强烈的反文化倾向，他的喜剧呈现出一种文化发展的二律背反性质。

【关键词】金斯利·艾米斯　《幸运的吉姆》　喜剧　文化

《幸运的吉姆》是英国著名作家金斯利·艾米斯发表于1954年的成名之作，也是艾米斯最受关注与赞誉的作品，该小说于1955年获毛姆文学奖。金斯利·艾米斯是20世纪50年代英国文坛“愤怒的青年”作家群中的一员，该作家群通过现实主义的写实手法，在小说和剧本中揭露中下层贫苦人的命运，讽刺和抨击社会现状。金斯利·艾米斯出身于社会中下层，他所接受的教育，使他脱离了出身的阶层，他与原来家庭环境的感情纽带已经断裂，具备了绅士所应具备的学历、教养。然而，他却发现自己在应该存在的阶层里根本没有社会地位，难以受到等级森严的主流社会的认可、接纳，因而倍感压抑和愤怒，并体现在塑造的主人公吉姆·狄克逊形象上。吉姆是一位出身卑微的大学历史教员，为了保住职位，他不得不在以他的“恩主”自居的威尔奇教授面前低三下四、忍气吞声，最后，他通过女朋友克莉斯廷·卡拉汉的舅舅——一个工商界的名人——得以翻身，向威尔奇教授发出了宣泄性的胜利狂笑。作者把吉姆塑造成一个“反英雄”式的人物，表达一种不同于上流社会的文化观，是因为作为“愤怒的青年”的一员，他觉察到英国文化存在的问题，想通过《幸运的吉姆》剔除那些有教养的道德行为中矫揉造作的表现，以此来改变英国文化。

《幸运的吉姆》通过人物夸张而滑稽的思想活动及行为方式制造喜剧效果，强化对丑恶现象的批判。根据接受美学观念，文学的本义不是固定不变的东西，而是在一代代的解读过程中,由解读者以自己的人生经验对其补充、再创造,一次次地把它从历史的尘封中解放出来并幻化为和现实生活对话的场景。正是作品和读者的视界融合对话后形成的新东西,为文学批评提供了新的契机。可以说,本文对《幸运的吉姆》的解读,就是它的意义的不断重建过程。

一、压抑:精英文化中的吉姆

在人类社会中,每一个特定的社会阶层都有其相对稳定的行为规范、价值标准乃至语言表达方式等社会属性。当一个人从一个阶层跻身于另一个阶层时,必须适应这种社会属性:他需要接受新的游戏规则,学会使用新的语言表达,接受新的价值标准。但新的社会阶层却不一定会马上接受他,往往仍将其视为"局外人",这必然使他感到压抑、苦闷、彷徨。小说的主人公吉姆出身社会的中下层,在一所二流大学的历史系任低级讲师,他不熟悉中产阶级的社交与文化生活,又因个人才疏学浅、教学业绩平平,在社交场合中出尽"洋相",倍感压抑。他受的压抑主要表现在三个方面。

(一)性情方面的压抑

在等级社会中,特定的社会等级和生活状态,必然表现在他们的感情生活中。而情感生活状态,又是特定社会地位的直接见证,它提醒生活着、奋斗着的人们,向他们指证这种等级的存在。弗洛伊德从性的压抑来解释这种现象,自有其片面之处,但一个人所处的经济文化地位直接影响到和性密切相关的情感生活,却是一种客观的现实状况。

在小说中,贝尔特朗是威尔奇教授的儿子,自称是艺术家,实际上是一个花花公子。在吉姆眼中,贝尔特朗是一个骗子、势利小人、恃强凌弱的家伙、十足的笨蛋,甚至连"好情人"也算不上。但贝尔特朗的父亲是教授,教授所在的社会阶层为儿子提供了参与社会生活的工作平台,这使贝尔特朗底气十足。他拥有漂亮的女友克利斯廷,还有相当混蛋的理论,认为美术大师都应该拥有很多女人,拥有很多女人的就是美术大师,而且他也真的拥有很多女人。在相同的生活环境中,吉姆的社会地位、家庭背景都不足以支持他和贝尔特朗相匹敌,吉姆生活在孤岛上。可以设想,如果拥有漂亮女友克利斯廷的原因是贝尔特朗更加优秀,或者如果吉姆生活在原本属于他自己的阶层、对贝尔特朗们的生活一无所知,这种愤怒就会不存在或者微弱得多。问题是吉姆和贝尔特朗生活在同一种文化氛围中,而贝尔特朗和吉姆同样不优秀,甚至贝尔特朗还远远不如吉姆,这就使吉姆不能不大大感到愤怒和痛苦了。

漂亮女孩克利斯廷和吉姆无缘,而和吉姆处于同一阶层的玛格丽特却不能使吉姆感到舒畅:她谎话连篇,愿意受到男人的关注、和男人来往,但在感情上却很不真诚;故事里的三个漂亮女生,吉姆希望她们来选自己的课,但吉姆的如意算盘落空了,她们都没选他的课。这些都使吉姆在自信心和情感方面连续遭到打击,一时难以找到出路。

(二)文化方面的压抑

文化是人的创制物,文化形式确定了人和人之间交往和沟通的方式,也形成了人和人之间的差别和隔膜。特定的文化形式能够成为某种社会地位、身份的象征,成为区别一个阶层和另一个阶层的标志,成为特定生活圈子的相对松散的围城。文化表现为人的知识、经验,它通过人的生活方式表现出来。就吉姆来说,当他从一个阶层进入另一个阶层时,为了得到安全感、尊重感,他就需要接受另一个阶层的特定生活方式,以使自己获得这个阶层的认同。但文化形态的相对稳定性、保守性,使吉姆的认同过程不会一帆风顺,而是伴随着曲折和辛酸。

比如,威尔奇教授在音乐方面侃侃而谈,书里描写道:"威尔奇笑了笑,接着说:'你知道,现在竖笛可不像长笛呀!当然,它是长笛的直接祖先,首先,竖笛的演奏用的是所谓竖吹法,也就是说,往一个一定形状的吹口里吹气,像双簧管的吹孔一样,明白了吧。现在的长笛呢,则用的是所谓横吹法,就是说,是横着往一个孔里吹气,而不是……'"①对音乐的知识成了一种文化标签,威尔奇教授夸夸其谈,吉姆只能洗耳恭听,这向吉姆指证了他所生存的阶层,对吉姆构成的文化压力。

文化的压抑还表现在吉姆对自己所生活环境中的礼仪规范不熟悉,这一次次地提醒他,他是游移于这一阶层之外的。在小说的第十四章,克利斯廷问吉姆:"你看我有多大?"吉姆显然还没有学会如何去奉承女人,他老实地回答:"我看你是 24 岁左右。"克利斯廷说她"下个月才满 20 岁",这使吉姆十分尴尬,赶紧为他的错误判断做出种种笨拙的解释。另外,相应的学术知识欠缺、为适应学院文化阶层而不得不去参加教授家枯燥、单调、无趣的聚会,都使吉姆感到了巨大的精神压力。

(三)职业方面的压力

对吉姆来说,一个稳定的职业是他生存的基本保证。在学院的圈子里,吉姆的工作业绩平平,失业的担心始终困扰着他;他必须极力讨好对自己未来拥有决定权的教授。同时,在学生中,米奇是"二战"复员的军官,在女生中很有威信;米奇成绩好,在

---

① 艾米斯. 幸运的吉姆[M]. 谭理,译. 南京:译林出版社,1998:2.

许多方面都比吉姆懂得多,问的问题常把吉姆难倒。吉姆对米奇所带来的麻烦的解决办法,是不让米奇选修自己的“中世纪生活与文化”课,但米奇偏偏选修了这门课。这对吉姆的性情和工作都构成极大的压力,使他的失业之虞变得更加明显,职位安全感雪上加霜。吉姆对工商大亨戈尔阿夸特说,自己的历史课教得不好,实际上是学生浪费了自己的时间,自己也浪费了学生的时间。对自己的公开演讲,吉姆的评价是:“我来这里以后,工作没搞好,也许通过今天晚上的演讲,能保住我的饭碗不给夺走。”①

作为一个微不足道、在世流中挣扎的小人物,吉姆常常囊中羞涩。我们可以看看他的经济状况:“(吉姆)也笑了起来,尽量不再去想喝啤酒的事。说实在的,现在离发薪日还有九天,他的小铁盒里却只剩下三镑了。虽然在银行里还有二十八镑的存款,但那是他积蓄下来以备失业时用的。”②一旦失业,吉姆的经济状况会更糟糕,职业的担忧、经济的困窘成为吉姆摆脱不掉的魔咒。

性情、文化和职业构成等级社会压抑吉姆精神的三种要素。这三种要素的压抑各自具有相对独立性,同时又相互关联,共同决定了吉姆的生存状态,成为他的生活经验的基本内容。其中,职业是基础,因为在社会上生活,首先要有一份稳定的收入,这是人的基本生存条件,用来满足人“活着”的基本需要。文化是通道,职业和经济状况关涉特定的文化圈,决定、影响着特定的文化圈子里的成员的心态和生存方式。可以说,在等级社会里,与职业相连的经济对人性情的压抑以文化为通道来表现。最后,这种压抑的核心是性情,是人生存的特定精神状态。

二、宣泄:情感的消极表达

现实生活中长期的乏味和压抑,必然会使人积聚起过分强烈的情感、情绪。生命作为一个有机体,有着自然的追求平衡的本能。在精神方面,需要通过一定方式的宣泄,将这种过分强烈的情感释放,使心理恢复和保持健康。生活的严肃性作为一种文化形态,对吉姆的精神有着全面的压抑。吉姆的宣泄方式不是在公共场合讲笑话和俏皮话,也不是具有狂欢性质的表演,而是采用非艺术方式的恶作剧、破坏物品和自我否定性的心理活动,这使他的宣泄方式不具有积极的意义。

(一)恶作剧

恶作剧是通过对严肃、神圣的东西的亵渎,化神圣为诙谐。从积极方面来说,在恶

① 艾米斯. 幸运的吉姆[M]. 谭理,译. 南京:译林出版社,1998:243.

② 艾米斯. 幸运的吉姆[M]. 谭理,译. 南京:译林出版社,1998:44.

作剧中,人摆脱了神圣的等级、特权、禁令、戒条的束缚,而置身于原有的生活之外,实现了自身存在的自由方式。从消极方面来说,恶作剧很难给人带来一种积极、进取的心态,它只有破坏而没有建设。吉姆对文化所采取的恶作剧方式,就多有消极意义。

在吉姆看来,他听到的是莫扎特的某支乌七八糟、闹得没完没了的曲子[①];音乐家勃拉姆斯的作品是“垃圾”;他买来一本在他看来是糟糕透顶的现代诗人的诗集,准备作为一个无缘无故的礼物送给玛格丽特……他和主流文化不协调,往往通过这种方式才能发泄其愤怒。

(二)反威尔奇教授

威尔奇教授决定着吉姆的饭碗。威尔奇教授是学院文化的象征,在工作和生活中,他没有和吉姆过不去的地方,甚至为了吉姆能留在学院工作,主动询问其论文发表情况,还叫吉姆去向社会人士作开放的期末演讲,意在表示对他的重视并强化其在学院的地位,以使其能够顺利地再续下一年的聘用合同。威尔奇教授只是按照学院和他所属文化圈子的基本游戏规则来运作,但吉姆无法容忍、倍感压抑,他对学院文化的反叛就落实在反威尔奇教授——威尔奇教授的一切,包括使用的物品、语言、动作等之上,它们在吉姆的眼里都不具有可爱性,都是被嘲弄的对象。

看到浴室里威尔奇临走时留下的污垢、给镜子蒙上的蒸汽,“(吉姆)沉思了一下,伸出一个指头,在蒸汽上写道:‘奈德·威尔奇是个大笨蛋,脸长得像猪屁股’”[②];他把一首令人厌倦的钢琴协奏曲中的回旋曲,配上极为难听、不堪入耳的词,称为“威尔奇小调”,独自在校园的路上哼唱,来表达对威尔奇的极端厌恶之情[③];当威尔奇摔倒在地时,他不但没有同情心,反而“打着口哨,用一种近乎圣歌的庄重速度,吹起了他的威尔奇小调。他感到只有碰上了这类事情,他才有了前进的动力”[④]。如果说这些表现都是一种潜意识活动的话,那么在第六章,他把威尔奇家的床单和毛毯烧坏,则可以看成是潜意识中反威尔奇教授的情绪流露。这种情况使他惊慌失措,加剧了对饭碗的担忧。这种潜意识及其具体表现,也是吉姆宣泄的一种方式,并使自己获得某种程度的快慰。

(三)否定性的心理活动

在学院文化的氛围中,吉姆更多、更自由的宣泄方式是通过否定性的心理活动以

---

① 艾米斯.幸运的吉姆[M].谭理,译.南京:译林出版社,1998:66.
② 艾米斯.幸运的吉姆[M].谭理,译.南京:译林出版社,1998:67.
③ 艾米斯.幸运的吉姆[M].谭理,译.南京:译林出版社,1998:93.
④ 艾米斯.幸运的吉姆[M].谭理,译.南京:译林出版社,1998:197.

及反映在面部表情上,以使自己的心理达到平衡。因为是宣泄,吉姆的心理活动主要是通过一系列否定的方式——对外在价值的否定来表现。如吉姆喜欢、崇敬保险公司经销员、退役陆军少校阿特金森,是因为阿特金森"对任何需要他考虑的事情都有一种厌恶感,并且不因为习惯而改变他的这种厌恶感"①。吉姆平时坐在隔壁房间里一边假装工作,一边幻想着自己的发泄行动。在脑海中,他"用经过掩饰的污浊淫秽的言语,在那份系里的课时表上简短地写出他对历史教授、历史系、中世纪史、历史和玛格丽特的看法,然后把表挂到窗户外边,叫过路的学生和教师也写出他们的观点……把威尔奇捆绑在椅子上,用酒瓶敲他的脑袋和肩膀,拷问他为什么自己不是法国人却要给儿子取上法国人的名字"②。

吉姆对现状的无法忍受,也通过他的面部表情表现出来。作者在这方面显示了高超的描写手段,对吉姆的表情勾画细致入微:"(吉姆)竭力改变面部表情,以示他对说话人的幽默有所反应。可是,在他脑子里却显出另一副面孔,并且他答应自己在与威尔奇分手后把这副面孔实实在在地施展出来:他要用上齿咬住下唇,然后尽量缩进下巴,与此同时,使眼睛和鼻孔都扩张起来。他蛮有把握地认为,这样一来,便能引起一阵非常危险的充血,把面部涨红。"③

吉姆通过宣泄方式表达愤怒,表达对居庙堂之高的学院文化的愤怒。读者看到,他所用的方式主要是消极的,有时甚至不符合公共道德的标准。这种宣泄固然可以使吉姆以及和他处于同一文化阶层的青年们淤积的过分强烈的情感得到释放,甚至因对学院文化的恶作剧而得到快慰,但这毕竟于文化的建设和发展无所裨益。如果仅仅限定在宣泄的层次,吉姆将找不到出路,他的同伴也找不到出路。小说还要使吉姆幸运起来,实现升华,以显示他的价值和意义。

三、升华:学院之外的文明形式

升华是奥地利心理学家弗洛伊德的用语,是指"受压抑的性本能通过哲学、宗教、艺术等其他方式宣泄和表现出来,获得一种社会的、文化方面的替代性的满足"④。精英文化对吉姆的压抑,迫使他亟须通过实现自身价值来完成这种"升华",这也反映了"愤怒的青年"作家群体普遍性的无意识心理。小说作者金斯利·艾米斯把他受到的

---

① 艾米斯.幸运的吉姆[M].谭理,译.南京:译林出版社,1998:32.
② 艾米斯.幸运的吉姆[M].谭理,译.南京:译林出版社,1998:91.
③ 艾米斯.幸运的吉姆[M].谭理,译.南京:译林出版社,1998:2.
④ 朱立元.美学大辞典[M].上海:上海辞书出版社,2014:414.

压抑变成小说,通过文学的途径实现弗洛伊德意义上的“升华”——这部小说给他带来了巨大的名声和丰厚的收入。而小说的主人公、和学院文化有着极深隔膜、形成了强烈的反文化倾向的吉姆,由于自身地位、能力的局限性,终归没有通过正常途径实现升华,而是通过从学院文化环境向商业文化环境的华丽转身,实现了压抑的释放,完成了从精神上对精英文化的超越。

开始,吉姆是不拒绝通过学院途径实现升华的,他对自己所写的论文充满了期望,他在和学院分手之前所作的演讲都说明了这一点。尤其是他在演讲中刻意模仿威尔奇教授,是很有意味的:“(吉姆)内心感到很不自在,突然极端准确地模仿着威尔奇,发出一声序曲式的嚎叫……他为了把话讲得自然一些,时而插一句‘当然喽’,时而插一句‘你们看’,时而又插一句‘也许那么说’;最能使人联想起威尔奇的,莫过于这些个插入语了。此外,他还不自觉地试图把内容讲好,也就是讲得能被威尔奇所接受,因而使用了好几个威尔奇的口头禅,例如‘社会意识的一体化’‘工作和工艺的一致性’,等等。”①

这是吉姆试图向学院文化归属的最后挣扎,但这只是一种形式上的表现,而不意味着他真正的改变。这种虚假形式的归属和听众的期待完全相反,和学院通过这种演讲来提升其在大众心目中形象的初衷相忤逆——不仅丢了学院的脸,还出了自己的洋相,使他得以和学院文化决裂,投向工商大亨的怀抱。

吉姆在伦敦的大公司干一份闲差,拿丰厚的薪水,幸运降临于吉姆身上,他的运气过分溢出、咄咄逼人。他拥了自己可望而不可即的、曾经是贝尔特朗女友的漂亮女孩克利斯廷,从而向威尔奇们、向学院文化发出了胜利的狂笑。他笑得前仰后合,笑得闭不住嘴,笑声变成呻吟,把威尔奇家汽车的呜咽声湮没。这是学院文化压抑下的最终释放,也是以和威尔奇们的告别而实现的升华。

德国哲学家康德在论述喜剧时说:“在一切引起活泼的撼动人心的大笑里必须有某种荒谬悖理的东西存在着。笑是一种从紧张的期待突然转化为虚无的感情。”②喜剧以夸张的形式表现了无意义的、微弱的内容。从作品本身来说,和前述吉姆的非文化、非艺术的宣泄方式相比,这种升华显得有些匆忙、有些苍白无力:它不是吉姆自身的优良品质、工作能力必然带来的幸运,而是充满了偶然性。这样,他狂笑的理由就是微弱的、缺少坚实的根基,也不意味着他实现了对学院文化的真正超越。这就使吉姆的笑充满喜剧性:它既是商业化社会对学院文化的嘲弄,又显示吉姆的幸运所具有的荒谬悖理性质。

① 艾米斯.幸运的吉姆[M].谭理,译.南京:译林出版社,1998:253.

② 康德.判断力批判[M].宗白华,译.上卷.北京:商务印书馆,1964:180.

四、悖谬:吉姆喜剧的文化意义

主人公吉姆的喜剧关联着小说创作的时代背景。20世纪50年代,随着资本主义的大发展,商人取得了更大的政治权力,大有凌驾于文化人之上的势头,传统的教养和囊中羞涩使文化人处于一种难以为自己定位的尴尬境地。在小说中,吉姆的反叛采取了非艺术、反文化的方式,他得到工商界大亨的青睐,因而有了出头之日。吉姆可以从工商界的角度对学院文化发出笑声,把他在学院环境中所遭遇的情绪紧张一泄无余,但他毕竟还未获得现存等级秩序的文化身份认证。在书中作者以特定时代的文化形式,展示了文化发展的二律背反性质。

吉姆个人在为生存、获得尊重以及社会地位的挣扎过程中,一方面受到学院文化及其所代表的等级秩序的压抑,另一方面又试图向它归属,以得到这种秩序的身份认证,这构成一对矛盾。矛盾的两方面互为因果:因置身于这种秩序之外,而试图向它靠拢;又因难以融入这种文化秩序,而加剧吉姆所受的压抑,使他始终用消极的方式来对待这种文化秩序,宣泄心中的积怨。解决的办法是脱离这种秩序,投靠工商大亨,从经济上、性情上对学院文化有了超越感。这彰显了社会发展中学院文化的窘境。在这种背景下,吉姆怕丢掉工作对威尔奇教授的溜须、他的压抑以及宣泄方式就更加具有喜剧性。这是在学院文化氛围中吉姆个人的喜剧,也使在商业社会背景下的学院文化具有了喜剧因素。但是,吉姆的幸运不足以为这种喜剧性表现提供正当性,也不意味着他以宣泄的方式对学院文化实行恶作剧值得肯定。因为吉姆超越感的获得是借重了学院之外的力量,把学院文化、精英文化对情感和欲望的压抑,在社会经济对文化构成冲击的情势下尽情宣泄,得以俯视、嘲弄学院文化。

吉姆的喜剧还表明了精英文化和经济之间的悖谬关系。在经济发生改变的过程中,文化以不断世俗化的方式得到发展。经济作为推动力量,要对传统的、代表一定社会秩序的文化实行颠覆,使它失去已有的平衡状态,促使其从构成要素、形式结构、价值体系等方面作出改变。同时,文化要避免这种窘境,在坚持固有的、永恒的价值的同时,又要对世俗生活作出让步,以获得新的发展元素,表达新的时代精神。这样,文化的发展就呈现出曲折性、矛盾性,在社会生活的不同阶段,有着不同的表现:或者精英文化和文明的价值观念得以彰显,在世俗化、解构化、无理想的情境中,肯定精英文化对塑造人的精神世界的重要价值;或者经济、世俗的价值观念得以彰显,像幸运的吉姆,可以对精英文化展开嘲弄。从文化社会学的角度看,文化正是在这个过程中不断发展和前进的。

因情生梦,《幸运的吉姆》就是作者的梦。因这个梦,一代青年的愤怒得以宣泄;也因这个梦,使作者的社会和经济地位有得到提升、跻身于主流社会的可能。就在作者让吉姆向他的敌人猛烈倾泻其笑声的同时,和商业之潮相伴而来的大众传媒、大众消费迅速崛起,开始发出更大的笑声。而作为文化阵营成员的金斯利·艾米斯也被湮没在这更大的笑声中,他创造了吉姆的喜剧,也创造了他自身的喜剧,并以此显示了文化发展的喜剧。

〔马明杰,河北传媒学院影视艺术学院教授,主要研究方向:影视艺术、影视文化;王敏,河北传媒学院科研处讲师,主要研究方向:思想政治教育、影视教育〕

舞台艺术

掌舵好新媒体时代的音乐传播

屈　艺

【摘要】新媒体时代的音乐传播出现了一些新的现象:自媒体成为音乐传播的重要途径;音乐传播已经建立起了成熟的互动、反馈机制;“全民音乐”时代到来。但是,新媒体在给音乐传播带来诸多便利的同时,新的音乐传播方式也导致一些音乐的迷失。因此我们应当优化音乐创作内容,健全音乐产业机制,重视全民美育教育,从而掌舵好新媒体时代音乐传播的未来。

【关键词】音乐传播　新媒体时代　音乐产业

当今社会科学技术突飞猛进,带来了一系列翻天覆地的变化。计算机、互联网的出现把人们带入了一个全新的数字化时代。在这种新的时代背景下,信息的传播方式发生了巨大的改变。从古至今,信息的传播可以划分为原始传播时代、纸媒时代、电子媒体时代、全媒体(新媒体)时代,而互联网将信息传播从过去的传统媒体传播带到了新媒体传播时代。新媒体是相对于传统媒体而言的,是继报刊、广播、电视等传统媒体以后发展起来的新的媒体形态,是利用数字技术、网络技术、移动技术,通过互联网、无线通信网、卫星等渠道以及电脑、手机、数字电视机等终端,向用户提供信息和娱乐服务的传播形态和媒体形态。新媒体是一种全新的传播方式,新媒体语境下的信息传播呈现出交互性、即时性、共享性、海量化等特征。音乐作为一种艺术形式,在此背景下,它的传播也呈现出全新的面貌。新媒体在给音乐传播带来诸多便利的同时,也造成了一些困扰,如何掌舵新媒体时代的音乐传播成为一个重要课题。

一、新媒体时代音乐传播的新现象

(一)自媒体成为音乐传播的重要途径

音乐作为最古老的艺术形式之一,其传播的历史见证了科学技术的发展变迁。在古代,人们通过观看艺人演出接收音乐,以口耳相传、乐谱流传的方式传播音乐;到了近代,录音技术的出现改变了这种单一、原始的传播方式,人们可以坐在家中通过播放唱片欣赏音乐;后来,随着电视的出现,人们足不出户就能欣赏音乐演出。以上的音乐传播方式都是传统的,传播形式往往是"一对多"、单向的。

如今,互联网的出现把音乐传播带向了数字化的新媒体时代,自媒体作为新媒体的一种,成为音乐传播的重要途径。"自媒体是指信息发布主体通过互联网渠道,使用智能终端设备,向带有特定标志的社会单位、社会群体和公众用户等受众群体进行微信息传播,进而使这些受众群体之间进行微信息再次传播的媒体形态。"①"便捷性"是自媒体独有的特征,人人都可以注册自媒体平台实现音乐传播。当前主要的音乐自媒体平台类型有微信公众号、微博、各类音乐软件等,网易云音乐、QQ 音乐、虾米音乐等影响力较大的音乐网站都建立了自己的官方微信公众号以及官方微博;此外,一些音乐专业人士也建立了各自的微信公众号,如姜创钢琴、文武贝音乐工作室等,他们将碎片化的音乐知识带给更多的音乐爱好者,将音乐的传播、音乐知识获取的成本降到了最低。

(二)音乐传播建立起成熟的互动反馈机制

在传统的音乐传播模式中,音乐传播始终是单向的;新媒体语境下的音乐传播却是多维的、互动的。人们可以通过网络平台与歌手、音乐家、音乐创作者展开线上的互动,人人都可以发布自己对于音乐的评论和见解,对音乐传播作出相应的反馈。因此,音乐不再像过去一样脱离大众存在于"真空"之中,音乐家们在创作音乐时会考虑到受众的审美需求,音乐传播变得"友好"起来;人们可以通过社交网站与朋友或者其他音乐爱好者进行音乐的分享与交流,这种交流可以是"一对一"的,也可以是群组模式的。此外,公众有了选择和表达自己审美评价标准的权利,各大音乐选秀节目、音乐比赛可以通过观众线上、线下投票的方式对音乐人和音乐作品展开考核和选拔。这些现象都充分地说明音乐传播已经进入一个全新的阶段,新媒体时代下的音乐传播已经建立起成熟的互动反馈机制。

(三)"全民音乐"时代到来

上文指出,自媒体成为音乐传播的重要途径,人人都可以是音乐传播的发起者,人人都是音乐传播活动的参与者,人人都可以成为音乐的创作者。首先,"唱吧""全民

---

① 范明磊. 新媒体时代音乐传播的现状与转变[J]. 传媒,2016(1):77.

K歌”等软件的火速兴起,使人们有了展示自己的平台,好友之间可以争夺“麦霸”“擂主”,晋升等级,这种有趣的竞争模式吸引了更多的大众;好友之间可以互相点赞、送礼物,人们可以在平台上展示自己的才艺,增加个人魅力;人们可以发布自己的音乐作品,以吸引粉丝,获得“当明星”的体验。其次,音乐创作的门槛降低,音乐爱好者们可以通过音乐制作软件创作音乐,可以自己写歌,成为网络歌手,在网络平台上发布自己的音乐作品。新媒体语境下,“全民音乐”时代已经到来。

二、新的音乐传播现象造成的音乐迷失

新媒体时代,音乐无论是传播方式还是音乐自身,都呈现出全新的面貌。特别是新的音乐传播方式,对音乐自身有着很大的影响。一方面,新的音乐传播方式为音乐注入了源源不断的活力,音乐与大众的距离被拉近,音乐内容的创作朝着人民群众喜闻乐见的方向发展,“全民音乐”的时代到来;另一方面,“全民音乐”现象又给音乐创作带来了新的挑战,一些音乐正在走向迷失。

(一)音乐内容的单一性、趋同性

新媒体时代,新的音乐传播方式使音乐创作出现了产业化的现象,从音乐人、唱片公司(经纪公司)、艺人、演出渠道(电视剧、电影、音乐会)到消费者(受众),音乐生产与传播已经形成了一条完整的产业链。“音乐产业化道路是一把双刃剑,为我国音乐产业的发展提供了更为广阔的资源的同时,也带来了一些负面影响。”①生产线式的音乐创作尽管带来高效率的音乐生产,但是也不可避免地会造成音乐内容趋同的弊端。

1. 音乐旋律趋同

在新媒体时代音乐批量生产的背景下,音乐在旋律方面常常出现趋同的现象。一方面,旋律缺乏新意,音乐失去了辨识度。人们在听到一首从未听过的新歌曲时,常常感到旋律似曾相识,甚至能跟着音乐哼唱出来,更有甚者可以从一首歌曲的旋律直接串到另一首歌曲上去,这就是音乐批量化生产带来的直接后果。另一方面,随着新媒体音乐技术的普及,“全民音乐”使得音乐创作的门槛降低,有网络音乐人创造出一些固定的伴奏模板素材,经典歌曲被配上这些电音伴奏模板,例如某歌曲的DJ版,和声进行变得趋同,原有的歌曲意境被破坏,音乐变得俗不可耐。

---

① 郎启训,郭亚非.市场经济下我国音乐产业化道路发展走向分析[J].民族音乐研究,2013(4):138.

2. 音乐题材单一

“在商品化运作模式下，制作音乐的成本与收益被无限放大，成为音乐制作中需要考虑的首要因素。这种经济利益驱动下的音乐制作使得‘跟风创作’成为了当代音乐创作中的流行导向。”①在这种创作环境下，音乐作品虽然数量庞大，但音乐题材单一，往往局限于“情歌”的范畴，“爱情”成为音乐创作的首选题材，其他音乐题材逐渐被边缘化。这种现象不利于音乐市场的均衡、良性发展。更严重的是，一些不符合主流价值观的歌曲也登上了舞台，借助新的音乐传播方式在网络上迅速爆红。这些歌曲对于价值观尚未定型的青少年极为不利，严重侵蚀青少年的身心健康发展。

3. 抄袭现象泛滥

在新媒体时代，音乐产业虽然已经形成庞大的规模，但是音乐市场机制还不健全，法律机制还不完善。在此环境下，快速便捷的音乐传播使得音乐的抄袭、盗版等现象屡禁不止。一些音乐创作者在音乐旋律、编曲、歌词等方面大量复制、改编其他音乐，是导致音乐内容趋同的重要原因；还有某些艺人未经授权即翻唱、改编他人创作的歌曲，侵犯了他人的音乐著作权。

（二）音乐审美的庸俗化

审美性是艺术创作从古至今一个被热议的话题。艺术家既有义务拉近大众与艺术的距离，使艺术创作不脱离群众；又不能一味地迎合大众口味，丧失艺术家的良知与个性，生产媚俗的作品。而现今随着音乐市场经济的兴起，越来越多的音乐作品只追求流量和经济效益，失去了审美价值，这必然影响大众整体的音乐审美水平。特别是一些短视频软件的兴起，使得一些音乐作品通过自媒体传播迅速爆红，成为人人传唱但实际并无太高艺术性的“口水歌”。例如抖音、快手等软件，通过将同一首音乐不断翻拍成短视频的模式，使得一些经典音乐被反复传播，甚至被恶搞，这种现象往往造成观众的审美疲劳甚至会侵蚀大众的审美能力。

（三）快餐式的流行音乐

新媒体时代是一个快节奏的时代，生活节奏快，知识更新快，各类新生事物层出不穷，新的音乐传播方式就是新媒体时代应运而生的产物之一。随之而来的音乐产业化进程中，音乐创作的周期被大大缩短，大批网络音乐作品被快速生产并通过各种平台

---

① 殷瑰姣. 从流行音乐的商品化浅析“商业音乐管理”的现状[J]. 音乐创作，2013(10)：142.

传播。但是,这些迅速爆红的流行音乐往往都是快餐式的,很快被人们遗忘,被新的流行音乐作品所取代。因此,如何让音乐的艺术价值经得住时间的沉淀,是必须好好思考的一个问题。

三、掌舵好音乐传播的未来

(一)优化音乐创作内容

对于每一个音乐创作者来说,优化音乐作品创作内容是必须承担的重任。在新媒体时代,音乐创作者应该坚守"创作出好音乐"的本心,扎实掌握专业知识,利用多媒体技术,抓住机遇,迎接挑战,让新媒体技术更好地服务于音乐传播。

1. 提高音乐的艺术性价值

审美性是艺术的独特价值,也是艺术区别于其他学科的重要标志。那么,艺术的审美价值主要体现在哪些方面呢?笔者认为,情感和趣味是审美价值的两个重要元素。一方面,艺术是富有情感的。一首音乐能够打动听众,凭借的就是音乐家把自己的真实情感融入音乐中,建立与听众情感上的互通。另一方面,艺术是充满趣味的。根据美学家克莱夫·贝尔的观点,艺术是"有意味的形式",流行音乐的创作必须满足大众的审美期待,趣味的娱乐性是大众所渴求的。但是,娱乐并不等同于趣味,艺术的趣味是高级的娱乐,是具有美的价值的。音乐作品应在关注音乐性的同时,彰显文化性,体现审美趣味,提升艺术价值。音乐只有不断地提升情感和趣味的审美价值,才能受到人们的喜爱,得到更广泛的传播。

2. 坚守基本价值观念

"举凡音乐,无论是古典还是现代,中国还是外国,高雅还是通俗,其创作和表演在遵循一般规律的同时,必须要坚守一种基本价值观念。"①我国当前的基本价值观,就是社会主义核心价值观体系。新媒体时代的音乐应凭借自身的特点,发挥潜移默化的教化作用,润物细无声地培育人们的社会主义价值观念。现在一些爆红的网络歌曲只追求以新鲜的音响刺激人们的耳膜,歌词内容却庸俗不堪,精神传达不符合社会主义核心价值观的要求。在新媒体时代,这种作品可能会短时间内爆红,但是由于其有悖于主流价值观,终将会难逃"短命"的结局,不利于音乐传播的健康发展。因此,音

① 罗洪.流行音乐应守护的四个基本审美观念[J].星海音乐学院学报,2019(1):123.

乐家们在进行音乐创作时,必须坚守基本的价值观念,以树立良好的社会文化风气为己任,创作出符合社会主义主流价值观的作品,使其具有长久的生命力。

(二)健全音乐产业机制

1. 规范音乐市场,加强监管机制

音乐的产业化是一条艰辛、漫长的道路,市场经济为它提供了广阔的发展空间,但与此同时,市场经济对资源配置的盲目性、滞后性等,又对包括传播环节在内的音乐产业化产生了消极影响。因此,应当建立起完善的法律法规体系,特别是建立起严格的音乐从业人员认证考核制度,加强对音乐市场的监管机制,规范音乐市场秩序,净化音乐传播环境,把新媒体时代的音乐传播引领到健康的、正确的发展道路上来。

2. 探索多元化的音乐商业化模式

随着经济全球化的发展趋势,如何赢得"音乐产业化"这场博弈战,成为每一位音乐人甚至是国家层面必须要面对的问题。新媒体时代对于音乐传播既是机遇,又是挑战。如何利用好新媒体技术,在激烈的文化竞争中脱颖而出,需要每一位音乐人认真思考。而探索个性化、多元化的音乐商业化模式,是应对音乐产业化的一个重要途径。"个性化、多元化的音乐发展模式对所有音乐资源以及其他后备力量都是采取兼容并包的态度,把传统、现代、古典、流行等多种音乐元素有机融合在音乐产业体系链条之中,创作出符合当今时代发展的动听音乐。"①在新的媒介生态下,应该探索多种音乐运营模式,充分利用音乐制作商、网站、通信运营商、手机生产商等多方力量,推动音乐产业化的前行,真正让音乐传播最大化、最优化发展。

(三)重视全民美育教育

掌舵好音乐传播的未来,让音乐传播持续、健康发展,需要全民美育水平的提高。经济全球化对一个国家的教育事业提出了新的要求,如何培养出能够适应新时代的全方位人才是国家教育事业的重要课题。尽管"素质教育"的口号早已提出,但长期以来,公民的美育教育还是处于相对弱势的地位。"重视全民美育教育"不能仅仅是一句口号,而应有所举措、切实落实。笔者认为,重视全民美育教育应当与中华传统文化教育紧密结合,让传统文化真正走进学校音乐课堂,古诗词、传统戏曲、历史故事、英雄人物、传统美德等都应融入学校音乐教育中。

---

① 陈曦. 我国流行音乐产业发展现状及其策略分析[J]. 文艺生活·文艺理论,2011(6):105.

当然,美育教育不完全是学校的任务,而应是全社会的责任。各个地方应根据当地文化特色,挖掘当地文化遗产特别是音乐遗产,积极开发乡土音乐教材,以群众喜闻乐见的形式,引导全民接受音乐熏陶,提高音乐素养。

当代美育教育,应当拓展艺术边界,扩大艺术实践空间,运用跨学科与跨文化手段,采取开放的艺术培养模式,把全民当成目标对象,实施人文艺术教育。只有全民美育水平的提高,才能使音乐传播真正适应新媒体时代的语境,持续、健康发展。

〔屈艺,北京师范大学艺术与传媒学院 2018 级硕士研究生,主要研究方向:钢琴、音乐教育〕

20 世纪 70 年代的台湾地区民谣演唱风格

——以蔡琴、王梦麟的演唱为例*

王　韡

【摘要】20 世纪 70 年代台湾地区兴起了民谣演唱风格。民谣演唱风格具有自然、质朴、清新的特征。歌手蔡琴、王梦麟是此时期民谣演唱风格的重要代表人物。蔡琴的声音抒情、委婉、浑厚，略带沙哑，属于女中音声部；她在演唱中低音区时发声状态非常自然，没有压喉等现象发生。王梦麟的演唱诙谐、幽默、亲切、自然，就像讲故事般地娓娓道来；他的声音有些黯淡和沙哑，偏直线型声线；属于男高音声部，但不追求高音的演唱，音域一般在八度左右，相对较窄，接近人声说话的音域。台湾地区的民谣演唱风格对中国大陆歌坛产生了重要影响。

【关键词】20 世纪 70 年代　台湾地区　民谣演唱　蔡琴　王梦麟

20 世纪 70 年代的台湾地区民谣演唱源于 1975 年 5 月歌手杨弦在台北中山堂举办的“现代民谣创作演唱会”。歌手杨弦在演唱会上演唱了 8 首以诗人余光中的诗歌为词、自己作曲的歌曲。1977 年在主持人陶晓清的推动下，台湾地区又开展了一系列“现代民歌”的创作、演唱及评奖活动，同时很多歌手推出了民谣合辑。1975 年至 1981 年台湾地区出现的这一波现代流行民谣演唱热潮，被学者称为“写自己的歌，唱

* 本文系中国传媒大学中央高校基本科研业务费专项资金资助项目（2020 年中国传媒大学青年教师托举项目）“流行音乐学的设置与建构研究”（课题编号：CUC200B018）、2020 年中国传媒大学教育教学改革慕课课程建设项目“流行音乐演唱”（课题编号：JG20001）、2019 年中国传媒大学亚洲传媒研究中心科研资助项目“韩国传媒音乐教育体系研究——以流行音乐教育体系为例”（课题编号：AMRC2019-12）、2018 年中国传媒大学“双一流”学科建设新时代青年拔尖科研人才支持项目“中韩流行音乐教育体系的比较研究”（课题编号：CUC18QB38）、北京中外文化交流研究基地项目“北京对外文化交流的路径与策略研究”（课题编号：BF-SUSKJD-15002）、韩国高等教育财团（KFAS）2018—2019 年国际学术交流资助项目“中韩流行音乐教育体系的比较研究”（课题编号：ISEF2018—2019）、2019 年中国传媒大学教学改革创新项目“流行声乐教学改革研究”（课题编号：JG20190081）、2019 年中国传媒大学通识教育核心课程建设项目“中国传统音乐文化的历史与审美”（课题编号：JG20190109）的阶段性成果。

自己的歌"的时代。民谣歌曲大多是描写大自然的各种景象,以此来表达男女青年之间的纯真恋爱之情以及人们的思乡之情。歌曲的旋律往往质朴清新,线条优美且富有韵味,创作技法也比较简单。歌曲打破了台湾地区长期以来那种"风花雪月""蝴蝶鸳鸯"的音乐风格,以青年人、大学生为主的清纯风格此时开始凸显出来。这种音乐风格独具中国特色,带有中国文化风情,体现了人文精神与内涵。在此时期的民谣演唱中,歌手蔡琴、王梦麟的影响较大。为此,笔者以二人的演唱为例,以点带面阐述 20 世纪 70 年代台湾地区的民谣演唱风格。

本文拟从三个方面综合阐述歌手的演唱风格。第一,分析实例歌曲的音乐形态。因为"音乐形态是构成音乐风格的重要内容,音乐形态与音乐风格又对演唱风格有直接的影响。从一定程度上来讲,音乐形态与风格决定演唱风格"①。第二,分析歌手的演唱形态。"即对歌手演唱时的音色、音量、音高等自身生理特点,使用的各种技能、技巧等歌唱方法特点,以及各种方式、类型的舞台表演特点来进行论述。演唱形态是构成歌手演唱风格的核心部分。"②第三,分析歌手的声音声学频谱形态。"因为声音特点是歌手形成演唱风格的重要物理因素。"③本文利用中国音乐学院音乐科技系韩宝强教授开发的声学测试软件——"通用音乐分析系统(GMAS2.0B)"(软件标识见图 1,测试歌手声音频谱见图 3、图 4、图 6 与图 7,测试歌手声音频谱分析数据见表 1 与表 2),测试歌手的代表性声音片段声学频谱。这样使抽象的声音转换为直观可视的图像,有助于从客观的角度观察并分析歌手的声音形态,使本文的研究更具科学性。

图 1 软件"通用音乐分析系统(GMAS 2.0B)"标识

① 王韡. 中国首位流行歌手黎明晖演唱风格的音乐学分析[J]. 文化艺术研究,2017(2):43.
② 王韡. 论 20 世纪 80 年代中国大陆的民谣演唱风格[J]. 吉林艺术学院学报,2017(6):10.
③ 王韡. 民国时期电影歌曲的演唱风格分析[J]. 中央音乐学院学报,2016(2):101.

一、蔡琴：浑厚、中音、略带沙哑的演唱

蔡琴是 20 世纪 70 年代从“民歌运动”步入歌坛的歌手，演唱了很多经典作品，如《恰似你的温柔》《你的眼神》《被遗忘的时光》《不了情》《抉择》《怎么能》《再爱我一次》等。其中，《恰似你的温柔》是她 1979 年参加海山唱片公司举办的“民谣风”歌唱比赛的作品，也是其重要代表作。

（一）音乐形态分析

歌曲《恰似你的温柔》（见谱例 1）是由梁弘志作词、作曲，蔡琴演唱的一首作品。歌曲为四四拍、G 自然大调，速度稍慢，音域为九度（g—a^1），单二部曲式（见图 2）。歌曲描写了由于种种原因，恋爱中的双方难以再把这段感情维持下去，最终只能选择默默分手。其中，伴有一丝不舍和遗憾，畅想年老时互相还能想起曾经的海誓山盟。歌曲的结构比较有特点，A^1段与 A 段的前两句旋律完全相同，只是第三、四句不同而已，属于同头换尾的形式。第四句的旋律为了与歌词的字数相契合，并促使音乐推向 B 段的高潮，而做了减缩。第四句“让它好好地去”的“去”仅为四分附点音符，只占整小节的八分之三时值。A 段和 A^1段的旋律都采用了级进手法，彰显音乐的叙述性。B 段的每句都从弱起开始，旋律利用顶真接龙的方式展开，环环相扣、连接紧密，这需要演唱者有较长的气息来支撑。歌曲的配器方面，电吉他失真音色的使用恰到好处，也具有时代特色。引子部分，吉他演奏主旋律，单簧管与其做呼应式的演奏。第五小节主题再次出现的时候，架子鼓进行 × × ×　× 的节奏敲击，使音乐立刻充满动感和时尚感。在这首歌曲中，架子鼓的演奏技法具有时代性，很多都是在当年具有标志性的。20 世纪 70 年代末至 90 年代初期，架子鼓在进拍或者推向音乐高潮时，都采用的是小军鼓、桶鼓以及踩镲联合演奏切分节奏的方式。进入 A 段演唱部分后，节奏吉他采用清音扫弦的方式伴奏，同时，合成器采用电钢音色与其呼应式演奏。A 段最终以敲击桶鼓后重击吊镲，然后对吊镲滚奏渐弱的方式结束。进入 A^1段之后单簧管的演奏与架子鼓踩镲的使用，让音乐更加丰满，与 A 段形成对比。进入 B 段后管弦乐加入进来，音乐的立体感加强。弦乐与演唱做呼应，并且衬托起音乐的低音部。其中的低音贝斯进行了大量击钩演奏，突出音乐的流行性。最后结束部分，电吉他采用失真音色与架子鼓配合演奏，使音乐充满浓浓的回味。

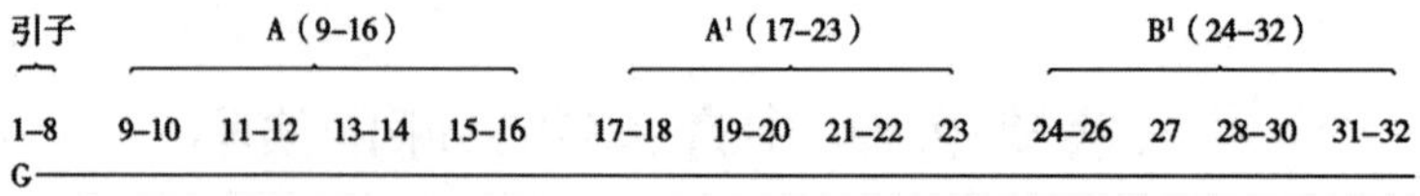

图 2　歌曲《恰似你的温柔》曲式分析图

谱例 1

恰似你的温柔

梁弘志词曲
蔡　琴唱

(二)演唱形态分析

蔡琴的声音抒情、委婉,略带沙哑,属于女中音声部。她在演唱中低音区时发声状态非常自然,没有压喉等现象发生。她的声音不像“大上海时期”的女中音歌手白光那样浑厚,音色相对比较清秀。蔡琴的声线属于曲线型。她在演唱时的发声位置比较靠前,也比较集中,不像传统唱法的女中音歌手那样喉咙打开较大,声音追求片状效果。蔡琴演唱中的起音也非常轻柔,喉位较低,不刻意抬起软腭,直接把声音打到硬腭处发出,咽肌也比较放松。《恰似你的温柔》这首歌曲的音区整体偏低,但是从听觉上并没有给人以非常低沉的感受。这主要是由于蔡琴不属于浑厚型女中音,音色比较清秀所致。她在演唱中声带闭合良好,使用胸腹式联合呼吸法。例如整个 B 段部分,句与句之间的连接非常紧密,这非常考验一个歌手的气息基本功。蔡琴能够良好地使用胸腹式联合呼吸法,同时,还使用了偷气与循环运气的技巧。蔡琴的咬字非常清晰且松弛,在气息上去咬字,采用声、气、字相结合的方式。歌唱中语气感把握较好,好似一位大姐姐在向大家讲故事一般,娓娓道来,声态亲切、自然。需要指出的是,蔡琴演唱中有一个特点就是声音发抖,尤其在每句的最后一个字上,或者在长时值处。这种“抖”并不是真正意义上的颤音技巧,是声带与气息没有完全控制好造成的。此声态好像人们打寒战时发出的声音,例如歌词“某年某月的某一天,就像一张破碎的脸。难以开口道再见,就让一切走远。这不是件容易的事,我们却都没有哭泣。让它淡淡地来,让它好好地去。到如今年复一年,我不能停止怀念。怀念你,怀念从前,但愿那海风再起,只为那浪花的手,恰似你的温柔”中标有着重号的字。从中可以发觉,几乎每句都有两个字出现这种颤音;同时,颤音的颤抖频率较高,其中“远”“它”“年”“你”字最为明显。同时期与蔡琴演唱风格相似的女歌手还有齐豫,后期的梅艳芳与其也较为相似。

(三)声学频谱形态分析

从频谱图(见图 3)与数据表(见表 1)中的相关数据可知,歌手蔡琴被测声音基音的声压高于所有泛音,整个谐音列的声压在 -27 至 23 分贝之间,表明歌手演唱时的力度较轻。泛音一共有 6 个,谐音列频率之间是 1∶2∶3∶4∶5∶6∶7 的整数倍关系,度数之间也是上行纯八度、纯五度、纯四度、大三度、小三度、小三度的关系,属于标准的谐音列,声音具有明显的乐音效果,这也是声音略虚、略轻的体现。

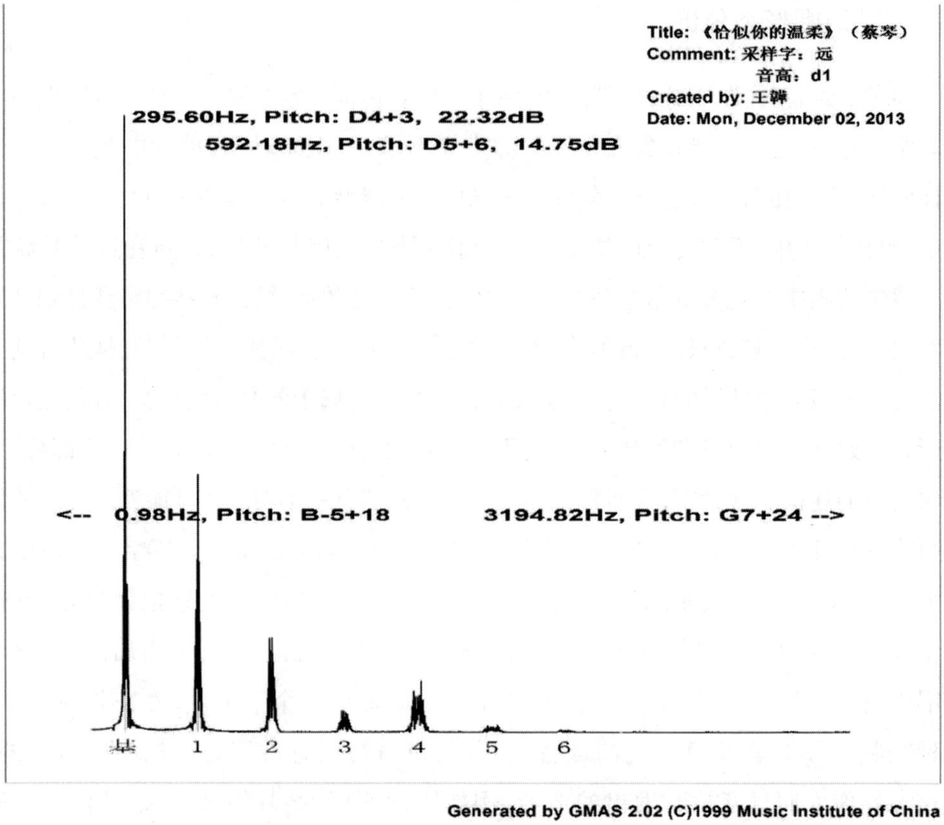

图 3　蔡琴声音频谱图

泛音一共只有 6 个,而且均处于歌手共振峰①的频率区间内,因此,此声音没有歌手共振峰产生,这也是由声音轻柔、低沉、能量较小所致。此采样音为颤音,但是在频谱上的表现并不明显,这说明如果声音太轻的话,一切技巧、方法都很难在频谱上体现出来。声音的能量是频谱表现的一个重要基础,此声音的频谱图与人们自然说话时的语音频谱图较为相似,因为其演唱时的力度、发声状态与自然说话较为相似。蔡琴与民国时期的流行歌手白光的声音频谱图(见图 4)整体态势较为相似,这与两位均为女中音歌手有关。

① 歌手共振峰是指出现在 2200 ~ 3200 赫兹频率范围的一种共振波峰,它的存在可以增强歌唱者嗓音的明亮度和穿透力,不至于被乐队伴奏或其他音响所掩蔽。参见中国文联出版社 2003 年出版的韩宝强《音的历程:现代音乐声学导论》一书第 260 页。

表 1 蔡琴声音频谱分析数据表①

谐音列	频率(Hz)	音高	声压(dB)
基音	295.60	d^1 +3	22.32
第 1 泛音	592.18	d^2 +6	14.75
第 2 泛音	887.77	a^3 +7	6.03
第 3 泛音	1177.50	d^3 -4	-6.66
第 4 泛音	1489.74	$^{\#}f^3$ +3	0.77
第 5 泛音	1792.19	a^3 +23	-15.74
第 6 泛音	2072.13	c^4 -26	-26.20

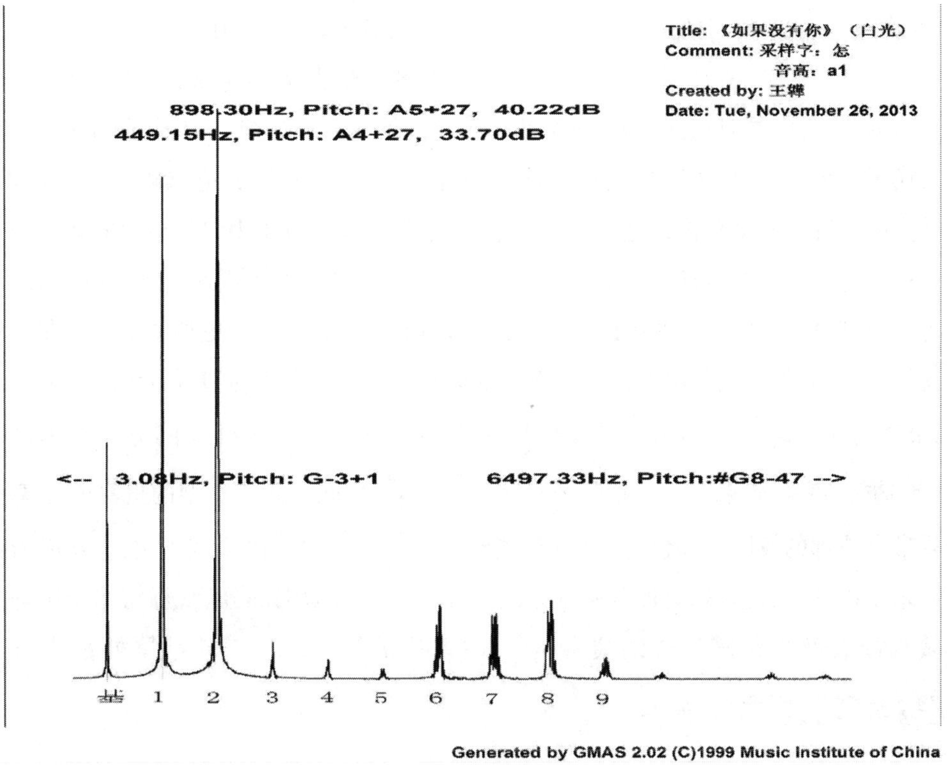

图 4 白光声音频谱图

① 表 1 中，音高的组别完全是按照基本乐理中的规定记写。由于声学测试软件程序上的缘故，频谱图（图 3）中音高的组别记写与基本乐理中音高组别的记写有一定差别，频谱图中音高的组别数减去 3 就是基本乐理中音高的组别。表 2 的数据也按照此方式记写。

二、王梦麟:诙谐、幽默、亲切、自然的演唱

王梦麟演唱了《雨中即景》《阿美阿美》《木棉道》《母亲我爱您》《献给父亲》《小草》《庙会》等民谣歌曲。他独特的演唱风格在当时引起了很大的轰动,受到了大家的一致欢迎和好评。歌曲《雨中即景》是王梦麟的演唱成名作,也是代表作。

(一)音乐形态分析

歌曲《雨中即景》(见谱例 2)是由王梦麟作词、作曲并演唱的一首音乐作品。该歌曲为四四拍、^{b}A 宫民族五声调式,速度较快,音域为八度($^{b}e^{1}$—$^{b}e^{2}$),再现单三部曲式(见图 5)。歌曲描写的是突然下雨了,很多人没有携带雨具,在大街上躲闪避雨的情景。作者采用了一种诙谐、幽默的方式加以呈现。歌曲的旋律以级进进行为主,体现音乐的叙述性;同时,音乐动机重复使用较多。例如 A 段的前三句、B 段的两句都是同头换尾的形式,强化了音乐主题。歌曲的每句都从弱拍进入,追求语气的诉说性。该歌曲虽然音乐速度较快,但整体给人一丝抒情的意味。音乐中时值最短的音符为八分音符,时值较长的音符(二分音符加八分音符、全音符、全音符加八分音符)都出现在各句的结尾处。整体上音符的时值分配比较均衡,这也使音乐更加紧凑。歌曲的配器比较简单,着眼于渲染民谣色彩。引子部分采用民谣箱琴吉他清音音色扫弦方式演奏,节奏为,这种节奏型一直贯穿整首歌曲。另外,由于歌曲的速度较快,此节奏的实际效果与四二拍的节奏相同。此节奏型的贯穿性演奏使音乐带有浓郁的校园民谣色彩,这也是当时“民歌运动”影响的结果。电子合成器模拟弦乐予以铺底,使音乐更加丰满且充满立体感。进入演唱部分后,每句的结尾都有单簧管或者弦乐作陪衬式的演奏。例如:A 段的第一、二、三句结尾处都进行了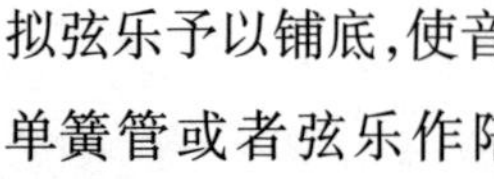的演奏。

A(1–16)				B(17–24)		连接	A^{1}(26–33)	
1–4	5–8	9–12	13–16	17–20	21–24	25	26–29	30–33
^{b}A								

图 5 歌曲《雨中即景》曲式分析图

谱例2

雨中即景

王梦麟词曲唱

（二）演唱形态分析

王梦麟的演唱诙谐、幽默、亲切、自然，就像讲故事般地娓娓道来。他的声音有些黯淡和沙哑，偏直线型声线。他属于男高音声部，但不追求高音的演唱，音域一般在八度左右，相对较窄，接近人声说话的音域。他的声音靠前且集中，不刻意打开喉咙、抬起软腭，也不追求使用颤音、气声等声乐技巧，属于写实性的演唱方式。所谓写实性的演唱方式就是以表达歌曲的内容为核心,提倡内容高于技术的歌唱原则。王梦麟的咬字比较清晰且准确,没有“台湾腔”①。该歌曲的速度较快,歌词密集,而且其中还有很多重复性的象声词,演唱起来犹如绕口令。但是他完成得非常出色,可见其有很好的普通话和咬字的功底。王梦麟的声音中有一种特殊的声腔,即“青蛙腔”。所谓“青蛙腔”就是发出的声音很像青蛙在河边发出的“呱呱呱”声音。他在演唱中始终含有这种腔调,正好与此曲轻快、幽默的风格相吻合,独具特色。例如A段的“哗啦啦啦啦下雨了”的“哗”字尤其明显。当然,这种“青蛙腔”的形成及使用,与歌手自身的生理条件、歌唱审美等都有关系。另外,王梦麟在演唱中使用了很多搞怪、调皮式的咬字方式,彰显了个性,例如“无奈何望着天”中的“奈”与“天”。歌曲中还出现了很多呼应式、解读式的演唱,例如A段中“他们的生意是特别好”后面配有“你有钱坐不到”,B段“见你又躲又跑”后面的“哈哈”,A^1再现段的“胆小的人都不敢跑”后面的“怕怕”等。王梦麟使用的这种演绎方式具有开创性,他在音乐中加入的这些呼应式、解读式唱词,不是一般意义上念白式无音高的,而是带有旋律性和节奏性的。另外,王梦麟在实际的舞台表演中,常常配以当时流行的霹雳舞进行演唱,动感的舞蹈、自然的演唱与轻快的音乐结合,给观众视听双重冲击。

(三)声学频谱形态分析

从频谱图(见图6)与数据表(见表2)中的相关数据可知,歌手王梦麟被测声音的采样音高为c^2,但是频谱上显示是b+3,此情况与对歌手刘文正的测音相似。这说明:其一,该声音为男声,谱例是高八度记写,比实际谱例的音高低一个八度。其二,仪器的测试结果音高为b+3,说明歌手在演唱中的音高偏低。基音的声压低于第1、2、3泛音,第4泛音声压最大,整个谐音列的声压在5至46分贝之间,表明歌手演唱时的力度偏大,声音也较集中。泛音的数量较多,一共有近30个,这是歌手的起音较为突然,声音瞬间聚集能量而造成的。泛音分为两个部分,第一部分泛音的频率在400至4500赫兹之间;第二部分比较清晰区域的泛音频率在6500至9000赫兹之间。第一部分有17个泛音,谐音列频率之间基本是1∶2∶3∶4∶5∶6∶7∶8∶9∶10∶11∶12∶13∶14∶15∶16∶17∶18的整数倍关系,度数之间也基本是上行纯八度、纯五度、纯四度、大三度、小三度、小三度、大二度、大二度、大二度、大二度、小二度、小二度、小二度、小二度、小二度、小二度、小二度、小二度的关系,基本符合谐音列的排列规律,但其中第4泛音$^{\#}d^3-21$与第5泛音$^{\#}f^3-3$为上行小三度、第6泛音a^3-35与

① “台湾腔”是指台湾地区的口音。

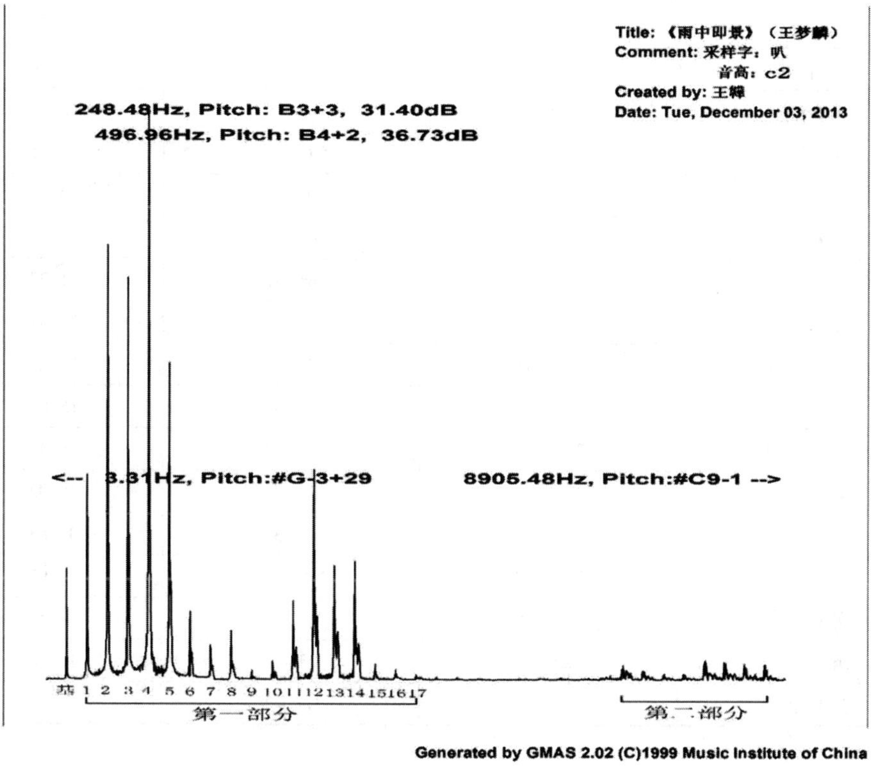

图 6　王梦麟声音频谱图

第 7 泛音 b^3-6 是上行大二度、第 12 泛音 g^4+36 与第 13 泛音 a^4-37 是上行大二度，与标准谐音列相对应的大三度、小三度、小二度有一定微差。这是由于采样字“叭”在演唱中使用了滑音技巧而造成的。第 8 至 12 泛音处于歌手共振峰的频率区间内，但是图 6 中第 11 至 14 峰以其高度和宽度来看，更像是歌手共振峰的区域，因此，此现象应该属于歌手共振峰区域（频率区间）后移。这往往也与突然起音、声音能量瞬间集聚有关系。此频谱与同时期的民谣歌手刘文正的整体走势较为相似（见图 7），究其原因有三：其一，都是突起音；其二，采样字的音高基本相同；其三，测音字“她”“叭”都是喷口字。但是王梦麟的频谱呈现出了歌手共振峰的特点，而刘文正没有，这是因为王梦麟声音的力度比刘文正要大很多。

表 2　王梦麟声音频谱分析数据表

谐音列	频率（Hz）	音高	声压（dB）
基音	248.48	$b+3$	31.40
第 1 泛音	496.96	b^1+2	36.73
第 2 泛音	742.12	$^{\#}f^2-3$	43.24

续表

谐音列	频率(Hz)	音高	声压(dB)
第 3 泛音	990.60	b^2-3	42.57
第 4 泛音	1235.77	$^\#d^3-21$	45.61
第 5 泛音	1484.25	$^\#f^3-3$	40.50
第 6 泛音	1732.72	a^3-35	27.19
第 7 泛音	1977.89	b^3-6	21.28
第 8 泛音	2226.37	$^\#c^4-1$	24.31
第 9 泛音	2474.85	$^\#d^4-18$	10.27
第 10 泛音	2720.01	e^4+45	15.86
第 11 泛音	2968.49	$^\#f^4-3$	28.43
第 12 泛音	3216.97	g^4+36	36.92
第 13 泛音	3462.14	a^4-37	31.63
第 14 泛音	3710.62	$^\#a^4-17$	31.97
第 15 泛音	3959.09	b^4-5	14.51
第 16 泛音	4204.26	c^5-1	10.66
第 17 泛音	4452.74	$^\#c^5-1$	5.29

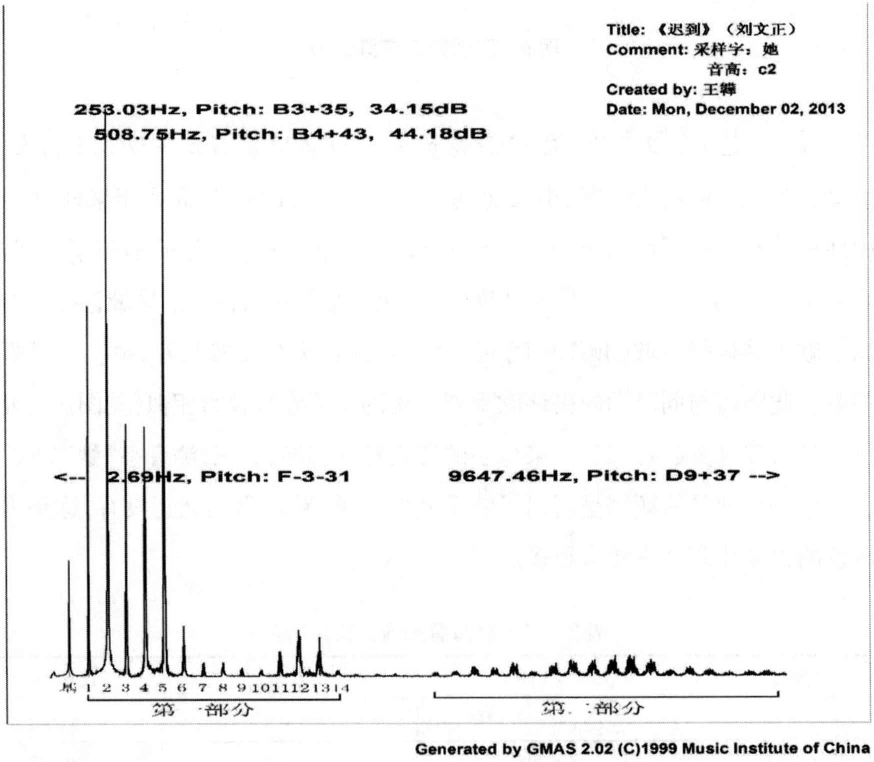

图 7 刘文正声音频谱图

三、结　语

以歌手蔡琴、王梦麟为代表的民谣演唱风格受到了大家的普遍喜爱。他们的演唱往往清新、自然、质朴，音乐旋律优美、抒情、朗朗上口，音乐主题以描写市井小事、青年人的恋爱故事为主。民谣歌曲的风靡不但在台湾地区有很大影响，而且对中国大陆流行歌坛的音乐创作与演唱也产生了重要影响。在改革开放初期，大陆的著名流行音乐人谷建芬、付林等的创作均不同程度地受到台湾地区民谣歌曲的影响，如歌曲《妈妈的吻》（付林作词、谷建芬作曲）、《小螺号》（付林词曲）、《校园的早晨》（高枫作词、谷建芬作曲）、《祝愿歌》（付林作词、小模作曲）、《我多想摘下一朵白云》（付林作词、小模作曲）等。另外，一些中国大陆的歌手也翻唱了诸多台湾地区的民谣歌曲，他们从中汲取了台湾地区民谣演唱的技法和风格，为之后自己原创歌曲的演唱奠定了基础。例如王洁实、谢莉斯翻唱了《走在乡间的小路上》，张行翻唱了《迟到》，吴涤清翻唱了《梅兰梅兰我爱你》等台湾地区的民谣歌曲。为此，可以说 20 世纪 70 年代台湾地区的民谣歌曲与其演唱风格独具特色，在中国流行音乐发展史上留下了浓墨重彩的一笔，为中国流行歌坛的发展注入了活力。

〔王韡，中国传媒大学艺术研究院副教授、硕士生导师、博士生导师组成员，中国传媒大学“青年拔尖人才”，音乐学博士，音乐学与教育学双博士后，韩国艺术研究院特聘教授、博士生导师、博士后合作导师，主要研究方向：流行音乐学〕

高教园地

高校舞蹈专业音乐基础理论教学研究

李　苑

【摘要】音乐与舞蹈两门姊妹艺术在产生与发展的过程中密不可分,相辅相成。音乐基础理论知识对于专业舞蹈学习有着极其重要的意义,是舞蹈专业学生专业素养构建的基本要求,也是舞蹈专业课程架构的内在要求和专业发展的必然要求。目前,音乐基础理论课教学方面存在重视不够、学生基础薄弱以及课程标准不统一、与舞蹈实践课程脱离等问题。因此我们在将舞蹈作为文化现象展开思考的基础上,必须重视音乐基础教育,拓展课程资源,深入挖掘课程美学价值,倡导学科综合,提出构建"审美—探究"能力框架的教学模式,从多角度探讨提高舞蹈专业音乐基础理论教学质量的策略。

【关键词】舞蹈专业　音乐基础理论　教学

我国艺术教育的历史可谓源远流长。据《周礼・保氏》记载,自周代便出现了"六艺"①,其中的"乐"便是音乐、舞蹈、诗歌的总称。历史的车轮滚滚向前,历经秦汉的"乐府"、唐代的"教坊",发展至民国时期,出现了一所培养音乐专门人才的高等学府——国立音乐院②;至 1954 年北京舞蹈学校③建立,中华人民共和国拥有了第一所舞蹈专业的高等院校,标志着新中国专业舞蹈教育的肇始;1982 年,中国艺术研究院开始招收首届舞蹈硕士研究生。此后,其他高等院校陆续开始设立舞蹈硕士、博士学位点,逐渐形成了较为系统的舞蹈人才培养体系。

舞蹈是一门综合艺术,一名优秀的舞者需要具备较强的音乐感觉。从许多优秀民间歌舞的流传可以看出,歌舞绝不是一种偶然的机械的凑合。在歌舞中,歌曲给予舞蹈明确的概念,舞蹈赋予歌曲生动的形象,二者相互补充,水乳交融,在共同思想内容

① 六艺即礼、乐、射、御、书、数。

② 国立音乐院为上海音乐学院前身。1927 年 11 月建立于上海,是中国近代历史上的第一所真正意义上的高等音乐学府。

③ 北京舞蹈学校为北京舞蹈学院前身。1978 年经国务院批准正式成立北京舞蹈学院。

的要求下，结合成为一个有机的整体。[①] 因此，在现行舞蹈专业人才培养过程中，如何看待音乐基础理论教学的价值所在；现阶段各高等院校舞蹈专业的音乐教育是何状态；如何从美学视角探寻一条音乐基础理论创新性教学的新路径，都是舞蹈教育发展过程中值得探索与思考的问题。笔者通过走访调查与教学实践，结合多年的专业理论学习，拟从上述几个方面探索舞蹈专业音乐基础理论的教学问题。

一、舞蹈专业中音乐基础理论教学的必要性

音乐与舞蹈有着密不可分的关系，无论对于舞蹈教育、舞蹈表演还是舞蹈编导专业的各项课程来说，音乐都是非常重要的辅助元素。音乐不仅仅包含流动的音符，还蕴含着丰富的音乐文化与美学价值，对于舞蹈的表现与发展有着极其重要的影响。如果舞蹈缺乏音乐的良好配合，不仅无法将真、善、美的意境准确传达给观众，更无法带给人们精神上的享受。因此在舞蹈教学中融入音乐知识的教学至关重要。

（一）学生层面——舞蹈专业学生专业素养构建的前提

为了使学生毕业后能够顺利地走向工作岗位，舞蹈专业必须培养学生具备以下三种音乐能力。

1. 音乐感知能力

音乐是听觉的艺术，舞蹈专业学生对音乐音响必须具有敏锐而准确的听觉辨别能力，善于捕捉音乐的高低、强弱、长短、音色等基本要素，具有发现美、理解美、创造美的意识。

2. 音乐想象能力

不同于舞蹈艺术的具象性，音乐的一个显著的美学特征就在于它的朦胧性、多义性，给欣赏者提供了广阔的想象空间。舞蹈专业学生要具备重新塑造音乐“形象”的想象力与创造力，在脑海中对音乐作品进行二次加工，从而理解音乐作品的内涵。

3. 音乐表达能力

舞蹈与音乐同作为情感的载体，其美的本质都在于以情动人。舞蹈专业学生要能够用肢体语言，形象而生动地表达出自身对音乐的理解与感受，将视觉艺术与听觉艺

---

① 吴忠军. 音乐教育在舞蹈艺术教育中的重要性[J]. 音乐时空，2012(1)：63.

术完美地融合在一起。

在舞蹈专业中,无论是基于课程体系的完善,还是学生综合素养的提高,音乐基础理论教学都是非常重要的一个环节。音乐基础理论的教学内容主要集中在“小三门”①知识上,内容包含音与音高、记谱法、节奏与节拍、音程、和弦、调式等。从开始阶段,学生就需要掌握最基本的乐理知识,通过节奏与节拍学习,学生可以对音乐节奏特点有直观的感知与内在的把握;通过对音高与旋律的学习,学生能够更好地体验舞蹈作品中的情感,并用舞蹈动作准确地表达出来。当然,要全面提高音乐素养,只学习音乐基础知识一门课程是远远不够的,还应该学习与音乐相关的其他课程,比如中西方音乐史、音乐鉴赏、中外民族音乐、音乐美学等。通过这些课程的学习,学生可以了解绚烂多彩的民族文化,建立多元的文化理解与审美意识,感受不同文化背景下的音乐风格差异,学会从音乐美学的角度感悟舞蹈的内容美和形式美,领略舞蹈艺术中不一样的丰富内涵,从而更立体、全面地诠释出来。而所有这些,都必须以具备扎实的音乐基础知识为前提。

(二)学校层面——舞蹈专业人才培养目标转变的内在要求

现阶段,我国大多数高等院校的舞蹈专业设有舞蹈学、舞蹈编导、舞蹈教育、舞蹈表演等。国内设有舞蹈专业的艺术院校,基本可以归类为四种:第一种是将舞蹈专业作为主要学科的专业院校,如北京舞蹈学院,其院系设置以舞种划分,开设古典舞系、芭蕾舞系、民间舞系等,培养高精尖专业人才;二是其他艺术院校,如九大音乐学院②、艺术学院等设置的舞蹈系,主要培养舞蹈表演和舞蹈编导方向的骨干人才;三是师范院校开设的舞蹈院系(专业),主要培养师范型人才,为国家的中小学、学前教育输送舞蹈教育工作者;四是综合类院校的艺术院系,下设舞蹈系(专业),主要培养舞蹈编导、教育、表演及管理等方向的复合型人才。

这四类高校开设的舞蹈专业,其培养目标可以概括为:培养能适应社会发展需要,具备扎实的舞蹈专业基础知识和基本技能,具有较高的舞蹈表演能力和创编能力,能在社会艺术团体、企事业单位从事艺术工作的应用型演员和教育工作者。在以往传统的教育理念及实践中,院校往往秉承着“为社会输送更优秀的舞蹈专业人才”的宗旨,学校在制定与编写教学大纲时,多从学生的知识与技能、毕业与就业等方面考虑,课程

---

① “小三门”即视唱、练耳、乐理。

② 九大音乐学院是指中国内地最具知名度、专业度和地域代表性的九所音乐高等院校,包括中央音乐学院、中国音乐学院、上海音乐学院、武汉音乐学院、四川音乐学院、星海音乐学院、天津音乐学院、沈阳音乐学院、西安音乐学院。

类型单一,导致出现了“重技能,轻素质”的情况,单纯重视学生舞蹈技能的教学,而轻视其他文化素质的培养,学生的艺术文化底蕴相对薄弱,难以通过舞蹈作品深入挖掘、理解作品的文化内涵与艺术特色。

随着人才培养观念的转变,当前舞蹈专业人才的培养目标也正在由培养单一的舞蹈专业人才,逐渐向培养全面的、有较强艺术素养的综合型人才转变。多样化的教学形式与丰富的艺术课程类别也开始成为舞蹈专业课程构建的内在要求。优秀的舞蹈专业毕业生,不仅要熟练掌握舞蹈表演技巧,还要具备较好的音乐感知、音乐分析、音乐表现等能力,而这些都是以音乐基础理论知识的学习和掌握为前提的。学校层面通过对音乐基础理论等音乐相关课程的调整,人才的引进,实现素质教育与专业教育、课堂教学与实践教学、个性发展与共性提高相结合,有利于增强舞蹈专业学生的综合素质。

(三)社会层面——舞蹈人才观发展的必然要求

2011 年,教育部将文学门类下的艺术学科提升为独立的艺术门类,提高了艺术在国家人才培养教育体系中的地位,并将“音乐与舞蹈学”上升为一级学科,这充分说明了国家对艺术学科的高度重视。① “音乐与舞蹈学”专业模式的设立很富有前瞻性,从一定程度上能够反映出当今社会文化发展的需求。音乐与舞蹈两门学科的联合与交融,不仅给舞蹈艺术以更大、更广阔的发展空间,更是对舞蹈的教学与改革提出了更高的要求。反映在舞蹈专业教学上,则更加注重对学生专业功底与全面音乐素养的培养。

现在很多国家级的舞蹈大赛都设有考察选手综合素质的环节,其中涵盖了对舞蹈、音乐、历史、文学等方面的常识考察,还有根据音乐即兴编创舞蹈的要求。这可以说是考察选手的综合艺术素质尤其是音乐素养的有效方式。这其中最值得一提的是即兴舞蹈编创能力的测试,它是个人音乐素养的试金石:有的选手能够迅速地把握住音乐的旋律、风格、节奏等特点,并用相应的富有美感的肢体动作展现出来;而有的选手表现却不尽如人意。舞蹈大赛重视考察选手的综合素质说明,舞蹈界已经注意到舞蹈专业人员的综合知识与能力结构,不再局限于单一的舞蹈技术技巧。

近年来,随着舞蹈学习者人数的不断增加,舞蹈艺术发展蒸蒸日上,就业市场对于舞蹈毕业生的要求也逐渐地从舞蹈专业型人才向复合型人才转变。在这样的社会大

① 于宛冬.艺术类高校舞蹈专业课程架构的优化与改革——“音乐与舞蹈”专业建设的探索与思考[J].星海音乐学院学报,2016(3):15.

背景下,舞蹈专业学生提高音乐素养成为社会发展的必然要求。

二、舞蹈专业音乐基础理论课程的教学现状

我国的舞蹈课程体制的创设与发展过程有着浓厚的历史印迹。中华人民共和国成立之初,舞蹈艺术教育几乎完全借鉴了当时苏联的模式,即以培养职业化的艺术人才为目标。反映到专业课程设置上,则是突出舞蹈技术与技巧的训练而忽略其他相关素质的培养,其后果是导致培养的舞蹈专业人才素质结构单一,职业发展受限。这种消极影响到现在仍然没有消除。

(一)舞蹈专业的音乐理论基础课程尚须重视

在大学教学改革中,课程设置始终是个核心要素,它涉及课程开设的科目、开设顺序以及课时分配等问题。经调查发现,目前国内高等院校的舞蹈专业教育方面,不同程度地存在着课程设置不甚合理、音乐基础理论课不受重视的现象。下面以笔者所在的河北传媒学院为例加以剖析。

学校开设的舞蹈专业分为舞蹈表演和舞蹈编导两种。以舞蹈表演专业为例,所有课程按授课方式和内容分为实践课程和理论课程两种,音乐基础理论课程属于理论课程范畴。课程设置情况如下:

表 1　河北传媒学院舞蹈表演专业课程设置情况

课程名称		课时统计		学分	
		数量	占比	数量	占比
理论课程	音乐基础理论	32	1.23%	2	1.52%
	其他课程	1457	55.85%	61	46.21%
实践课程		1120	42.92%	69	52.27%
总计		2609	100%	132	100%

理论课程属于舞蹈学习的基本内容之一,一方面,它可以扩充学生的理论知识,另一方面,它能增强学生对舞蹈、音乐文化的理解,对舞蹈专业的学生起到夯实理论基础的作用,也能较好地丰富课程形式。该课程涵盖音乐基础理论、舞蹈概论、中外音乐史等;音乐基础理论课属于专业理论课。表 1 的数字统计可以显而易见地让人得出“音乐基础理论教学不受重视”的结论。对此,再做两点更具体的分析:一是课时量明显不足,课时分配不合理。在大学四年的专业学习时间中,只有 32 个学时的音乐基础理论教学,其学时仅占所有课程学时(含理论、实践课程)的 1.23%,且集中在一年级下

学期。其结果必然造成学生短时间内无法牢固掌握系统的音乐知识,对于某些知识点一知半解甚至形成错误理解。二是课程所占学分少。音乐基础理论只有 2 个学分,仅占全部专业课程 132 个总学分的 1.52%,与其在人才培养智能架构中的基础性支撑作用形成强烈的反差,很难使学生从修业关注度上引起对音乐基础理论课程的应有重视。

(二)舞蹈专业学生的原有音乐基础薄弱

高校舞蹈专业学生的原有音乐基础普遍比较薄弱。笔者在对河北传媒学院 2019 级舞蹈表演专业 177 名新生音乐学习基础的调查中发现,从未学习过任何音乐技能的学生占 84%,会识简谱的占 62%,会识五线谱的学生只有 6%。在音乐基础理论课上,对学生做的节奏听辨测试整体结果也不理想。由此看出,舞蹈专业学生在入学前对音乐的系统学习较少,对于乐器的演奏能力、乐谱的识读能力都有待提高,对音乐的认知基本停留在初级感性阶段,很难准确地从节奏、速度、旋律等方面深度把握音乐的特征与风格,这严重制约着学生舞蹈表演与创编能力的提升。

(三)课程标准不统一,授课形式单一

现阶段,由于许多高等院校舞蹈专业的音乐基础理论课缺乏统一的课程标准,缺少明确的课程目标,因此,在教学内容的选择上存在较大的随意性。据了解,各院校舞蹈专业的音乐基础理论课缺少专门针对高校舞蹈专业的权威性乐理指导教材。承载教学内容的教材大多由任课老师自行决定。有的任课老师照搬音乐专业的乐理教材,有的则根据本人的教学经验自行编写教材。自编教材难免水平良莠不齐。

从笔者的走访、观察以及学生的反馈来看,很多高等院校还存在着音乐教师授课形式单一的现象。部分教师还是以传统的授课模式组织课堂,老师站在讲台上滔滔不绝,学生在下面被动地接受知识,即“填鸭式教学”。这种教学方式忽略了“学生是学习主体”的现代教育理念,老师成为课堂的主角甚至主宰,严重阻碍了学生对乐理知识的吸收与运用,更谈不上培养学生的科学思维与创造力。以音乐中最基础且关键的节奏练习为例,该练习的目的是使学生掌握由各种节拍、各种时值的音符所组成的节奏型。在教学中,部分教师忽视了引导学生对节奏特点的充分感受和对节奏规律的深入探究,以教师单一示范、学生机械模仿为主,学生被动地学习打拍子的速度与手势。同时教师缺乏现代化的教学手段,导致课堂缺乏趣味性和深入性,自然难以调动学生的学习兴趣。长此以往,当学生独立面对新的节奏型时,很容易陷入难以把控的窘境。

(四)音乐基础理论教学与舞蹈实践教学脱离

目前,音乐基础理论课存在着与舞蹈实践课程脱节的现象。对于以舞蹈专业学生为授课对象的音乐教师而言,音乐基础理论课主要传授的是音乐的通识性基础知识,指导音乐实践活动即舞蹈才是乐理知识学习的最终目的。音乐理论来源于音乐实践并应用于实践。调查发现,部分教师在授课过程中照本宣科,没有注意将乐理知识教学与音乐、舞蹈作品分析联系起来,乐理变成枯燥的文化知识被填塞给学生,学生难以真正体会到乐理知识学习的意义,导致音乐基础理论课难以发挥应有的课程价值。

另一方面,舞蹈实践课老师在教学中也没有把音乐理论与舞蹈教学有机结合起来。在舞蹈基本功训练课和民族民间舞课程中,舞蹈教师普遍缺少在舞蹈教学中对学生的音乐听觉的引导,只是单一地喊着口号、打着拍子做动作,将音乐变成了"无声的背景",缺少引导学生对音乐节奏、旋律的捕捉和感悟,导致学生不能自觉地配合音乐,而是一味地寄希望于钢琴伴奏老师对音乐的调整,浪费了许多将音乐理论应用于舞蹈表演实践的宝贵机会。

三、舞蹈专业音乐基础理论教学改革

针对上述舞蹈专业音乐基础理论教学存在的问题,笔者提出下列改革的设想。

(一)更新课程理念,重视音乐素养

学校应增强对音乐基础理论课程的重视程度。首先,引导舞蹈专业的师生充分认识音乐素养对舞蹈人才成长的重要性。一方面,要让舞蹈专业的师生认识音乐是一种抽象的艺术形式,它虽然不能将事物和情感具体形式化,但可以利用多种音乐元素(如旋律、节奏、和声等)在一定时间的延续,再现生活片段,刻画真情实感。这种独特的艺术形式让人们感受美、欣赏美进而表达美、创造美。另一方面,坚持舞蹈专业教育与人文社会科目相结合的教育理念,引导学生全方位发展,以提升舞蹈专业学生的艺术灵性,提高学生的学习能力,为学生未来的职业转型做铺垫。其次,采取具体措施,把舞蹈专业音乐基础课程放到应有位置。一是应提高舞蹈专业音乐基础理论课程的学分,笔者主张该课程学分应设置为 3 分至 4 分。二是增加课时数,应由现在的 32 学时,增加到 48 学时。三是调整舞蹈专业音乐基础理论课程的教学时间安排。建议调整为一学年,从大一的下半年到大二的上半年两个学期,这样能够使学生较为完整、系统地学习音乐知识,打下坚实的音乐理论基础。四是组织既懂舞蹈又懂音乐的专家和

教师编写舞蹈专业的乐理教材。开展横向协作，联合同专业院校师资力量集智攻关，这样既可以提高教材的编写质量，又能够提高教材的使用效率。五是定期举办教师的业务培训。在现有的教学条件下，要进一步加强教师队伍的专业化建设，强化教师在音乐基础理论教学中的专业技能与教学能力。学校应定期组织教师展开业务交流与学习活动，帮助教师汲取先进的教学思想和教学手段，与时俱进。

（二）正视多元文化，拓展课程资源

当今社会是全球经济一体化、文化多元化的统一整体，随着世界各国、各民族之间的交流与联系越来越紧密，各具特色的文化信息也在时刻融合着，丰富多彩的音乐文化也在音乐教育中显露出不可小觑的地位。

1. 从国际视野培养学生多元的音乐思维和欣赏能力

将任何文化置身于特定的社会与文化语境中是其最佳的理解角度，舞蹈、音乐亦是如此。现在有很多高等院校开设了外国民间舞课程，目的就是为了使学生了解国外舞蹈的发展现状，领略不同文化背景、不同种族舞蹈的艺术特点。同样，在音乐基础理论课上，教师可选取具有代表性的外国舞蹈音乐供学生欣赏，如热情洒脱、风情万种的西班牙弗拉明戈舞蹈音乐，自由奔放、兼容并蓄的爱尔兰踢踏舞的音乐，高贵典雅、沁人心脾的俄罗斯芭蕾舞的音乐，历史悠久、具有强烈宗教色彩的舞蹈音乐，等等。在经济全球化的背景下，引导学生将音乐、舞蹈作为一种文化现象展开思考，理解与认同多元文化，从国际视野拓展和提升学生的认识水平与理解能力，培养学生具备多元的音乐思维和欣赏能力。

2. 着眼我国多民族、多地域特点，培养学生的多元化音乐素质

音乐舞蹈的多元化不仅体现在不同国家间，我国幅员辽阔、人口众多，各地区、各民族在长期的历史发展过程中，形成了异彩纷呈的文化集合，这也反映到舞蹈、音乐的表现形式上。比如同样是汉族的秧歌音乐，却呈现出东北地区与山东地区的秧歌舞蹈的差异性；又比如，我国中原地带①的舞蹈多数以打击乐为伴奏音乐，而内蒙古地区②却以长调为主。我国文化丰富多彩、极具特色，教师应引导学生理解与认同多元音乐文化，这样在一定程度上也能促进各民族的相互理解与沟通；在能力培养上，引入不同民族的优秀音乐作品，从地域、年代、风俗等不同角度体味音乐的异同，可以丰富课程

① 中原地区：分为大中原和小中原。大中原指的是黄河中下游地区，包括今天河南省大部分地区，河北、山西的南部地区；小中原指的是河南省所在地区。本文特指小中原，即河南省所在地区。

② 蒙古地区：本文主要指内蒙古自治区的北部地区。

资源,拓展审美视角,逐步提升学生的音乐鉴赏能力。

(三)构建新型能力框架,培养学生的自主学习性

音乐教育的目的,除了培养学生的审美能力外,更应该强调对学生的想象力和创造能力的培养,高校教育工作者应根据高校音乐教育新的特点和规律,探索一条新型的舞蹈音乐教育教学模式。

学生是教学活动的主体,在音乐基础理论课堂上,构建创新性的教学模式需要音乐教师在教学过程中打破原有的"以教师为主体"的教学模式,采用讲授法、陶冶法、练习法、讨论法等多种教学手段,充分调动学生的参与性与积极性,增强学生的学习兴趣与求知欲,发挥学生的主观能动性。

笔者总结教学实践经验并参考其他院校、教师的做法,主张在舞蹈音乐教学过程中,可构建一个"审美—探究"的知识能力框架,用以指导学生综合素质的培养。整个知识结构框架为三角形结构(图 1)。

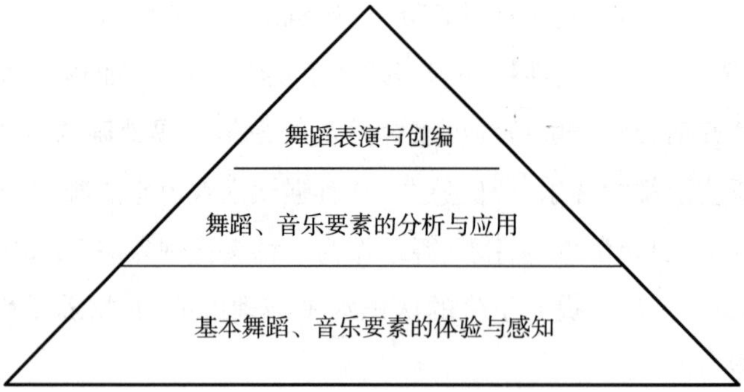

图 1　舞蹈音乐理论知识能力框架

这个框架由三个层级构成:第一层级的能力在于感受音乐作品的音高、音值、音量、音色等基本性质,以掌握简单的音乐基础知识为前提,通过不断地内化,让学生形成自己的音乐理解,把基本音乐要素的体验与感知作为能力框架的根基;在此基础上,捕捉音乐的基本要素,了解舞蹈动作同音乐要素之间形成的关系,对音乐要素加工分析、灵活运用,进而深化对基础理论知识的理解与记忆,实现第二层级的能力;最终达到第三层级——通过听辨与鉴赏、表演与创编,将音乐理论知识运用到实际的舞蹈表演与创编的过程中,呈现出音乐舞蹈所要表达的情感,给观众以良好的审美体验。根据这个知识能力框架,让学生主动参与到课程中,作为学习主体,从舞蹈、音乐的认知学习、情感感悟,到对舞蹈、音乐要素的灵活运用,最终完成动作技能的完美演绎与创

编。这些步骤在知识能力的构建过程中环环相扣,沿着“感知美—表现美—创造美”的步骤循序渐进。

(四)重视学生对音乐与舞蹈所蕴含美学价值的感悟

审美是艺术教育的核心。艺术的根本特质是美,包含姿态美、造型美、音乐美、视觉美等要素,而音乐和舞蹈就是两种具有丰富美学价值的艺术形式。音乐和舞蹈教学,是以乐音构成的音乐作品、舞蹈作品为主要内容对学生进行情感、情操和审美教育的音乐审美教育。因此,必须在音乐基础理论教学的全过程和舞蹈专业音乐基础理论教材的各个部分中贯穿以音乐审美为核心的思想,着眼培养学生感受音乐、表现音乐、创造音乐的能力。

如在柴可夫斯基创作的舞剧《天鹅湖》中,就有一首节奏对比十分强烈的音乐——《西班牙舞曲》,节拍为三拍子,节奏强烈,气氛热烈,常用于男女的对舞和独舞;乐曲还采用了西班牙舞曲中常见的响板,具有鲜明的西班牙民族音乐特点,具有典型的波莱罗舞曲的特征。在带领学生欣赏这部音乐作品时,教师应通过生动的语言引导学生运用自己的思维和理性进行审美抉择,凭借自己的审美选择力和审美判断力,捕捉作品中独有的神韵和深层意蕴,身临其境地随舞者走入西方宫廷之中,感受快慢结合、刚柔并济的乐曲节奏;努力使自己跟随舞蹈演员脚下的舞步,时而欢快雀跃,时而优雅端庄;体会曲作者对场景的抒写和对戏剧矛盾的充分刻画,感受音乐与舞蹈在美学方面的完美融合(图2)。

图2 《西班牙舞曲》谱例

音乐是舞蹈的灵魂,舞蹈是音乐的回声。音乐艺术的灵魂是音乐以其直入心灵的强大魄力,直接参与音乐与舞蹈艺术的情绪情感的渲染、气氛烘托和音乐与舞蹈形象创造的全过程,使音乐与舞蹈形象更生动、更深刻、更富有感染力。① 在舞蹈教学中,教师要引导学生从音乐美学的视角审视音乐与舞蹈。舞蹈表演者不仅要与音乐作品之间形成直接的审美联系,并且要学会对音乐材料的二度创作,如舞蹈创编、音乐剪辑等。主体的审美投入程度越高,所产生的审美感受也就越强烈,主、客体巨大力量的交流碰撞就能形成强烈的审美场效应,当他用他的肢体、语言来表达他的强烈美感时,就会产生十分高效高质的舞台效果。②

(五)倡导学科综合,舞乐协同教学

在舞蹈专业学生的培养中,要科学高效地提高学生的音乐素养,必须注重音乐与舞蹈这两门姊妹学科的协同教学。而这又离不开高校音乐教师、舞蹈教师和钢琴伴奏教师的密切配合。

1. 音乐基础理论教师须有浓厚的"舞意"

音乐基础理论教师应不断完善自己的知识结构,在提高自身专业水准的同时,不断扩充舞蹈理论与实践方面的知识;更新教学观念,更多地结合舞蹈技术技巧开展音乐学科知识和音乐文化知识的教学;着眼音乐与舞蹈之间的联系,以营造富有美感的教学情境;将音乐与舞蹈紧密结合的理念贯穿于音乐教学活动始终,引导舞蹈生自觉地感悟音乐与舞蹈之间的内在联系。

2. 舞蹈教师须具备强烈的"乐感"

比起每周与学生只有一面之缘的音乐教师而言,舞蹈教师几乎每天都与学生接触、交流,舞蹈教师对实现舞蹈专业学生音乐素养的培养目标更有责任也更有机会。这就要求舞蹈教师积累更多的音乐材料,开发自己音乐领域的知识与能力。舞蹈教师在教学中不仅需要关注音乐的节拍,还要注意训练学生对舞蹈作品中各种音乐元素的把握能力;在编排舞蹈作品时,引导学生挖掘音乐与舞蹈相关的文化内涵,启发学生将音乐基础理论课上学到的知识运用于舞蹈课的实践,将舞蹈教室拓展为学生实施音乐实践的理想场所。

3. 钢琴伴奏教师应成为"乐""舞"相融的桥梁

钢琴伴奏教师对实现高校舞蹈专业学生音乐素养的培养目标起着不可或缺的作

---

① 张韵. 形声一体,乐舞相融——舞蹈音乐教学的审美追求[J]. 新疆艺术学院学报,2020(6):98.

② 蒋念情. 浅论音乐审美场[J]. 音乐时空,2015(10):79.

用。在舞蹈教室里，伴奏教师与舞蹈教师是亲密合作的关系。伴奏教师对舞蹈伴奏音乐的选用与弹奏，反映了音乐专业人员对于音乐与舞蹈的理解，同时他们对于伴奏音乐的裁剪、改编等二次加工，以及在他们跳动的琴键下流淌出的极富感染力的音乐，也能潜移默化地影响学生的音乐体验。钢琴教师要善于运用钢琴音乐的纯净音色、丰富的旋律线条、多变的节奏与速度、适时的乐句与呼吸、饱满的和声织体，为学生营造美的意境，从而让音乐与舞蹈形成更为默契的配合。

综上，音乐基础理论教师、舞蹈教师和钢琴伴奏教师要共同担负起提高舞蹈专业学生音乐素养的责任，将音乐贯穿于舞蹈理论与实践教学的全过程。在教学过程中注意用音乐带动学生情绪，使他们的音乐素养在潜移默化中得以提升，从而与舞蹈艺术相得益彰，达到最佳艺术境界。

五、结　语

音乐与舞蹈是两种有着独特魅力的艺术形式，二者相辅相成、密不可分。对于舞蹈专业学生而言，良好的音乐基础及文化内涵是专业技能与技巧的深厚根基。在舞蹈教学的过程中，学生对音乐的把握显得尤为重要。因此，高校教育工作者从教育理念、课程设置、教学方式等方面全方位提高对于舞蹈专业学生音乐素养的重视度，不仅是人才培养的基本要求，更是舞蹈教育发展的必然要求，如何更好地培养社会所需的复合型、创新性艺术人才，值得人们继续深思与探究。

〔李苑，河北传媒学院舞蹈艺术学院教师，主要研究方向：音乐与舞蹈学〕

新媒体时代加强大学生主流意识形态教育

——以“马克思主义基本原理概论”为例

聂爱芹　杨　克

【摘要】随着新媒体的兴起,我国以马克思主义为指导的社会主义意识形态的主导地位受到了严峻的挑战,大学生作为新媒体时代的重要群体,是国家未来建设的重要力量,因此对其加强意识形态教育就显得尤为重要。新媒体时代“马克思主义基本原理概论”课教学必须充分依托新媒体这一平台,从树立新的教学理念、优化教材内容、加强典型案例教学、打造以新媒体为载体的第二课堂、培养网络“意见领袖”等五方面加强大学生的主流意识形态教育。

【关键词】新媒体　大学生　马克思主义基本原理　主流意识形态教育

新媒体时代,我国以马克思主义为指导的主流意识形态的主导地位受到了严峻挑战。针对这一现实,习近平总书记在党的十九大报告中强调:“牢牢掌握意识形态工作领导权。”在第二十三次全国高等学校党的建设工作会议上,他又强调:“办好中国特色社会主义大学,要坚持立德树人,把培育和践行社会主义核心价值观融入教书育人全过程;强化思想引领,牢牢把握高校意识形态工作领导权。”①习近平的论述告诉人们,新媒体时代加强大学生主流意识形态教育是当前高校教育工作的一项重要任务。

一、我国主流意识形态教育的内容

“意识形态”一词是由法国人特拉西在《意识形态的要素》中首先提出来的。马克思主义认为,意识形态是由经济基础决定的上层建筑,是随着社会的不断发展而发展

① 习近平.坚持立德树人思想 引领加强改革高校党建工作[N/OL].人民日报,2014-12-30(1)[2020-03-22].http://cpc.people.com.cn/n/2014/1230/c64094-26297225.html.

变化的,且任何社会的主流意识形态都是经济上占统治地位的阶级意志的体现。

我国是人民民主专政的社会主义国家,这就决定了我国的主流意识形态是以马克思主义为指导,代表最广大人民根本利益、能够团结带领广大人民群众走向民族复兴的社会主义意识形态。因此我国主流意识形态又称为社会主义意识形态或马克思主义意识形态。

我国社会主义意识形态在中国的发展和丰富,除了有共产党人对经典马克思主义意识形态理论的继承外,还有共产党人对其与时俱进的丰富和发展,由此形成了中国化的马克思主义意识形态。

当前我国社会主义意识形态教育主要包括三方面内容:

(一)马克思列宁主义、毛泽东思想

"马克思列宁主义、毛泽东思想一定不能丢,丢了就丧失根本。"①而这个根本,就是党的原初价值理念。

在中国的半殖民地半封建社会,以毛泽东为核心的中央集体在汲取马克思主义科学的唯物史观以及马克思列宁主义正确的政党理论成果精华的基础上,在具体的历史条件下与中华优秀传统文化中"天下为公"的政治思想相结合,创造性地解决了中国共产党建党的基本元价值问题,形成了中国共产党自身独特的原初价值理念。

中国共产党原初价值理念主要包括四个方面,即"我是谁"的理念、"信仰谁"的理念、"为了谁"的理念和"依靠谁"的理念。这种原初价值理念是对中国共产党的质的属性的规定。在进入新时代的今天,中国共产党坚持"不忘初心"既是对党原初价值理念高度凝练的结果,也是党对原初价值理念的坚守。当今要坚守"初心",就必须时刻强化共产党人原初价值理念教育,这也是新时代主流意识形态教育的使命和任务。

(二)中国特色社会主义

所谓中国特色社会主义,是指在改革开放的伟大实践中,中国共产党把马克思主义经典作家创立的科学社会主义基本原则与中国具体实际相结合而实行的社会制度,具有鲜明的中国特色和时代特征。中国共产党不断推进马克思主义中国化、时代化,形成了中国特色社会主义理论体系——邓小平理论、"三个代表"重要思想、科学发展观和习近平新时代中国特色社会主义思想,使马克思主义不断丰富与发展。

---

① 习近平.紧紧围绕坚持和发展中国特色社会主义 学习宣传贯彻党的十八大精神[C]//中共中央文献研究室.十八大以来重要文献选编(上).北京:中央文献出版社,2014:75.

“中国特色社会主义不断取得的重大成就,意味着近代以来久经磨难的中华民族实现了从站起来到富起来到强起来的历史性飞跃,意味着社会主义在中国焕发出强大生机活力并不断开辟发展新境界,意味着中国特色社会主义拓展了发展中国家走向现代化的途径,为解决人类问题贡献了中国智慧、提供了中国方案。”①这充分显示了中国特色社会主义的强大生命力,高校乃至全社会必须加强中国特色社会主义的制度自信、理论自信、文化自信和道路自信教育。

(三)社会主义核心价值体系和核心价值观

进入新时代,习近平强调“建设具有强大凝聚力和引领力的社会主义意识形态,使全体人民在理想信念、价值理念、道德观念上紧紧团结在一起”②。而在中华民族迈向“强起来”的新时代,“具有强大凝聚力和引领力的社会主义意识形态”就是社会主义核心价值体系和社会主义核心价值观。

社会主义核心价值体系是由马克思主义指导思想、中国特色社会主义共同理想、以爱国主义为核心的民族精神和以改革创新为核心的时代精神、社会主义荣辱观四个方面内容所构成的。社会主义核心价值观把涉及国家、社会、公民三个层面的价值要求融为一体,即“富强、民主、文明、和谐,自由、平等、公正、法治,爱国、敬业、诚信、友善”。社会主义核心价值观是社会主义核心价值体系的内核凝练和集中表达,体现着社会主义核心价值体系的根本性质和基本特征,反映着社会主义核心价值体系的丰富内涵和实践要求。

二者都体现了社会主义意识形态的本质要求,体现了社会主义制度在思想和精神层面的质的规定性,凝结着社会主义先进文化的精髓,凝结着中华民族的共同价值追求和价值准则,是全民族凝魂聚气、强基固本的稳定器,是凝聚社会共识的最大公约数,使我们党和人民在思想意识上能够团结一致,为在新时代开启新征程、争取新成就筑牢了思想基础。③

二、新媒体时代高校主流意识形态教育面临严峻挑战

新中国成立几十年来,以马克思主义为指导的社会主义意识形态始终在主流媒体

① 习近平.决胜全面建成小康社会 夺取新时代中国特色社会主义伟大胜利[M]//国务院新闻办公室会同中央文献研究室,中国外文局.习近平谈治国理政.北京:人民出版社,2017:62.

② 习近平.决胜全面建成小康社会 夺取新时代中国特色社会主义伟大胜利[M]//国务院新闻办公室会同中央文献研究室,中国外文局.习近平谈治国理政.北京:人民出版社,2017:41.

③ 敖翔.党的十八大以来习近平总书记对意识形态的改革与重塑[J].新乡学院学报,2019(5):1.

占据主导地位，亦是社会的主导意识形态。但随着新媒体技术的快速发展，马克思主义主流意识形态的主导地位受到了各种非主流意识形态以及西方意识形态的严峻挑战。尤其对“三观”形成关键时期的大学生而言，主流意识形态教育更是面临着严峻的形势。

(一)新媒体技术颠覆了意识形态传统的传播教育模式，为高校意识形态教育带来了全新的挑战

在前互联网时代，大学生接受外界信息的渠道相对单一，尤其是意识形态领域的信息，主要有两种渠道：一是通过学校教育，思想政治理论课教师在课堂上传递；二是通过报纸、广播、电视、书籍等主要传统新闻媒体传播。

在传统的意识形态传播的渠道中，传播方向具有单一性，是点对面的传播；并且在传播内容的选择上占有相当大的优势，不管是学校思想政治理论课课堂上教师的灌输，还是传统媒体发布的消息，都是经过教师或相关权威部门的认真筛选，避免了各种不良信息对大学生的接触。这种传统单一性的传播模式使社会主义意识形态教育相对容易。

然而，随着新媒体技术的快速发展，这种传统的意识形态教育模式被颠覆。“在信息技术高度发达和普遍运用的今天，马克思主义理论传播的目标群体已经从书本前、收音机前、电视机前慢慢转移到电脑和手机前。”①而新媒体的运行方式使大学生自主选择信息并自由表达观点的权利得以几何式放大，大学生由“接受式的被灌输”转向“自我设计式的接纳”，挑战了“沉默的螺旋”②这一经典的大众传播理论；话语权逐步由“权威机构”向着公众更迭。很显然，这种新的信息传播模式给高校社会主义意识形态教育带来了全新的挑战。

(二)西方意识形态通过新媒体技术强大的传播力量对我渗透，冲击着我国大学生的主流意识形态教育

相对于发展中国家，西方资本主义发达国家在经济、科技水平和教育程度方面都占有绝对优势。这种实力上的不对等，直接导致了西方国家在新媒体传播领域中的强势地位，为其意识形态渗透提供了更为便利的条件。

---

① 王宇. 马克思主义理论大众传播实现过程的矛盾及原因分析[J]. 吉林师范大学学报，2010(2)：25.

② 1980年诺依曼出版《沉默的螺旋：舆论——我们的社会皮肤》一书，其主要观点是：大众传播媒介通过优势意见营造意见气候，而受众基于“对社会孤立的恐惧”对周围的意见氛围进行准感官统计，如果自身的观点与“优势意见”一致，受众就会倾向于自我表达；如果不一致，那么受众便会倾向于沉默。

以美国为首的西方国家从来都没有停止和放弃对我国的意识形态渗透。“冷战结束以来,在西方价值观念鼓捣下,一些国家被折腾得不成样子了,有的四分五裂,有的战火纷飞,有的整天乱哄哄的。”①随着新媒体技术的发展,敌对势力更是将互联网作为一得力工具,不断开发以网络为载体的意识形态渗透功能。例如,美国利用其强势的新媒体技术大量建设高校人文社科类课程的MOOC(慕课),通过这些课程向世界观、人生观和价值观尚未成熟的大学生传输西方的价值观念和政治模式,渗透资本主义的意识形态,以达到边缘化我国社会主义主流意识形态的目的。

同时,新媒体的发展为西方国家提供了文化渗透的强有力的渠道,文化成为西方国家意识形态扩张的重要工具。西方国家借助新媒体技术将其意识形态渗透至大众文化之中,而大学生作为新媒体最主要的受众群体,首当其冲地受西方国家的文化信息和价值观的影响,越来越多的中国年轻人开始亲近外国文化,例如近几年出现的“哈西(欧美)”族、“哈日”风、“哈韩”流等。他们崇尚外国文化,忽视本国优秀文化,严重剥蚀了我国的民族文化,削弱了中国特色社会主义主流文化、先进文化在大众文化中的主导地位,从而动摇了我国主流意识形态生存的社会基础。

(三)新媒体带来的多元文化冲击着马克思主义在社会主义文化中的指导地位

任何一种文化都不可避免地要成为或影响一种意识形态,文化是意识形态的基础和前提。“大力推动社会主义文化建设,坚持中国特色社会主义文化创新是培育和践行社会主义核心价值观的必然选择,是牢牢掌握意识形态工作领导权的基础。”②新媒体技术既为我国带来了丰富多样的文化,同时也为社会主义先进文化的建设带来了前所未有的挑战。

在多元化的文化中,存在着大量的低俗化、泛娱乐化甚至反动等观念元素,严重消解着我国社会主义主流文化、先进文化的建设。

新媒体环境具有一定的虚拟化和商业化,受极端功利主义的影响,为了提升点击率,新媒体文化中充斥着大量的低级、庸俗、媚俗的文化。例如以芙蓉姐姐、超级“呕像”小月月、凤姐为代表的颠覆传统审美观的网络红人,以《非诚勿扰》等相亲类节目中出现的个别嘉宾为拜金主义价值观的公然呐喊等,这些审美趣味低下、三观极其不正的文化现象严重侵蚀着当代大学生的道德底线,影响主流价值观的形成。

---

① 习近平. 坚持和巩固党对意识形态的领导[M]//国务院新闻办公室会同中央文献研究室,中国外文局. 习近平谈治国理政(第二卷). 北京:外文出版社,2017:327.

② 许苏民. 文化哲学[M]. 上海:上海人民出版社,1990:237.

另外,随着网络新媒体技术的发展,当前社会处在一个娱乐泛化的时代,几乎所有的文化领域都充斥着恶搞、娱乐的元素。在网络文化里,历史被歪曲性重读,英雄被娱乐甚至被抹黑,卖国贼成了精英等。一些抗日神剧中更是出现了奇葩、虚假的内容,严重亵渎了浴血捍卫国家的先烈们的爱国情怀。这些被恶搞的过度娱乐化的产品,一方面弱化甚至消解了文化的正面导向作用,另一方面也使大学生对本民族历史文化产生怀疑,稀释了青年一代的民族自豪感和文化自信,削弱、动摇了社会主义意识形态的基础。

更有甚者,新媒体文化中出现了反马克思主义的论调。近年来,有些人打着"民族精神"的旗号反对在中国坚持马克思主义。这些人认为中国要实现社会主义现代化强国必须以"民族精神"作为社会主义文化发展的立足点,而儒家思想代表了中华民族的"民族精神",提出"以儒家思想代替马克思主义",并不断鼓吹"非主流文化的意识形态""超越意识形态论"等等,很明显就是要在中国放弃马克思主义的指导地位。

因此,新媒体环境下必须加强高校社会主义主流意识形态教育。高校思想政治理论课是对大学生意识形态教育的主渠道和主阵地,而"马克思主义基本原理概论(以下简称"原理")"作为高等院校开设的四门思想政治理论课之一,在整个思想政治理论课体系中居于基础和核心的地位,人们说"老祖宗不能丢,很重要的就是马克思主义基本原理不能丢"①。

三、以新媒体技术为依托,强化"原理"课主流意识形态教育

新媒体时代,加强"原理"课主流意识形态教育,必须依托新媒体技术,加强在教学理念、教学方法、教学内容、教学手段等方面的改革,提升"原理"课教学的实效性,强化马克思主义主流意识形态教育。

(一)要抓住"原理"课程的本质,树立新的教学理念

"原理"课是以马克思主义世界观和方法论为主线对学生实施的"三观"的教育,它是知识教育、人性教育,更是一种意识形态教育。

但在"原理"课教学中存在着一种错误的认识,部分"原理"课教师把"原理"教学视同知识教育、知识传授,而忽视或淡化了"原理"课的意识形态教育功能。

---

① 习近平.中国共产党90年来指导思想和基本理论的与时俱进及历史启示[N].学习时报,2011-06-28(1).

在“课程思政”这种“大思政”教育的环境下,作为意识形态教育主渠道的思想政治理论课必须起到领头雁作用,“原理”课教师必须确立一种新的理念:“原理”课程不是技术教育,不是单纯的知识教育,更不是简单的政治教育,而是一种主流意识形态教育;意识形态所特有的阶级性、革命性、批判性使得主流意识形态教育具有不同于其他学科的内在本质。因此,“原理”教学必须强化马克思主义的主导地位,旗帜鲜明地坚持社会主义的理想价值,在意识形态教育领域必须高举中国特色社会主义大旗,为我国社会主义革命和建设的政治理念和社会制度构建合法性论证和辩护,为我国的全面深化改革营造良好的舆论氛围。

(二)优化“原理”课教材内容的供给,打造出契合新媒体时代大学生思想特点的课堂

“原理”课教材重点、难点和知识要点太多,因此“原理”课教师必须优化教材内容的供给,而供给的基本依据就是当代大学生的思想特点及他们的现实需求。

1.“原理”课教师在教学内容的供给上要契合新媒体时代学生的思想特点

由于新媒体的极端开放性和广泛传播性,使得当代大学生的思想空前开放,主体意识增强;他们希望自己的人格被尊重,自己的个性能发挥,自己的缺点能被包容,自己的优点能被关注,自己的权利能得到维护,这也充分说明当代大学生的创新欲望强烈、成才欲望强烈、逆反心理较重。这就要求“原理”课教师找到马克思主义理论与大学生思想深处的契合点,有针对性地选取或增加“原理”课教学内容。

例如,“唯物史观基本原理”是“原理”课教学的一个重点,但教材在处理“个人在社会历史中的作用”这部分内容时,主要辩证地分析了“杰出人物”在历史发展中的作用,缺少了对普通个人在历史发展中作用的肯定,也就缺失了对学生价值引领的教育,因此在这部分可以增加马克思主义经典作家关于人学研究的内容。马克思认为“人是肉体的……现实的,对象性的存在物”①,即人首先是有血有肉的对象性的存在物,肯定了人“逐利”的合理性,没有站在道德的制高点抨击人对物质利益的追求(当然,教育中要正确地引导,明确逐利不能以个人为中心),直接拉近马克思主义与学生的距离。再比如,马克思的“‘偏离运动’就是‘自由意志’”②的创新观念契合了当代大学生追求个性自由以及创新的不从众的思想;同时在当今学生关注的职业选择上,马

① 马克思.1844年经济学哲学手稿[M]//马克思,恩格斯.马克思恩格斯全集(第42卷).北京:人民出版社,1979:168.

② 马克思,恩格斯.马克思恩格斯全集(第40卷)[M].北京:人民出版社,1993:121.

克思主张“在选择职业时,我们应该遵循的主要指针是人类的幸福和我们自身的完美”①这种择业观,这一思想既有社会价值的引领,又回应了学生对自我价值实现的诉求。马克思的这些人学观点很契合当代大学生的思想实际,使“原理”教学能够拨动他们的心弦,与他们的精神世界共鸣、共感、共振,从而于无形之中强化了马克思主义主流意识形态教育的效果。

2.“原理”课教师要以学生的现实需求为轴心选取教学的重点内容

“原理”课的教学目标就是引导学生学会运用马克思主义的观点、方法去分析社会现实问题,解决学生现实中的困惑,让学生体认马克思主义理论的当代价值,因此“原理”课教学要摒弃空洞苍白的说教,必须以学生的现实需求为轴心,在众多教学知识要点中确定教学的重点内容。

例如,围绕2018年以来社会关注的热点之一——中美贸易大战②的教学就易于实现学生的关注需求与教学内容的深度结合。中美贸易战成为社会的舆论焦点后,人们从媒体上随时随地都可以接触到这些信息,学生们也不受时空限制地在新媒体上转帖,发表自己对此问题的看法。笔者在河北传媒学院的学生中发放了300份问卷调查,以考察青年学生对中美贸易摩擦的基本态度及认识等问题,回收有效问卷295份。调查结果显示,有93.6%的学生表示关注,其中高度关注占比达69.7%,5.1%的学生表示偶尔关注,仅有1.3%的学生表示对此“不关注,事不关己”。由此可见,“中美贸易大战”及相关知识已经是当前大学生关注需求的重点之一。但很多大学生认为这只不过是特朗普个人执政的任性表现,是特朗普心血来潮、性格使然。这种认识反映了学生看问题还停留在事物的表象上,而不懂得乃至不善于看到其背后的本质。针对这种情况,作为“原理”课教师就应当运用马克思主义的基本原理,通过对资本本质及资本逻辑的分析,揭示特朗普当前的施政理念绝不是他个人的随性发挥,而恰恰充分反映了其浸淫市场多年而形成的资本思维方式——资本主义社会所特有的逻辑。教师通过深入剖析美国在贸易战中的实际操作,揭露其打贸易战的霸权本质,使学生可以更加深刻地感受到马克思主义的科学性、真理性,感受到马克思主义对于中国乃至世界的重大意义和深远影响。

要及时、准确运用马克思主义的观点、方法去剖析社会现实、热点问题,就要求

---

① 马克思.青年在选择职业时的思考[M]//马克思,恩格斯.马克思恩格斯全集(第40卷).北京:人民出版社,1993:7.

② 中美贸易大战指的是2018年6月,美国政府单方面宣布对中国价值500亿美元的出口商品加征25%的惩罚性关税,标志着美国对中国正式发动世界经济史上规模最大的贸易战。

“原理”课教师要有高度的政治敏锐性和政治鉴别力,时刻关注网络动态,通过新媒体捕捉学生关注的热点、焦点问题,从而确定教学内容重点。

3. 用“原理”课的内容引导消解学生的错误思想,树立马克思主义的正确价值观

“原理”课一方面要用马克思主义基本原理培育学生的科学世界观、历史观、方法论;另一方面必须与他们头脑中的错误观念做不懈的斗争。因为新媒体时代的大学生往往自主自信、个性鲜明、独立性强,但同时也具有排斥理性思考、规则意识差、逆反理论指导、更在乎自我内心感受等特点;如果忽视这些,生硬地灌输理论或严厉地指责学生,势必引起他们的逆反心理,使得教育事倍功半甚至适得其反。

例如,受市场经济和新媒体多元化思想的影响,部分大学生持有拜金主义的价值观,而这是与其追求人的类特性的“自由”的思想相悖的。马克思认为:“一个种的全部特性、种的类特性就在于生命活动的性质,而人的类特性恰恰就是自由的有意识的活动。”①也就是说,“人的自由既在于思想自由,更在于行动的自由”②,以此为出发点引导学生展开思考——资本主义的生产活动是谁的自由和意愿,工人、资本家还是资本?通过逻辑分析得出结论:资本主义生产的真正操控者是没有生命迹象的资本,工人和资本家只不过是资本的傀儡,同样拥有拜金主义价值观的人最终也会沦为金钱的奴隶,丢失了人的类特性——自由的有意识的活动,即人变成了仅仅是为了生存而活动的“动物类”,从而引导学生摒弃错误的价值观,树立马克思主义的正确价值观。

(三)充分利用新媒体加强典型案例教学,增强马克思主义的穿透力和影响力

“原理”课所要解决的问题主要包括:以马克思主义基本原理为指导,引导大学生辩证把握马克思主义的坚持和发展的问题,正确看待社会主义建设过程中出现的挫折和失误;正确认识和理解社会主义制度的优越性和社会主义代替资本主义的历史必然性;正确认识社会主义制度和资本主义制度的本质区别等一系列的理论问题和现实问题;坚持马克思主义的指导地位和发展观,不因东欧剧变而怀疑马克思主义的真理性和科学社会主义理论的科学性;不因西方政治力量、经济和军事的强势而怀疑社会发展的规律性;不因党内的腐败现象和一些社会矛盾的暂时存在而怀疑中国共产党的正确领导性,动摇对改革开放的坚定性。

---

① 马克思. 1844 年经济学哲学手稿[M]//马克思,恩格斯. 马克思恩格斯全集(第 42 卷). 北京:人民出版社,1993:96.

② 顾海良. 马克思主义发展史[M]. 北京:中国人民大学出版社,2009:36.

从上述一系列的教学目的可以看出,“原理”课的教学内容存在概念浓度大、基本原理密度大、纯理论多的现象。如果教师只是照本宣科,纯作理论讲授,必然使学生感到课程索然无味,从而严重影响“原理”课的教学效果。

避免枯燥式的教学,就要生动地讲述“原理”课的教学内容。典型案例教学法应作为首选教学方式,即将马克思主义基本原理融入典型案例,在对案例的分析中解析马克思主义基本原理的精髓。这就要求“原理”课教师充分运用新媒体,选取恰当的有说服力的案例,用马克思主义经典理论和党的最新理论成果对案例做深入剖析,以加强方法论教育。在分析“正确看待社会主义建设过程中出现的挫折和失误”这一问题时,中国特色社会主义的崛起,扭转了东欧剧变后两种社会制度、两种意识形态斗争的总格局,就有诸多的事实可以说明。例如,以国际社会对党的十九大的普遍反映为例,向学生剖析中国特色社会主义道路的成功:据中联部部长宋涛介绍,截至 2017 年 10 月 30 日,共有 165 个国家 454 个主要政党发来 1340 多份贺电函①。这些贺电函寄托期望之殷、来源之广、质量和分量之重前所未有。且这些贺电函(尤其是发展中国家)认为中国的成功是中国特色社会主义道路的成功,是中国特色社会主义制度的成功,是中国共产党的成功。这种正面评价,以这种形式出现,还是第一次,这在以前是难以想象的,足以让学生们感到自豪。同时,在各国政党政要对十九大精神的殷切期待了解中,党和国家组织了 30 多批次的宣介团走向五大洲,向各国主要政党、政治组织、智库、媒体等宣介解读十九大精神。以此为契机,教学设定几个预习问题:十九大为什么会引起国际社会尤其是发展中国家如此高度关注?在国际社会主义遭受严重挫折时为什么中国特色社会主义崛起?十九大精神阐述的党的宏伟蓝图是什么?学生可以通过新媒体平台宣介团的宣介初步了解这些问题,随后在课堂上做深度讨论。在这个过程中,教师要引导学生用马克思主义理论分析问题,让学生深刻体悟到:东欧剧变的原因根本不是马克思主义、科学社会主义不好,恰恰相反,是这些国家的执政党在指导思想和实践过程中偏离甚至背离了马克思主义和科学社会主义。② 而中国共产党在反思中重新审视历史、思考现实,坚持马克思主义的中国化、时代化,开辟了中国特色社会主义道路,从而取得了无可争辩的骄人成就,使科学社会主义在 21 世纪的中国焕发出强大生机活力。中国特色社会主义的成功,本质上是马克思主义、科学社会主义在中国的成功。中国特色社会主义强国宏伟蓝图的实现必须坚持当代中国的马克思主义。

① 吴绮敏,李伟红,杨迅. 进入新时代,中国共产党国际影响力空前提升——中联部部长宋涛就外国政党政要致十九大贺电贺函答记者问[N]. 人民日报,2017-11-01.

② 郑科扬. 让科学社会主义真理之光更加璀璨夺目[N]. 人民日报,2018-04-26.

另外,还可通过学生喜闻乐见的形式——音频、视频等开展教学。例如观看纪录片《珠港澳大桥》,可以让学生更直观地感受中国特色社会主义的崛起,再以党的最新理论成果加以剖析,从而让学生清醒地认识到我国具有"集中力量办大事"的独特的制度优势,从而坚定学生对中国特色社会主义的道路自信、理论自信、制度自信、文化自信,增强学生对马克思主义意识形态的认同。

(四)打造以新媒体为载体的第二课堂,加强主流意识形态的引导

互联网技术的快速发展改变了知识传播平台,学生从互联网获得的信息远远超过"原理"课上所获得的信息。

面对新形势,有的"原理"课教师沉溺于过去,无视新媒体的存在和对大学生的思想影响,以及由此对"原理"课教学改革发出的强烈呼声,仍抱残守缺于传统的"填鸭"式课堂教学,使"原理"课的意识形态教育效果大打折扣。

因此,新媒体时代,"原理"课教师必须适应信息化、数字化形势的要求,主动出击,占领新媒体这块阵地,把马克思主义意识形态教育延伸到课堂之外,打造第二课堂,实现线下线上、课堂内外的无缝对接。

要积极运用"互联网 +"思维,除了利用微信群、QQ 群、微博新闻客户端等新媒体构建顺畅的沟通渠道,增强舆情信息监测,以便在重大政治问题面前做到马克思主义不缺位、不失语外,还可以充分利用课堂派、易云班、蓝墨云班课以及中国大学慕课等 App 里边的教师答疑区、讨论区开展及时而充分的讨论,引导学生运用马克思主义基本原理分析社会的热点焦点问题,从而加强马克思主义主流意识形态教育。

(五)培养具有马克思主义意识形态的意见领袖,使舆情机制得以完善

网络媒体虽然提供了"平等"发表意见的平台,但由于对问题关注的深度不同,有些网民会通过对话平台发表独到的见解而赢得网民的认同,即网络"意见领袖"。所谓网络意见领袖,是指随着互联网技术和新媒体传播方式的发展,在一定的情境下,直接或者间接通过移动互联网传播信息、发表观点并能够在一定范围内或特定领域内引起广泛关注与支持的活跃分子①。一个网络 App 内的网民和网络意见领袖的取向是趋同的,网络意见领袖是一个 App 内的意见引领者,在特定网络 App 内拥有强大的话语权。

但据调查,很多高校在有意识培养网络意见领袖这一方面是完全缺位的,这就使

① 赵鼎. 网络意见领袖统战工作研究[D]. 武汉:华中科技大学,2018:4.

得高校对网络舆论的监管比较薄弱,在重大舆情面前不能及时有效地发出理性的、符合社会主义价值取向的声音,不能充分利用新媒体这块阵地开展马克思主义意识形态教育。

因此,在今后的教学工作中,“原理”课教师有责任培养一批具有马克思主义主流意识形态的网络意见领袖。这些网络意见领袖在大学生喜欢的网络平台积极传播正能量,正向教育引导,营造健康向上的舆论环境,引导学生形成正确的、符合当代主流价值观的理性思维与价值体系,使新媒体成为社会主义意识形态教育的一个有力战场。

总之,在新媒体时代,高校要想加强主流意识形态教育的实效性,必须深入、充分地利用新媒体平台,构筑高校线上线下的意识形态教育阵地,牢牢把控马克思主义主流意识形态的话语权,不断强化学生对以马克思主义为主导的主流意识形态的认同。

〔聂爱芹,河北传媒学院马克思主义学院副教授,主要研究方向:马克思主义理论与思想政治教育;杨克,河北传媒学院马克思主义学院讲师,主要研究方向:思想政治教育〕

新冠疫情下线上教学文献研究*

杭长钊　杭　宇

【摘要】新冠疫情的暴发,让"停课不停学"成为一种新的教学育人方式,教育界以至全社会都面临一系列新的问题与挑战,不仅史无前例,更是世界壮举;不单是普通的线上教学,更是危机防控之下,从政府、高校到社会,从物质、技术到制度,从知识、能力到意志信念的全面大考。学界展开了全方位的理论研究,以线上教学的概念和价值为起点,对线上教学的信息化工具、线上教学资源建设、线上线下授课的区别、线上教学须确立的育人理念、扩展和丰富线上教育内容、线上教学方法和技术手段、线上实践性教学、线上教学的学生管理、线上教学师资队伍建设、线上教学的教学管理、家校合作开展线上教学、线上教学的发展趋势等多种问题展开了深入、广泛的研究,取得了丰硕的研究成果。

【关键词】新冠疫情　"停课不停学"　线上教学　信息技术

受新冠肺炎疫情的影响,大规模的线上教学在全国实施。实践呼唤理论。线上教学理论研究随着实践的深入也如火如荼地开展起来,在较短的时间里,数量可观的研究成果得以问世。笔者收集了近期报纸、期刊以及网络上发表的研究线上教学的言论、工作研究、学术论文、专题报告等,对其摘录梳理和分类,归纳为十三个问题综述于下。主要目的有二:一是对已有成果做一番粗略的检视,以认识该领域的研究进展程度;二是为学界的同仁进一步研究提供资料线索,减轻资料搜索收集之劳。因笔者学识浅鄙,"综"多"述"少,且所收集资料难免挂一漏万,尚祈方家有所赐益。

* 本文在写作过程中,河北传媒学院科研处的董孟怀、古雯业、王敏等同志在文献收集上给予鼎力相助,在此致以诚挚的谢意!

一、线上教学的概念和价值

线上教学的本质是什么？反映这一本质的语词有哪些？新型冠状肺炎的突然暴发导致的史无前例的大规模线上教学，对我国的教育教学、人才培养乃至整个社会发展产生哪些影响，其价值和意义何在？这些带有基础性甚至根本性的问题有力地敲击着人们的神经，闯入研究者的视野。

（一）线上教学的概念和定义

“线上教学/教育”是当前人们使用较为普遍的一种称谓，反映相同含义的概念还有“在线教学/教育”“远程教学/教育”“网络教学/教育”，也有将其称为“空中课堂”等；还有一种特殊的叫法——“停课不停学 +”，如“停课不停学的线上教学”“停课不停学的远程教学”等。特别需要提醒的，在本文的综述中，上述不同语词却拥有同等含义的概念，因被引者使用的不同，将会交叉、混杂地出现。

那么，线上教学的内涵是什么呢？北京师范大学副校长、中国教育发展战略学会常务理事、互联网教育智能技术与应用国家工程实验室技术委员会主任陈丽女士为其做了纲领性定义：在线教育是远程教育的一种形式，它跟传统的以人际直接互动为主要形式的面授教学在本质上有着不同，它是一种师生时空分离、基于媒介的教育教学实践。陈丽进一步阐释道：这种教育教学实践与能够直接、实时、连续互动的课堂教学相比，最本质的区别就是教的行为与学的行为在时空上分离了。①

还有论者把线上教学分为广义和狭义两种不同情况加以阐释。李小妮分析认为，广义的线上教学指借助网络及移动终端等信息技术和设备进行学习，不限于在校学生，各种有学习需求的群体或个体都可以参与的一种学习方式；而狭义的线上教学特指针对在校生通过网络学习的校内课程。②

（二）线上教学的价值和意义

1. 疫情防控期间开展网络教学能够有效阻断疫情向校园传播

对于线上教学的价值，不少论者将其与此次抗疫的需要联系在一起，认为学校也是

① 佚名. 北师大副校长陈丽：在线教育，不是照搬课堂教学那么简单[EB/OL]. (2020-02-18)[2020-02-27]. https://new.qq.com/omn/20200218/20200218A09OLH00.html.

② 李小妮. 线上教学在高职院校大学英语课程中的应用探究[J]. 冶金管理，2020(1)：232.

此次疫情防控阻击战的重要战场,全胜的拼图中不能少了这一块①,而疫情防控期间开展网络教学能够有效阻断疫情向校园传播,同时,也有助高校顺利完成学期教学任务,有利引导居家学生合理利用时间学习知识。② 这可以说是一种最直观的线上教学价值论。

2. 线上教学是一次全面的大考

厦门大学高等教育发展研究中心主任刘振天教授高度评价这场大规模的在线教学,认为它成功开辟了高校课堂教学第二战场,不仅史无前例,更是世界壮举;不单是普通的线上教学,更是危机防控之下,从政府、高校到社会,从物质、技术到制度,从知识、能力到意志信念的全面大考;是行政部门、技术部门、高校师生和社会共同完成的作业,是多方高效务实协作的产物,为探索不同利益相关者共同治理高等教育积累了宝贵财富。所有这些都将对恢复正常教学秩序后的高等教育教学工作产生积极而深远的影响。③

3. 疫情期间线上教学是普及信息化教学、推动教育教学改革的一个契机

多位论者指出,疫情期间线上教学是普及信息化教学、推动教育教学改革的一个契机。陈晓红认为,“停课不停学”的线上教学,不仅是救急,更是教学革命的契机,本次大规模线上教学是课堂教学和信息技术深度融合的大演练,也是未来教学改革的切入点和支撑点。④ 李小妮强调,广义的线上教学由来已久,并非本次疫情的产物,但此次疫情确实为线上教学的发展提供了一个契机,使得线上教学在全国范围内得以实践。⑤ 因此,要化危机为契机,把线上教学当作未来教育变革的一次实战演练,借势而进,加快未来学校建设的进程。⑥

国家数字化学习工程技术研究中心常务副主任刘三女牙更是以“重大战略机遇”评判“停课不停学”的价值。她强调,“停课不停学”不是也不应该是传统课堂简单的线上搬家。这既是面对新冠病毒引发的疫情,在特定情况下的不可替代的应急之举,也是面对未来,重塑教育,创新教育,助力教育现代化的重大战略机遇。⑦

---

① 书宛.“停课不停学”,同步做好复学准备——坚决打赢疫情防控阻击战系列评论[N].钦州日报,2020-03-10(2).

② 吴德银.疫情防控期间职业院校网络教学的困境与对策[J].宁波工程学院学报,2020,32(1):129-130.

③ 刘振天.一次成功的冲浪:应急性在线教学启思[J].中国高教研究,2020(4):7-8.

④ 陈晓红.多措并举,保障疫情下高校线上教学高质量发展[N].湖南日报,2020-03-09(4).

⑤ 李小妮.线上教学在高职院校大学英语课程中的应用探究[J].冶金管理,2020(1):232.

⑥ 王利民.线上教学的挑战不仅仅来自技术[N].中国教师报,2020-03-11(6).

⑦ 刘三女牙.有关“停课不停学”的几点思考[J].中国电化教育,2020,399(4):7.

陈丽教授也强调指出“这次疫情提供了一个契机”——大规模的在线教育实践。全世界还没有哪一个国家有过这样的实践。这种实践需要什么样的技术支持？实践中将呈现何种中国特色的在线教育的规律？这一切都值得研究。中国是互联网大国，我们的在线教育的规模、技术、实践，在全世界范围内都是领先的。如果我们能够借这样的机会共同去探索、揭示这样的规律，有可能为人类的教育理论的发展做出贡献。①

4. 线上教学导致教育教学形态的革命性变化

线上教学有可能导致教育教学形态的革命性变化，促进人们对教育、学校和学习的重新定义。这是冯莉在文中提出的观点。她说，就教育而言，将从象牙之塔走向社会舞台，实现“三度空间”的有机整合，最大限度地体现家庭教育、学校教育、社会教育的“三度空间”重叠融合和缺一不可，助推学生成长从被动走向自我教育时代。就学校而言，将从固定场所走向无边疆域，呈现“社会化学习”的初步样态，顺应了“学习在窗外”“世界是教材”“他人即老师”未来教育的趋向。就学习而言，借书本知识对接真实世界，走向“深度学习”的实践探索，从知识点记忆到高阶思维培养，从单学科设计到跨学科整合，从学科教学到综合育人。②

5. 线上教学推动我国教育事业布局更加合理

祝乃娟对此次疫情导致的大规模的线上教学的价值的评价，突破了学校教学这个狭隘的层面，眼光开阔至我国整个教育事业的布局，乃至更深层次的社会意义：一是实质性地推动了教育信息化的进展。此次在线教育的各种尝试，以及企业与地方教育局的各种合作，使得教育信息化从硬件普及走向了更大范围的教育资源互联互通与共享。二是这将有助于我国教育资源投入均等化。教育资源不均衡一直以来都是我国教育领域的一大痼疾。疫情期间，通过线上教育的不断普及，乡村师生能够享有比以往更便利、更高效的教育资源；一些名校优秀老师的课件，也可以在线共享给需要的地区和人群，从而打破了教育领域时空的界限。三是教育信息化的夯实，也是现代风险社会必备的。疫情突如其来，很多东西都需要临时应对应急，而教育信息化的实质性推进与普及，有利于未来从容地应对各种风险。③

6. 线上教学加速教育科研的发展

这是刘三女牙教授的一个重要论点。她强调指出，“停课不停学”，是加速科学理

---

① 佚名. 北师大副校长陈丽：在线教育，不是照搬课堂教学那么简单[EB/OL](2020-02-18)[2020-02-27]. https://new.qq.com/omn/20200218/20200218A09OLH00.html.

② 冯莉. 从被动应“战”到主动思辨[N]. 中国教师报，2020-03-18(15).

③ 祝乃娟. 做好疫情防控，同时应抓住教育信息化机遇[N]. 21世纪经济报道，2020-02-06(4).

论的突破、教育科技革命的助推器。“停课不停学”的重要技术依托是信息技术,核心的教学空间是信息空间。作为特殊时期超大规模的在线教育实践,很多始料未及的技术问题已经出现,越来越多的人开始追问在线学习基本规律等科学问题,成为当前开展“停课不停学”的重大技术和理论挑战。它推动教育领域和科技领域的管理者和研究者的思考,促进这些问题的突破。① 柳袁照也持类似的观点。他说,此时此刻线上教学一哄而上,是不得已,但是却给我们学校教育科研提供了新的研究课题。②

7. 在线教育为全民终身学习的新的教育体系提供了便利和可能

李小妮强调,互联网不仅能够使原来的学校教育实践得以改进,服务更大范围、更多的人,它也可以让我们探索、生成、传播、培养适应这个时代的特有的知识,并为此提供前所未有的功能。从广义来看,在社会急速发展的今天,全民终身学习已成一种生活方式,在线教育为我们构建服务全民终身学习的新的教育体系提供了前所未有的便利和可能。③

8. 线上教学存在局限性

刘振天评价道,不宜将本次在线教学的效果过于夸大,它毕竟是一次为应对疫情防控而采取的权宜之计,属于应急性临时举措,无论从课程资源、平台技术、组织管理,还是师生教学过程、心理状态,各方面准备还不充分,存在被动成分,甚至不少课程教学采取了简单线上搬家的形式,不是真正意义上的现代信息技术与教学过程的有机融合。所以,其理念、过程、实效、经验也是有限的。④

有论者甚至断言线上教学一定是弊大于利的,只是因为突发的疫情让人们无法权衡,无法选择,只能“宅”在家里接受线上教学⑤,因此并不特别看好线上教学的作用,认为线上教学是一种被逼无奈的选择。

二、线上教学的信息化工具

在研究领域和日常的教学活动中,人们通常把运用于线上教学的信息化工具称为

① 刘三女牙.有关“停课不停学”的几点思考[J].中国电化教育,2020,399(4):7.
② 柳袁照.也谈“停课不停学”[N].中国教师报,2020-02-26(13).
③ 李小妮.线上教学在高职院校大学英语课程中的应用探究[J].冶金管理,2020(1):232-233.
④ 刘振天.一次成功的冲浪:应急性在线教学启思[J].中国高教研究,2020(4):8.
⑤ 孟宪玲.“线上教学”的哲学思考与实践[J].辽宁教育,2020(4)(下半月):25.

教学平台,或网络平台等。[①] 线上教学的实施,离不开信息化的工具,离不开信息化工具的使用。可以说,信息化工具不仅是实现线上教学的技术基础,也是线上教学的一个重要标志。因此,了解信息化工具知识,掌握信息化工具的使用方法、规则和技能,成为当前线上教学理论和实践研究的一项基本内容。当前,人们对线上教学的信息化工具研究方式可归纳为三种类型。

(一)专文介绍教学信息化工具

《论实现线上教学的方法与工具》[②]一文具有代表性。该文将教学信息化工具分为三个部分:

一是线上课程平台。主要是教育部推出的22个线上课程平台,约2.4万门课程。包括爱课程(中国大学MOOC)、学堂在线、智慧树网、超星尔雅等课程学习平台,也包括国家虚拟仿真实验教学项目、Edu Coder在线实践教学等实践类平台,重点推荐了爱课程(中国大学MOOC)和超星学习通。

二是常用的录播工具。包括oCam、Fast Stone Capture、Camtasia Studio、WPS等。

三是直播工具。在一些需要当面解决的场合、紧急召开的会议或者为了加强监督等,直播就成为不可缺少的方法。该文将实现直播的工具分为三类:一类是通用型,比如腾讯会议、QQ群视频、阿里钉钉、华为We Link、OBS、XSplit等:一类是课堂的翻转,主要包括慕课堂、蓝墨云班课、雨课堂;还有一类是某些App应用也提供直播功能,例如企业微信可以用于会议和直播,学习强国也支持视频会议等。

综述者认为,这类研究的价值在于有利于人们全面地了解当前教学信息化工具的发展状态,便于人们更合理地选择适用于自己教学活动的信息化工具。

(二)某一种课程平台应用研究

选择某一门课程,选择某种教学平台,深入研究二者的结合实施教学,有利于人们举一反三地运用现代化教学手段。石佳等人的《基于"智慧树"平台线上教学实践探究——以〈针灸学〉为例》[③]在这方面做出了自己的尝试。智慧树网是全球大型慕课运营服务平台,以独特的"平台 + 内容 + 服务"三位一体的业务模式,

① 李克寒,刘瑶,谢螗旭,等.新型冠状病毒肺炎疫情下线上教学模式的探讨[EB/OL].(2020-04-16)[2020-04-19].http://kns.cnki.net/kcms/detail/61.1317.g4.20200415.1047.008.html.

② 郭依正,焦蓬蓬.论实现线上教学的方法与工具[J].电子制作,2020(2-3):61-62.

③ 石佳,刘密,王超,等.基于"智慧树"平台线上教学实践探究——以《针灸学》为例[J].中国多媒体与网络教学学报(上旬刊),2020(5):34-136.

支持在线式或混合式的教学。该文认为,智慧树网能够帮助机构或教师进行课程的教学设计、课程资源分享、在线教程实施等。该文以“针灸学”的线上教学为例,以智慧树平台构建移动学习环境,从整合课程资源、优化课前设计,结合课程特点、发挥平台优势,课后反思总结、改进教学方法三个环节研究了线上教学的具体实施方法。

(三)作为线上教学活动的组成部分研究

这是一种普遍的研究方法。所有研究线上教学的文章,或多或少、或深或浅,信息化工具使用都是不可或缺的内容。依据研究内容的不同,这种研究亦可细分为三种情况:

1. 简要介绍教学平台的种类、功能和使用方法

李浩总结道:目前,大家在线上教学主要采用的直播平台有雨课堂、腾讯课堂、腾讯会议、超星学习通、钉钉和 QQ 群屏幕分享等。其中,钉钉、腾讯会议和 QQ 群屏幕分享并不主要针对课程知识的传授,而是侧重于与商务的交流和沟通。腾讯课堂通过 QQ 客户端直接进入课堂,凭借 QQ 客户端的优势,实现在线即时互动教学;利用 QQ 积累多年的音视频能力,提供流畅、高音质的课程直播;支持 PPT 演示、屏幕分享等多样化的授课模式,同时还可为教师提供白板、提问等功能。学习通作为教育开放平台的全新产品,拥有的教学功能也非常全面,具有非常优质的线上资源。① 有论者强调,教师应充分发挥各类网络教学平台的独特优势,对课程设计进行重塑完善,在线上教学过程中吸引学生的注意力,引发学生的求知欲,及时监控学生的学习效果,增强教师的“临场感”。②

2. 教学平台使用中常出现的缺陷、困惑

大面积地实施线上教学,这是突如其来疫情倒逼的结果,让广大师生及教育教学管理者一时措手不及,面临诸多困难和不适,而教学平台存在的缺陷就是其中最突出的问题。这方面诟病较多的是网络平台卡顿或崩溃现象。由于全国范围内线上教学对网络带来的巨大压力,许多网站出现了卡顿或崩溃现象。以学习通为例,在上课高峰期难以登录,或登录了无法发起签到,无法学习章节中的材料。③

① 李浩. 高等院校提高线上教学质量方法探究[J]. 河北农机,2020(2):90.

② 杨森,路海. 疫情防控期教师在线教学情况调查[J]. 南方医学教育,2020(1):21.

③ 李媛媛,何娟,李恺. 材料化学课程线上教学初探[J/OL]. 大学化学,(2020-03-20)[2020-04-16]. http://kns.cnki.net/kcms/detail/11.1815.O6.20200320.1419.003.html.

3. 提出纾解教学平台缺陷、困惑的措施

针对教学平台存在的问题，论者从不同角度提出改进建议，如及时改用腾讯课堂及QQ群双签的方式，直接发送相关材料至QQ群内供学生下载学习①；建议老师采用多种平台错峰使用②；不管采用哪个平台直播，必须做好组合式的备选方案或录播方案③；除了走在正面的A计划之外，还要有B计划、C计划来兜底，以确保学生学习活动的全面开展④；运用适合的教学平台和工具，不要刻意追求“高级版本”⑤。书宛则立足于更高层次，以更广阔的视野提出“全社会都应加以关注并伸出援手”的主张，建议排查贫困家庭是否有学生上网课的设备，偏远地区的网络架设密度是否能保证附近的教师和学生顺利上课，教师和学生的流量套餐是否能满足疫情期间在线教学的需求，等等；认为这些精准到小群体乃至个人的前置工作，需要当地基层部门、扶贫工作队乃至网络运营商的配合及援助。⑥

三、线上教学资源建设

“线上教学资源”是线上教学领域的一个重要范畴，是线上教学活动不可或缺的构成要素，也是线上教学的显著标志之一，因此，线上教学资源建设的相关问题成为重点研究对象。

(一)线上教学资源的概念、特点、分类和优势

1. 线上教学资源的概念

线上教学资源又称在线教育/教学资源、数字化教育/教学资源、网上教育/教学资源、数字化课程资源等。

刘大莲等论者将在线教学资源界定为“泛指出现在网络上的和教学相关的一些信息和资源，常见的有教育教学相关的视频、课件、测试习题、电子教材以及相关资料

---

① 李媛媛，何娟，李恺. 材料化学课程线上教学初探[J/OL]. 大学化学，(2020-03-20)[2020-04-16]. http://kns.cnki.net/kcms/detail/11.1815.O6.20200320.1419.003.html.

② 黄勇，杨清德. “停课不停学”——疫情期间线上教学的思考与实施：“2020年教育信息化与教育技术创新学术论坛(重庆会场)”论文集[C]. 重庆：重庆市鼎耘文化传播有限公司，2020：3-8.

③ 李浩. 高等院校提高线上教学质量方法探究[J]. 河北农机，2020(2)：90.

④ 张勤坚. 战“疫”背景下的线上教学[J]. 中国信息技术教育，2020(Z2)：15.

⑤ 张晓明. 线上教学的“为与不为”[N]. 中国教师报，2020-03-11(13).

⑥ 书宛. “停课不停学”，同步做好复学准备——坚决打赢疫情防控阻击战系列评论[N]. 钦州日报，2020-03-10(2).

等等"①。秦京昌将线上教学资源称为"数字化教学资源",对其进行定义时突出了"数字化"的规定性,"主要指经过数字化处理后,在多媒体计算机与网络环境下可运行的多媒体教学材料。根据信息呈现方式将其划分为数字化幻灯片、投影、音频、视频及网上教学资源等"②。当然,这两种定义实际上还简略地涉及了线上教学资源的外延划分。

但是,陆高原对数字化教学资源有更广义的理解,强调提出:"在信息化教学活动过程中,数字化教学资源不仅是学习内容的载体,也是教师组织管理教学活动以及支持学生学习活动的工具。"③

在"教学资源"的基础上,派生出"优质教学资源"的概念。刘大莲等进一步对优质教学资源展开定义,认为其不仅指教学资源中来自名校、名师或各类比赛中获奖的作品,更指从当前大量在线教育资源中筛选出来的有特色的、经分层分类后适合不同层次人群学习的有针对性的精品资源。④ 李丹将在线优质教育资源称为"优质数字化教育资源",并作出了不同于刘大莲的界定,强调"数字化"的性质,认为它是指将计算机技术、通信技术和多媒体技术相互融合而形成的以数字形式发布、存取、利用的高质量教育资源。⑤

2. 线上教学资源的特点

李丹对优质数字化教育资源的特征作出了描述,而实际上就是对一般性数字化教育资源特征的描述,认为其核心特征是数字化、高教育价值;还包括其他特征,即共享性、友好性、互动性、多样性、虚拟性等。⑥ 秦京昌对数字化教育资源的特点作出了自己的归纳,并给予了一定程度的阐释。他认为相较之传统教学资源,数字化教育资源的特点主要表现为六个方面:(1)数字化处理技术;(2)多媒体化处理方式;(3)网络化信息传输;(4)系列化学习资源;(5)智能化应用过程;(6)可操作化资源建设。⑦

3. 线上教学资源的分类

魏武华等论者把网上教学资源划分为两类:一是资源内容,包含教学文件(教学大纲、考试大纲等)、题库、作业库、课件、课程讲授视频等;二是资源建设类型,主要有

① 刘大莲,王丽伟,陈晓华. 城市型、应用型大学混合教学模式探究[J]. 北京联合大学学报,2020,34(2):39.
② 秦京昌. 教学资源的应用研究[J]. 中国农村教育,2020(11):32.
③ 陆高原. 利用数字化教学资源设计组织学生活动——以"1mol 气体体积测定的再研究"课堂教学为例[J]. 化学教学,2020(3):49.
④ 刘大莲,王丽伟,陈晓华. 城市型、应用型大学混合教学模式探究[J]. 北京联合大学学报,2020,34(2):39.
⑤⑥ 李丹. 区域协作服务高校数字化优质教育资源共建共享[J]. 文教资料,2019(5):134.
⑦ 秦京昌. 教学资源的应用研究[J]. 中国农村教育,2020(11):32.

文本、PPT 课件、视频、动画等。① 李丹则作出了四类划分：一是按照存储方式，可以分为光盘存储资源、移动硬盘存储资源、网盘存储资源、专题网站存储资源、云存储资源等；二是按照用途，可以分为公共资源、学科资源、专用资源等；三是按照资源格式，可以分为文字、图片、视频、动画、网页、幻灯片、E-learning 课件等；四是按照组织形式，可以分为 MOOC、微课、实时在线课程、数字图书馆、数字博物馆、VR 课堂等。②

4. 数字化教学资源的优势

与传统教学资源相比，数字化教学资源的载体更具多样性，脱离了纸张的限制，可以通过各种智能终端或者信息发布平台展现在人们面前。这种载体的多样性改变了人们的学习模式，让碎片化的时间得到了高效利用，同时也丰富了知识类型，人们利用信息技术可以实施各类知识的模块化改造，同时还可以根据自己的生活节奏以及学习习惯灵活使用各种教学资源。此外，数字化教学资源还具有很强的互动性，通过声音、触控等方式，让学生们在互动中学习知识，提升了教学工作的沉浸感，对于激发学生们的学习兴趣有着很大的促进作用。③

（二）线上教学资源与信息化教学平台的关系

肖磊强调指出，信息化教学平台和课程资源之间的关系是相辅相成的。在实际的教学活动中，信息化教学平台需要与课程资源共同发展，仅仅依靠信息化教学平台，缺乏丰富的课程资源，则会使信息教学沦为空架子；而只重视课程资源的丰富，忽视与信息化教学平台的有效对接，则难以达到理想的知识传播效果。

肖磊在揭示信息化教学平台建设和教学资源建设关系现状时指出，当前存在着重视教学平台自身的工具和条件建设，忽视了其中教学资源不足的现象；而没有丰富的教学或课程资源则会降低信息化教学的效率。④ 对此，黄勇、杨清德也有同感。他们认为，教学资源是网络教学中最重要的一环，而当前教学资源欠缺或不匹配是一个突出的问题。一些老师习惯于一本教材、一本备课本、一份 PPT，进入教室就上课。面对疫情不得不采用网络教学，部分教师由于线上授课资源较少，加之对网络平台使用方法不熟悉，只能生搬硬套，不能有效把控网上课堂。这也凸显出一个问题：部分教师平时对网络教学模式、网络资源关注较少，正好提醒今后在教学中要大胆采用新模式、新

① 魏武华，罗雅过，侯敏，等. 线上线下混合式教学模式的探索与实践[J]. 计算机时代，2020(3)：88.

② 李丹. 区域协作服务高校数字化优质教育资源共建共享[J]. 文教资料，2019(5)：134.

③ 刘姝虹. 数字化教学资源的应用研究——以英语翻译教学为例[J]. 国际公关，2020(4)：70.

④ 肖磊. 信息化教学平台与课程资源建设研究[J]. 科技风，2020(10)：53.

教法,多准备教学资源。①

(三)线上教学资源建设的主要内容和路径

普晓昆、李远杰从三个方面展开论述:

一是建立互惠互利的课程资源共享制度。该制度应该包括:(1)课程资源共建共享的激励制度;(2)保护资源开发者的知识产权;(3)保护课程资源培育方和投资方的利益。总之,课程资源共享,应综合考虑课程资源开发者、所在高校、投资方三方的利益,达到多赢的目的,从而有利于高校的课程资源共享持续运行。

二是建立课程资源共建共享工作评估机制。可委托具有资质的第三方教育评估机构对课程资源共建共享项目进行评估,还可以让师生对共享课程资源进行评估反馈。根据评估结果,对各高校和课程资源共建共享者给予不同程度的激励。

三是培育优质课程资源,促进共享课程资源的产业化和市场化。学校应该与企业结合,特别是与全球或国内知名第三方平台供应商合作,建立优质的开放课程,让平台把优质的课程资源推向市场。②

(四)线上教学资源建设须加强调研

有论者指出,随着社会和科技的迅速发展,线上教育资源大量涌现,内容丰富、形式多样,在令人欣喜的同时又有些让人眼花缭乱、应接不暇。因此,各院校及其他教学资源使用单位、部门应根据人才培养目标,详细、全面地了解当前线上相关教育资源并从中选择适合课程要求和特点的优质资源。③

魏莹、自青也认为,利用好线上教学资源,深度调研是前提,摸清现状是关键,并列出尝试调研的三个方面内容:一是线上教学资源使用情况的调研。主要包括教师如何进行教学资源的筛选、制作、分发、获取、使用,以及相关线上教学平台的选择,学生居家在线学习的软硬件条件、学习环境、学习困难等内容。二是线上教学资源平台的调研。要对各大平台的主要功能、稳定性,网站上课程资源进行全面的分析评价,找到最符合教学需要的资源。三是学生学习效果的调研。了解线上教学学生每日的学习状态和学习效果,根据学生居家学习的需求,提供适合学生发展的教学资源。④

---

① 黄勇,杨清德.“停课不停学”——疫情期间线上教学的思考与实施:“2020年教育信息化与教育技术创新学术论坛(重庆会场)”论文集[C].重庆:重庆市鼎耘文化传播有限公司,2020:5-6.

② 普晓昆,李远杰.课程资源建设与共享研究[J].计算机产品与流通,2019(12):222.

③ 刘大莲,王丽伟,陈晓华.城市型、应用型大学混合教学模式探究[J].北京联合大学学报,2020,34(2):39-40.

④ 魏莹,自青.疫情期间中小学线上教学资源的选择策略[J].教育科学论坛,2020(14):57-58.

刘大莲等特别提醒，在公共教育平台上，有些资源可以免费获得，有些则需要付费，而哪些资源免费、付费资源费用的高低等也是需要调查的内容。①

（五）线上教学资源建设要以学生学习为出发点和落脚点

魏莹、自青强调，教学资源的选择要以学生的全面发展为出发点。以学生为中心提供个性化服务，为学生提供适合发展的教学资源。线上教学资源的选择要坚持“生命至上、健康第一”理念，要尊重教育规律，尊重学生身心成长规律，帮助学生形成学习的内动力和积极的学习心态。②

刘晓彦从优劣评价的角度，强调要把学生的学习效果作为数字化教学资源建设的落脚点。他认为，数字化教学资源的最终目的是服务教学，评价数字化教学资源的优劣，要以学生的学习效果作为落脚点。因此，数字化教学资源建设不是建设完成就结束，还要应用和推广，通过对学生的学习效果的反馈加以完善和改进。刘之所以如此强调，是以其调研为依据的。通过调研他发现，虽然建设了很多的精品课程，但建成后很多处于闲置状态。究其原因，主要缺乏明确的人才培养目标的定位和用户需求分析。因此，开展数字化教学资源建设必须做好需求分析，针对人才培养定位，对使用对象的学生的特点进行分析，了解学生使用的学习终端、所处的学习环境，以及学习习惯等个性化需求，在此基础上，开发数字化教学资源，为学生提供有效的服务。③

以学生学习为最终目的建设线上教学资源，秦京昌认为必须加强学生培训，增强学生数字化资源应用意识与技能，全面提高学生的信息素养，增强学生应用数字化资源主动学习、解决问题的习惯与技术能力。④

（六）线上教学资源建设的策略

1. 建立教学资源数据库

数字化课程资源建设要把握数据库和信息库的基本方向，要建立起文字、图像、视频、音频为一体的数字化课程资源库，做到对学生兴趣的全面吸引，对教师教学的全面支持，对专业创新和发展的全面保障。⑤

① 刘大莲，王丽伟，陈晓华. 城市型、应用型大学混合教学模式探究[J]. 北京联合大学学报，2020，34(2)：39-40.

② 魏莹，自青. 疫情期间中小学线上教学资源的选择策略[J]. 教育科学论坛，2020(14)：57-58.

③ 刘晓彦. 浅析教学信息化背景下高校数字化教学资源建设[J]. 中国管理信息化，2020(7)：229.

④ 秦京昌. 中职线上教学过程中教学资源的应用研究[J]. 中国农村教育，2020(11)：33.

⑤ 赵宇. 高职院校英语数字化课程资源建设研究[J]. 才智，2020(2)：106.

2. 对教学资源实施再整合

国家、省、市提供了线上教学资源平台,学校要组织教师研究各平台资源的特点,找出适合学校教育教学要求的教学资源,并且统筹利用好优质教学资源,提升教学资源的质量。①。也有论者提出分层次、分等级内化线上公共教育资源,尝试搭建专属平台。在线教育资源的飞速发展,如雨后春笋,层出不穷。应根据人才培养目标及课程的特点和要求,由经验丰富的教师有目的地对线上教育资源进行进一步的归类整理,搭建配合教学过程的专属平台。②

3. 加强数字化资源团队建设

数字化教学资源的建设过程涉及将计算机技术、美学、设计、教育学等多学科知识进行有效融合,但大多数教师很难兼具影像制作、动画设计、媒体剪辑等数字化处理能力。针对这一现状,组建高素质的数字化教学资源建设团队成为数字化资源建设的重要前提。团队成员应包含相关学科的教师、计算机专业人员、影视设计人才等。团队成员之间彼此分工合作,共同实现数字化教学资源的建设。高校组建自己的数字化资源团队不但可以节约成本,而且有利于提高学校的数字化建设水平,可持续发展性强。③

4. 注重教学资源设计的标准和统一

在资源建设过程中,须秉承科学性、设计性、计划性等原则,科学规划资源的内容及形式,注重教学资源设计的标准和统一,有计划、分步骤开展资源建设工作。④

5. 形成"用中建,建中用"的教学资源建设态势

教学管理者须进行现有教学资源的研究、统计、梳理,列出清单提供给任课教师,任课教师结合所授课程,合理选用现有资源,同时适时补充自主创建资源,形成"用中建,建中用"的教学资源流动建设态势。⑤

(七)军队院校数字化教学资源的共建共享

军队院校是我国教育体系中的一个特殊而重要的子系统。一则因为疫情,一则因

---

① 魏莹,自青. 疫情期间中小学线上教学资源的选择策略[J]. 教育科学论坛,2020(14):57-58.
② 刘大莲,王丽伟,陈晓华. 城市型、应用型大学混合教学模式探究[J]. 北京联合大学学报,2020,34(2):39-40.
③ 刘晓彦. 浅析教学信息化背景下高校数字化教学资源建设[J]. 中国管理信息化,2020(7):229
④ 魏武华,罗雅过,侯敏,等. 线上线下混合式教学模式的探索与实践[J]. 计算机时代,2020(3):88.
⑤ 关井春. 技工院校"线上教学管理"探究[J]. 农家参谋,2020(15):192.

为军队院校多校区异地办学的现实,数字化教学资源建设问题也受到关注。相对于地方学校,军队院校开展线上教学研究的成果为数不多,这里着重对研究军队院校数字化教学资源建设的《多校区数字化教学资源共建共享研究》①一文的主要内容予以综述。

2017 年,军队院校和训练机构改革,院校数量精简,很多院校包括多个异地分校区,在多校区异地办学模式下,如何利用优质教育资源提高新型军事人才培养水平,是新时代军事教育工作者需要认真思考的问题。《多校区数字化教学资源共建共享研究》重点提出了下列几个问题:

首先,提出军队院校数字化教学资源共建共享的重点。主张根据技术发展趋势和院校数字化教学资源建设需求进行数字化资源建设,当前的建设重点是教学资源云、智慧教室和 VR/AR 课堂等。

其次,提出军队院校数字化教学资源的共建形式。根据数字化教学资源建设领导管理的形式,分为校机关牵头多校区共建、多校区自发共建两种形式。根据数字化教学资源共建参与方,分为院校自建,军地共建,院校、部队共建,院校、部队、地方共建四种形式。根据数字化教学资源共建依托的平台,分为基于数字图书馆业务工作联盟的共建、基于网络教育平台的共建、基于教学保障合作平台的共建三种形式。

再次,提出军队院校数字化教学资源的共享形式。主要有基于数据资源共享、基于线上教学活动共享、基于信息基础设施共享三种形式。

最后,提出军队院校数字化教学资源的管理措施。一是制定共建共享规章制度;二是健全促建、促用的组织机构;三是探索优化保障方式;四是分阶段逐步实施。

四、线上线下授课的区别

认识事物之间的区别,就是找出事物的特点。而认识特点从哲学角度讲,就是把握事物的特殊性;只有认识和把握了事物的特殊性,才能认识和把握事物的本质。在线上教学研究中,许多学者都从线上线下授课的区别入手,探寻线上教学的特殊性,以求把握线上教学的本质和规律,希冀指导线上教学实践活动更加科学合理地实施。

(一)师生要求、授课理念和评价模式存在不同

李小妮在论及英语教学时,从对师生要求、授课理念和评价模式三个方面阐述了

① 康国钦,李丹. 多校区数字化教学资源共建共享研究[J]. 工业和信息化教育,2020(2):86-90.

线上线下授课的不同。

一是线上教学对师生的要求更高。线上授课教师看不到学生的状态,教和学的行为发生了时空的分离。线下教学教师和学生处于同一个时空中,教师可以根据学生的状态及时调整自己的教学行为;线上教学要求教师能够在看不到学生状态的情况下,通过一系列的教学设计观察学生的学习行为。学生在课堂学习中,有教师的实时监控,学生的专注度会高一些;而在线上学习过程中,学生的学习行为可能会弱化。

二是授课理念不同。线上授课要求以学生为中心,所有的教学设计都是以学生为中心展开的;而传统的课堂教学则以教师呈现知识为主导,教师的主导地位更明显。

三是评价模式不同。传统的课堂教学对学生的评价更注重结果性评价,或者结果性评价和形成性评价占比相同;而在线教学更注重过程性评价。①

(二)时间,空间,受众数量、性质和学生自主性具有差别

对网络教学与传统教学两种教学模式的区别,黄勇、杨清德两位学者关注的角度与李小妮有所不同,他们从时间,空间,受众数量、性质和学生自主性四个层面观察线上线下教学的差异。

在时间层面上,传统教学受时间的限制,学生在有限的固定的课堂时间里接收知识,学习渠道单一,知识来源单一;而网络教学中,学生可以自己安排学习时间,还可以通过网络共享各种信息资源。

在空间层面上,传统教学师生都在相对固定的教室或者实训室学习知识、技能;而网络教学,只要网络设备能满足要求就可做到随时随地学习,提高了教育资源的利用率。

在受众层面上,传统教学老师面对一个班或几个班,讲授一门或几门课程,教师面对的学生是相对固定的;而网络教学,教师可以同时面向很多学生,可以是本校学生,也可以非本校学生,可能是校外专业爱好者,更可能是同行。

在选择层面上,传统教学中,学生按照本班老师的讲解指导进行学习,对知识、问题只能从任课老师处解惑;而网络教学中,学生可以听自己喜欢的课程,可听本班级老师的课,也可听其他班级或者其他学校老师的课。②

① 李小妮.线上教学在高职院校大学英语课程中的应用探究[J].冶金管理,2020(1):232.

② 黄勇,杨清德."停课不停学"——疫情期间线上教学的思考与实施:"2020年教育信息化与教育技术创新学术论坛(重庆会场)"论文集[C].重庆:重庆市鼎耘文化传播有限公司,2020:3-8.

(三)特殊教学对象线上线下有所差异

还有论者针对留学生教学中存在的线上线下教学差别进行了研究。如留学生居家或在宿舍进行线上学习,一方面,由于不在集中的空间授课,课堂氛围不强;另一方面,因为教师不能与学生面对面交流,板书展示也受到一定限制,教师缺乏肢体语言表达,所以对教师的语言能力和课堂组织能力提出了更高的要求。再者,线上教学互动相对难以开展,教师难以发现学生听课中存在的问题,以及学生是否跟上教师思维和教学进度等①。该论者归纳的这些现象,也是需要一般性的线上教学要面对且须思考解决的问题。

五、线上教学须确立的育人理念

有论者明确指出,线上教育也涉及素质教育与应试教育的关系问题②,在传授知识的同时,对学生进行正确的学习方法的引导与自学能力的培养,以及科学精神和健全人格的培养更为重要。③ 许多论者对此都有深刻而自觉的认识,由此提出反映素质教育思想的线上教学育人理念。

(一)“培养学生信息化学习能力”的观念

张晓明指出,卓有成效的线上教学,一定伴随着学生信息素养增强和信息化学习能力提升的附加效能。教师要树立“培养学生信息化学习能力”的观念,善于引导学生学会线上信息采集加工、在线学习交流、信息化同伴互动、问题解决的信息化表达等实践操作,切实提升信息化学习能力;让学生在疫情过后的学习生活中,沉淀下利用信息技术解决问题、信息化思维和探究、信息化表达和交流等能力。④

(二)“引领学生自我管理”的意识

王利民提出要有“引领学生自我管理”的意识。疫情期间,线上教学特别要引领学生“做个有计划的人”。制订学习计划是启动学生自主学习行为的关键,教师要指

① 史瑞明,廉国利,刘丽,等.新冠肺炎疫情防控期间儿科学留学生教学方法探索[J].医学教育研究与实践,2020,28(2):233.

② 柳袁照.也谈“停课不停学”[N].中国教师报,2020-02-26(13).

③ 周红梅.新型冠状病毒肺炎疫情与高等教育变革省思的研究[J].中国现代教育装备,2020(7):7.

④ 张晓明.线上教学的“为与不为”[N].中国教师报,2020-03-11(13).

导和帮助学生积极利用“周计划”学会管理自己的目标和时间,养成独立完成任务、自我监督、自我管理的习惯,形成自我引导的能力。①

(三)“提高学生自主学习能力”的思想

李克寒等倡导“提高学生自主学习能力”的思想。线上教学设计时要考虑授课对象不能面对面的特点,着重讲解基本知识和基本概念,精简教学内容;通过减少讲授时间,把更多时间留给学生,激发学习兴趣并提高学生的参与度,鼓励学生主动使用网络资源,锻炼提高自主学习能力;通过增加提问和讨论的互动环节,把重心从教师转移到学生,吸引学生的注意力,充分调动学生主动学习的能力。②

(四)“完整性育人”的理念

朱福荣认为线上教学“是一种广义的学习”,绝非仅指文化知识学习,更不是单一的网上上课。在此次疫情中,出现了许多涉及道德教育、科学教育、社会教育、生命教育、公民责任等方面的教育素材,也融合了最鲜活的各类学科知识。教育者须根据不同学段、不同学校的实际,充分挖掘疫情带来的课程资源,真正实现“教育性教学”,达到培养“完整性育人”的目标。③

六、扩展和丰富线上教育内容

在疫情这一特殊形势下,学生居家接受线上教育,除了学习学科知识和专业内容外,还应接受其他何种教育?几乎所有关于这一问题的研究,都强调必须利用这一特殊而又难得的教育时机,扩展和丰富线上教育内容,促进学生全面发展。

(一)线上教学内容不只是狭义的学校课程

“停课不停学”的线上教学是一种广义的学习,绝非仅指文化知识学习,更不是单一的网上上课④;线上教学不能只是具体学科知识的“一言堂”⑤;“停课不停学”不是将线下课堂教学直接搬到网上,而是可以多样化;“停课不停学”的学习内容不只是狭

---

① 王利民.线上教学的挑战不仅仅来自技术[N].中国教师报,2020-03-11(6).

② 李克寒,刘瑶,谢螓旭,等.新型冠状病毒肺炎疫情下线上教学模式的探讨[J/OL].中国医学教育技术.(2020-04-16)[2020-04-19].http://kns.cnki.net/kcms/detail/61.1317.g4.20200415.1047.008.html.

③④ 朱福荣,蔡其勇.“停课不停学”须综合设计[N].中国教师报,2020-02-26(6).

⑤ 王沛君.让线上教学呈现更多人文关怀[N].西江日报,2020-03-03(6).

义的学校课程,可以更加广泛。①

那么,线上教学中“广义的”“广泛的”学习包括哪些内容呢?陈晓红主张,倡导德智体美劳“五育”并举,以家庭为“第二课堂”,把爱国主义教育、生命教育、责任教育、亲情教育、感恩教育、经典阅读、体育教育、劳动教育等创造性地融入在线教学,促进学生全面发展。②

(二)广义学习的五项重点内容

朱福荣、蔡其勇也持有与陈晓红相同的主张,他们认为在此次疫情中,出现了许多涉及道德教育、科学教育、社会教育、生命教育、公民责任等方面的教育素材,应当充分利用这些教育素材。朱、蔡概括强调了五个方面的线上教学内容,并对其做了一定程度的展开论述,增强了广义学习内容的可操作性:

其一,丰富的德育内容。此次抗击疫情进一步显示了社会主义制度的优越性,涌现出众多的平凡英雄,出现了很多可歌可泣的感人事迹,是对学生进行爱党、爱国、爱人民和爱社会主义教育的很好的内容。

其二,丰富的安全卫生、生命健康与艺术教育内容。让学生理解生命意义和人生价值,具有安全意识与自我保护能力;还可在家庭开展文化艺术和体育活动,形成或发挥兴趣特长。

其三,难得的劳动教育契机。可以引导学生从疫情阻击战的医务工作者、科研工作者、社区服务者等众多劳动者身上学习其劳动品质;也可以引导学生参加家务劳动。

其四,很好的科学教育内容。可以引导学生学会明辨是非,理性、科学地看待疫情,增强辨别真伪是非的能力;把防控疫情中的一些素材与学科教学结合,解决实际问题。

其五,促进家校共育。教师和家长共同指导学生制订居家学习与生活计划,养成良好的生活习惯、自主学习习惯、身体锻炼习惯。同时,学校和教师还可以指导家长如何陪伴孩子,提高陪伴的质量。③

(三)强调心理健康教育

有论者特别强调了心理健康教育的重要性,指出:疫情期间,学生宅在家里已经有一段时间,不能和往常一样外出,加之复工复产,家长可能又不在身边,内心难免出现

①② 陈晓红. 多措并举,保障疫情下高校线上教学高质量发展[N]. 湖南日报,2020-03-09(4).

③ 朱福荣,蔡其勇. “停课不停学”须综合设计[N]. 中国教师报,2020-02-26(6).

负面情绪。因此,线上教学应该增加心理健康、疫情防控和线上班会课等内容,及时疏导学生内心的负面情绪,让学生在身心愉悦中学知识、长才干,增强防护能力。①

七、线上教学方法和技术手段

线上教学的教学方法与手段不仅有与线下教学的共通之处,更有与其差异之点。把握线上教学方法和技术手段的特点和规律,正确运用线上教学方法和手段,才能保障线上教学的顺利实施,提高线上教学质量。

(一)线上教学方法

1. 线下教学方法在线上教学中的应用

线上教学,如何提高学生的参与度与积极性,是提高教学效率、效益和质量的根本性措施,同时也是线上教学方法研究须重点解决的问题。郭英剑认为,线下课堂教学中经常运用的方法在线上教学中都是适用的,但还有一些问题是线上教学更应该加以注意的,为此,他提出五点建议:第一,恰当安排讲课内容。线上教学应该重视规划好讲授、辅导、解答问题、学生讨论的相关内容,不可教师一人满堂灌。但如果把全部时间或大部分时间交给学生,线上教学组织不力,同样也难以达到效果。第二,合理分配时间节点。线上教学的时间规划要紧凑合理,一堂 50 分钟的课程,教师的讲授内容时间保持在 15 分钟;与学生互动是线上教学的重点,应分配 25 分钟左右;学生自主学习或分组讨论在 10 分钟以内。第三,切忌重复已有内容。线上教学更加注重提前预习,对于已有翔实文字的内容,在介绍与讲解中要尽量避免重复,相信学生的阅读力与理解力。第四,积极反馈学生问题。线上教学,无论课上课下,对于学生的疑问、互动与关切,应及早及时回复,且要及时鼓励、激励学生。第五,注重学生自我管理。②

2. 线上教学方式更须强调多样化、个性化

朱福荣、蔡其勇强调线上教学方式要多样化、个性化,不能照搬传统的教学计划,不能照搬传统的课程表,不能按传统的学校作息时间安排上课,不能把学校课堂环境下的教学直接搬进家庭环境下的学习中。二位论者对多样化、个性化提出了具体设想:可以根据校情、学情以及疫情,设计主题式、项目式、探究性学习,组建学习团队,通

① 王沛君. 让线上教学呈现更多人文关怀[N]. 西江日报,2020-03-03(6).
② 郭英剑. 疫情时期,如何保障线上教学质量[N]. 中国科学报,2020-03-24(7).

过查询资料、网络访谈，形成研究报告、小报、美术作品等；可以开展实践性学习，让学生开展小实验、小制作，创编歌曲、舞蹈、情景剧、游戏，参加体育锻炼、家务劳动，在劳动中增智、健体、育美；可以让学生体验自主学习，适当预习新知、复习旧知，为到校集中学习新课打下一定基础；同时多阅读名著名篇，适当观看经典影视节目，拓展知识面，提升人文素养。①

3. 线上教学须增强仪式感和现场感

黎卫英认为，增强线上教学效果，应当注意增强教学活动的仪式感和现场感。

所谓仪式感，可以用童话书《小王子》里的一句话表达："它就是使某一天与其他日子不同，使某一时刻与其他时刻不同。"在线教学中，首先要把仪式感塑造起来，这对"网课学困生"尤其有效。在线上课堂上，可以这样塑造仪式感：视频签到、打卡，起立，点名，要求"不要随意点赞、随意插话""起立发言，发言后坐下""开麦发言、发言后迅速放麦""衣着整洁、室内背景干净"，等等，让学生真正找到上课的感觉。

所谓现场感，是指教师在课堂教学中对教学概况、学生活动的一种观察、感知和反应的能力。在线教学中，师生处于一种隔空状态，教师要"眼中无人，心中有人"，要随时跟学生实施互动。例如："如果大家听得流畅的话，请刷一波'6'""老师布置的任务大家都理解了吗？如果理解请刷'1'，不理解请刷'0'"，等等。通过这些举措，使师生时刻感知对方的存在。②

（二）线上教学的技术手段

网络和现代通信工具是线上教学须臾不可或缺的技术手段，对其如何运用是当前线上教学研究的一个重要方向。

1. 使用平台和工具的出发点在于有效支持学生学习

线上教学的平台和工具纷繁多样，每个平台和工具都有各自的优势与特点。在线教学并非一场"技术秀"，平台和工具的使用并非越多越好。平台和工具只是为在线教学提供了可能条件，关键在于是否能切实满足教学需求，有效支持学生学习。③

2. 线上教学须采取双平台相结合的方式

双平台相结合的方式即"课程管理平台 + 直播平台"。鉴于网络的不稳定性和安

① 朱福荣，蔡其勇."停课不停学"须综合设计[N].中国教师报，2020-02-26(6).

② 黎卫英.有效开展在线教学的方法与策略探索[J].福建电脑，2020，36(3)：29.

③ 周红梅.新型冠状病毒肺炎疫情与高等教育变革省思的研究[J].中国现代教育装备，2020(7)：5-6.

全问题,为保证学习效率,直播课不应该位于主导地位,只是教学手段的补充。应该采用双平台相结合的方式,可将智慧树、超星学习通等任一平台用于课程管理、互动和留痕,同时选取其他平台用于直播互动。同时要充分利用主题讨论、QQ群、微信群等互动引导学生掌握重点和难点,锻炼学生的自学能力和归纳总结能力,以此减轻网络拥堵以及教师参与直播课的压力。①

3. 直播还是录播应结合实际选择

线上教学选用直播还是录播的方式,李浩指出,这需要结合相应的硬件条件和课程特点来选择,但他总体判断直播优于录播。李浩认为录播方式缺陷较多:一是不能很好地保证全覆盖性和良好的参与性;二是不能确保学生认真学习和观看;三是录制视频前期耗费的时间和精力较多。因此,李浩推荐绝大部分课程采用直播的方式,在精心教学设计的基础上,利用教学平台的特点做好多个备案,和全员学生展开良好的课上互动,要比录播的方式能够更好地提高教学质量。②

4. 线上教学应留有可追溯的教学"痕迹"

提出这一主张的杨森和路海指出,这样做的必要性有三个方面:一方面便于配合学校实施教学管理和督导;另一方面便于教师自身教学使用过程中的查询和对比;再一方面有利于照顾到因网速不好而无法及时上课的学生。教学痕迹有两个类型:一是过程性痕迹,如授课课件、补充材料、互动记录、在线指导、答疑或录课视频等;二是结果性痕迹,如学生提交的作业、批改记录及相关测验等。③

5. 线上教学方法须注意对细节的关照

忽略细节会让直播课的效果大打折扣。为了使直播教学时让教师教学有感、学生学习有序,胡小勇、许婷归纳了直播教学有感的10种方法。

(1)清理电脑桌面。提前清空好自己的电脑桌面,避免把一些可能不恰当的画面直播出去。

(2)关掉通信工具。直播前关闭各种通信工具,避免直播时被莫名其妙的声音所干扰。

(3)设好定时闹铃。提前用手机或电脑做好定时闹钟,严格把握自己的直播授课时长。

---

① 杨森,路海.疫情防控期教师在线教学情况调查[J].南方医学教育,2020(1):21.
② 李浩.高等院校提高线上教学质量方法探究[J].河北农机,2020(2):90.
③ 杨森,路海.疫情防控期教师在线教学情况调查[J].南方医学教育,2020(1):21.

(4)适量给点作业。直播教学时给学生布置适量的各种形式的课后作业。

(5)设计互动环节。直播时设计4~5次能让学生动起来的互动环节。

(6)提前联系建群。以"实名制+手机号码(座机号码)"的方法来确定群昵称。

(7)学有学的样子。要求学生以实名制进入直播平台,在直播教学过程中着装整洁,室内背景干净。

(8)掌控教学节奏。要求学生在直播教学过程中不随意点赞和插话,发言要有序上麦,确保大课堂的直播时教师的教学节奏不被随意打断。

(9)开启真人秀。要求有条件的学生在直播中开启摄像头,师生彼此可见。

(10)做好应急方案。要求学生在网络崩盘时,及时去联系群自学教师录制的回放录像、微课和作业。①

(三)国外线上教学方法手段研究成果介绍

包括教学方法手段在内的教学问题研究与其他领域的研究同理,在了解国内研究动态的同时,我们还必须了解国外研究的发展前沿。因此,介绍国外研究成果,也是学术研究的一项重要任务。魏宁的《在线教学设计的"十二条军规"》主要介绍的就是教育技术领域公认的学术权威理查德·迈耶和他的团队在过去30年间进行的100多项实验,并在此基础上提炼出的针对屏幕呈现方式的12条原则。魏宁认为,迈耶所提出的原则具有相当的普适性,因为不管我们采用何种技术,从最简单的多媒体到先进的VR,最终都会以文本、图像、视频、声音等形式呈现在屏幕上,各种在线教育莫不如此。

(1)多媒体原则:当屏幕呈现"文本+图像"时,效果优于只呈现文本。

(2)空间临近原则:当屏幕呈现"文本+图像"时,二者紧邻的效果优于二者分离。

(3)时间临近原则:当屏幕呈现"视频+解说"时,视频与解说同步呈现,效果优于先听解说再看视频。

(4)相关性原则:当屏幕仅呈现必要的学习内容时,效果优于呈现过多无关内容(如背景音乐、音效、更详细的文字描述、有趣的视频等)。

(5)标识原则:当屏幕呈现的文本中的重点内容被特殊记号加以强调时,效果较优。

(6)通道原则:当屏幕呈现"视频+解说"时,效果优于呈现"视频+字幕"。

(7)冗余原则:当屏幕呈现"视频+解说"时,效果优于呈现"视频+解说+字幕"。

---

① 胡小勇,许婷.让直播教学有感的10种方法[J].中国信息技术教育,2020(Z2):8.

(8)分段呈现原则:当屏幕呈现的学习内容按进度分段呈现时,效果优于一次性连续呈现。

(9)提前训练原则:在正式学习之前进行有针对性的训练,效果优于直接学习。

(10)个性化原则:当屏幕呈现的内容以第一人称或第二人称表述时,效果优于第三人称表述。

(11)语音原则:当屏幕呈现的解说采用真人发音时,效果优于机器合成语音或有口音的发音。

(12)形象原则:屏幕呈现教师形象,不一定能促进学习(除非该形象需要通过肢体语言辅助教学)。

魏宁的文章不仅介绍了迈耶在教学手段方面的操作性成果,而且介绍了迈耶在此领域的方法论思想,如迈耶承认:他的这些教学设计原则有时候适用,有时候也不适用,因为它们都是有边界条件的;这些原则更适用于那些在线教学经验较少的人,而对在线教学经验丰富的人可能不适用。文章强调,这正是一位严谨的科学家应有的治学态度。①

八、线上实践教学

实践教学在人才培养过程中具有重要的地位,但实践教学不同于理论课程教学,更强调学生的动手操作。如何提升疫情防控期间线上实践教学的质量,是一个绕不过去的难题。不少学者察觉到甚至亲身体验到实践教学带来的困扰,加强了对于这一问题的研究。

(一)理工科大学基础课程线上实践教学

张增明的《64学时大学物理实验线上教学方案及其设计思路》之研究,为线上与线下结合开展实践教学提供了一个具有启迪意义的思路。

文章指出,线上教学必须解决四个问题:

第一是实验设备。学生离校在家,不可能利用实验教学仪器,须转变思路,利用身边的设备完成实验。目前的智能手机中配置有大量的传感器,如加速度、压力、时间、磁力计、光强、UPS、陀螺仪等,利用这些传感器可以实现力学、热学、电学、光学等实验数据的测量。

---

① 魏宁.在线教学设计的“十二条军规”[J].中国信息技术教育,2020(Z2):9.

第二是实验内容。特殊时期,线上物理实验教学的目标应以有指导可互动的自主ICIY实验为主。实验内容不能固守教学大纲指定的那些实验,需要以学生能力培养为目标,尽可能拓展丰富实验项目内容,通过不同于大纲的灵活实验实现相同的能力培养。

第三是实验资源。现有的网上资源很多,比如虚拟仿真、爱课程,此外,需要扩大、补充居家可完成的实验项目,这些资源共同组合,可以很好地完成物理实验的教学目标。

第四是教学方案。大学物理实验教学需考虑各校的师生、学科差异,合理设计,系统全面,以提升教学效果。在教育部高等学校大学物理课程教学指导委员会、大学物理实验专项工作委员会及国家级示范中心联席会物理学科组的共同努力下,设计了64学时的线上物理实验方案。①

(二)专业课线上实践教学

有论者结合自己所教专业探讨了强实践性课程线上教学问题。如王先兵针对实践性强的建水课程如何在网上实施教学提出了自己的方案。他认为,这类课程的关键性问题是需要对这些课程的线上资源重新构建整合,主要有七个环节:(1)适合线上教学的建水新形态教材编写;(2)长视频全章节的录制;(3)以知识点讲解为主的短视频制作;(4)以内部结构或系统动作为主的FLASH动画制作;(5)工程现场视频;(6)三维模型加强构建系统;7)实际工程案例的绘制视频。论者又教学准备和教学安排两个环节对该课程作出了设计。②

(三)线上实践教学的考核

线上教学实验课程的考核方法和指标也是需要关注的一个问题。邵冰莓、刘展首先分析了这一问题面临的困难,他们指出:实验教学需考察学生的实操能力和团队协作能力等,在学生无法实操的情况下,无法评价认知型实验中的操作环节,难以判定演示实验后学生能否掌握设备的使用和实验操作的步骤;同样也无法评价综合型实验的团队协作能力,难以判定学生给出的实验方案是否能顺利实现。他们提出的解决方案是:必须建立新的评价体系,综合多方面学习情况建立"线上+线下"教学的综合考核

① 张增明.64学时大学物理实验线上教学方案及其设计思路[J/OL].物理与工程(2020-04-02)[2020-04-18].http://kns.cnki.net/kcms/detail/11.4483.O3.20200402.1045.002.html.

② 王先兵.疫情下《建筑给水排水工程》线上教学探究[J].广东化工,2020(6):251.

评价体系。①

(四)线上实践教学引发的延伸性思考

疫情中线上实践教学面临的困境,引发了人们对疫情结束后教学改革、提高教学保障能力的思考。邵冰莓、刘展得出以下三个方面的结论:

首先,完善基础设施和教学资源。针对疫情中线上教学普遍存在硬软件不齐全的情况,疫情结束后,我国高校应着手完善基础设施,建设能实现线上实践教学的直播教室;还需对无法在实验室以外完成的实验教学内容和需要特殊场地完成的教学展示制作教学视频。

其次,建设线上课程。针对数字化资源不能完全满足线上授课的需求的现状,应考虑必要的基础实验至少能有一门线上课程,保障特殊情况下的基础实验教学。

最后,健全评价指标。针对实验教学评价体系不够全面的弊端,将学生对于实验操作的理论知识、实验设备功能原理的掌握程度也作为重要的评价指标,实操仅作为动手能力考察的一部分,自主实验能力作为实验综合素质的评价,实现对学生的全方位考核。②

九、线上教学的学生管理

"停课不停学"的主体仍然是学生。疫情下,学生学习面临一系列前所未有的新问题。特别是线上教学环境中,学生与老师空间相隔,学生的学习管理出现了课堂上不会出现的各种各样的新现象、新矛盾,尤其是部分学生居家学习纪律性差、自觉性差等问题暴露显著。如何解决这些新问题,是当前线上教学理论与实践研究的一大课题。当前,不少教育工作者注意到这个问题,结合自己的线上教学学生管理实践展开研究,取得了颇丰的成果。

(一)线上教学的学生管理面临的新环境

陈丽观察对比了线上教学与课堂教学环境的不同,分析认为,课堂教学由于教师和学生处于同一个时空,教师在呈现内容的同时,能够看到学生,学生也能够感受到教师。所以教师可以根据学生的反应,甚至精神面貌随时调节自己的教学行为,教的过

① 邵冰莓,刘展."新冠肺炎"疫情环境下实验教学形式多样化的运用[J].力学与实践,2020,42(1):80-83.
② 邵冰莓,刘展."新冠肺炎"疫情环境下实验教学形式多样化的运用[J].力学与实践,2020,42(1):84.

程和学的过程浑然一体。但是,在线教学、远程教学时就会出现教的行为与学的行为不再这样浑然而成了。有可能教的行为只是部分地促进了学的行为,极端的情况下甚至一点儿促进也没有。特别是对于低龄学生来说,如果他们知道教师看不到自己,家长也不在一旁监督,很可能打游戏、看电视、吃零食。所以在线教学过程中,教学行为如何能够保证学习行为的发生,并保证学生能够达到学习目标,并不是一件容易的事情。①

(二)线上教学学生学习常见的问题

李媛媛等老师对线上教学中遇到的六种问题给出了现象描述和解决问题的方案,具有一定的普遍意义。

一是迟到或旷课。针对这些情况,上课前 20 分钟即开始在 QQ 群里使用@功能提醒学生上课时间,对上课前 5 分钟尚未签到的学生,落实到具体的班干部直接电话联系。

二是学习通签到后但未参加上课。可采用“学习通 + 腾讯课堂”双签制度,课前采用学习通签到,上课时腾讯课堂记录每人进出课堂的时间,课程结束时导出名单并与学习通对照。

三是参加上课但未认真听课。采取随机点名提问、随时发布问题、增加课堂测验比重的方式,及时了解和管控学生的在线学习状态。

四是学习视频时快进或切换页面。可通过设置防拖拽、防窗口切换、弹题等,督促学生集中精力。

五是学生端网络掉线。可选择具有回放功能的腾讯课堂实施课程直播,教师将回放的课程视频发送至 QQ 群,学生可以有选择地观看学习。

六是测验或作业题抄袭。测验题目应设置成题库形式;采用学习通发放题目,将其设置成随机抽题、题目乱序的方式;增加主观题目。②

综观上述论者描述的六种线上学生学习现象,主要是针对学生的不良学习行为的管理行为,只有第五种是客观条件不足造成的学习障碍及采取的措施。

(三)指导学生制定好每日作息时间表

有论者主张:每天除半日听课、在线网络学习 4 小时的学习活动外,应指导学生安

① 佚名. 北师大副校长陈丽:在线教育,不是照搬课堂教学那么简单[EB/OL]. (2020-02-18)[2020-02-27]. https://new.qq.com/omn/20200218/20200218A09OLH00.html.

② 李媛媛,何娟,李恺. 材料化学课程线上教学初探[J/OL]. 大学化学,(2020-03-20)[2020-04-16]. http://kns.cnki.net/kcms/detail/11.1815.O6.20200320.1419.003.html.

排好其余时间的学习与休息活动,制定每日作息表,安排不同学科的学习,指导学生养成劳逸结合、张弛相间、按时作息、有规律、健康科学的学习生活习惯。①

线上教学,学生的劳逸结合有其特殊的环境。有论者针对这种特殊性提出对学生的学习时间安排,要体现更多人文关怀。因为线上教学主要是依靠电子软件和电子设备,长时间对着电子屏幕,会造成学生视觉疲劳和思维迟钝,不利于身心健康,或会降低教育教学效果。所以,要针对学生的年龄特点、教育教学特点和具体学科特点,在时间点的选择、时间段的选取、内容的组合搭配上,采取更加科学和有针对性的教学时间安排,做到劳逸结合、身心舒畅,为提高教育教学效果提供保障。②

(四)拟定学习任务电子清单

有论者对此建议:任课教师可拟定一天或一周的学生在线网络学习任务电子清单,电子清单包括学习内容、学习任务、学习目标、学习重点、学习要求、学习方式、作业布置、检查方式及相关学习资源,便于学生自主预习,明确学习任务与目标。电子清单发至班级群里,并同时传给家长,希望家长及时反馈学生在线网络学习情况。③ 其次,在内容与时间两个方面都必须关照“居家”和“线上”两大特征。居家学习课程表不应是学校课表的“高仿”或翻版,从时间上看,还是要将固定时段与自主时间相结合,单独学习时间和亲子学习时间互为补充,以保证学生每天的学习总量达到相关要求。④

(五)优化学习方式

黄勇、杨清德从自主预习时、授课时、辅导答疑三个角度探讨学习方式的优化问题:

自主预习时,教师要指导学生认真阅读教材或学习材料,记下学习疑点与困惑;指导学生抓住自主预习时的知识思维火花,记下理解、感受、体验与心得,整理建构知识。

授课时,引导学生边听边记,记录时可采取关键词、线索词、思路词、标志词等方式快速记住要点。如是点播课,可允许学生返回重看;如是直播课,教师要加强与学生的交流、讨论、探究等互动。

此外,教师要集中一定时间,给学生辅导答疑。辅导答疑要激发学生的问题意识,

---

① 张勤坚. 战“疫”背景下的线上教学[J]. 中国信息技术教育,2020(Z2):15.

② 王沛君. 让线上教学呈现更多人文关怀[N]. 西江日报,2020-03-03(6).

③ 黄勇,杨清德. “停课不停学”——疫情期间线上教学的思考与实施:“2020 年教育信息化与教育技术创新学术论坛(重庆会场)”论文集[C]. 重庆:重庆市鼎耘文化传播有限公司,2020:3-8.

④ 张勤坚. 战“疫”背景下的线上教学[J]. 中国信息技术教育,2020(Z2):15.

由学生积极主动提出问题，教师可从思路点拨、学习资源补充、技巧方法引导、二次深化学习等方面与学生讨论、探究问题，不能直接告知答案。①

（六）注重对学生自我管理的监控

有论者指出，并非所有学生都有学习动力，线上教学亦是如此。除了要求学生加强自我管理外，还应充分利用现代技术，对学生的自我管理以及学习过程予以监控。比如，Blackboard 就提供了一些功能强大的评估工具，据此可以监管学生的学习进度，以此激励他们实现课程目标。②

（七）对学生的学习状态不能硬性对标在校学习的情况

马小强特别指出，学生居家学习期间，环境和心理都有所变化，不可能像在学校一样处在正常的教学秩序和教学管理模式之下，因此学生的学习效率不能硬性对标在校正常学习期间的学习活动。无论是管理“停课不停学”的工作者，还是一线实施教学的教师，抑或是为孩子学习殚精竭虑的家长，都要有这样的心理准备，从而在一定程度上降低焦虑感。③

（八）对线上教学学生学习状态的质疑

有论者在谈到线上学生学习管理时，表现了一定程度的忧虑情绪，列举了线上教学存在的一些问题：(1)学生缺乏学校的规范性管理，能否积极学习、能否进入正常学习状态，值得商榷；(2)无法实现师生互动，枯燥的线上讲解会让学生缺乏学习兴趣，学习效率低下，主动学习欲望下降；(3)教师和学生的身体、心理可能会出现问题；(4)线上教学随意性大，学生的新鲜感大于求知欲，偏向主播式娱乐化的教学方法干扰正常教学秩序；没有标准规范的考核体系，不少学生认为看完教学内容就算完成学习任务了，教师也很难把握学生的掌握程度。④ 综述者认为，这些问题的提出，是论者对线上教学学生学习管理活动细致观察、深入思考的结果，反映了论者对教育教学的事业心和责任心。

---

① 黄勇，杨清德．“停课不停学”——疫情期间线上教学的思考与实施：“2020 年教育信息化与教育技术创新学术论坛（重庆会场）”论文集［C］．重庆：重庆市鼎耘文化传播有限公司，2020：3-8.

② 郭英剑．疫情时期，如何保障线上教学质量［N］．中国科学报，2020-03-24（7）．

③ 马小强．教师如何做好线上教学［N］．中国教师报，2020-03-11（12）．

④ 李克寒，刘瑶，谢蟪旭，等．新型冠状病毒肺炎疫情下线上教学模式的探讨［EB/OL］．（2020-04-16）［2020-04-19］．http://kns.cnki.net/kcms/detail/61.1317.g4.20200415.1047.008.html.

十、线上教学师资队伍建设

教师作为教育者,是教育活动的基本构成要素,其重要性不言而喻,因此,师资队伍建设问题始终是教育理论研究的一个重点领域。突发性的疫情,线上教学的开展,把教师推到了一个新的风口浪尖上,新的教学环境所带来的新的矛盾和问题给教育工作者带来了新挑战,也引发了人们对疫情背景下师资队伍建设问题研究的高度关注和激情,几乎无一研究成果不涉及教师问题。

(一)教师线上教学面临全新的挑战和考验

1. 线上教学教师面临的主观困境

应该说,面对疫情下线上教学这一场突如其来的教学变革,大多数学生没有准备好,大多数教师同样也没有准备好,大家基本是仓促上阵。① 杨森、路海二位所做的疫情防控期教师在线教学情况调查研究结果显示,有21%的教师在疫情发生前从未使用过线上教学,有24%的教师对线上教学的理论与实操不甚了解,有30%的教师对线上教学操作掌握情况不甚熟练,这说明网络教学对教师是一种全新的考验。②

2. 线上教学教师面临的客观困境

如果把上述情况归类于教师困境的主观因素,黄勇、杨清德则从客观方面揭示了教师面临的困境,在突如其来的疫情面前,教师线上教学面临两个棘手问题:一是网络拥堵,二是网上资源欠缺或者不完全与教材版本衔接。③

3. 线上教学教师面临的具体挑战

疫情使习以为常的现场教学被在线教学模式暂时取代,这无疑给广大教师带来了前所未有的考验和全新的挑战。杨永厚撰文提出,当前中小学教师面临着"十大新挑战":一是更新教育观念的挑战;二是转变教学思维的挑战;三是强化心理素质的挑战;四是改革教学方法的挑战;五是运用网络技术的挑战;六是整合教育资源的挑战;七是开展教研活动的挑战;八是关注学生全面发展的挑战;九是进行适时评价的挑战;

① 易和之父. 考验"线上教学",检验"线下教学"[N]. 常州日报,2020-03-02(A4).

② 杨森,路海. 疫情防控期教师在线教学情况调查[J]. 南方医学教育,2020(1):21-22.

③ 黄勇,杨清德. "停课不停学"——疫情期间线上教学的思考与实施:"2020年教育信息化与教育技术创新学术论坛(重庆会场)"论文集[C]. 重庆:重庆市鼎耘文化传播有限公司,2020:3-8.

十是实施家校共育的挑战。①

该文提出的疫情状态下中小学教师所面临的“十大新挑战”,涉及了中小学教师当前线上教学所面临的主要问题,具有较强的概括性。但必须认识到:一是这些新挑战不只是中小学教师所面临的,也是高校教师所共同面临的挑战;二是该文提出的“十大新挑战”只是提出了问题,并没有展开深入的分析论证,为其他学者进一步研究提供了思考的线索,留下了发挥的空间;三是“十大新挑战”的提法有值得商榷的余地。如第一个“更新教育观念的挑战”中所批评的“那种‘停课不停学’中的‘学’,只是学习文化课的观念显然是片面的”,主张学习“还包括品德、心理、科学、健康、体育等知识及能力”,而实际上,被该文所否定的学习观不是疫情状态下线上教学才面临的问题,早在20世纪90年代提出素质教育时就广遭质疑了;再如,第一个挑战与第八个挑战的内容实质上是同一个问题。

(二)疫情下的线上教学促进教师信息素养的提升

1. 疫情给全国教师提供了提高信息素养“大练兵”的机会

随着信息时代的来临,信息技术被广泛应用于教育领域,提升教师的信息素养成为师资队伍建设的一项迫在眉睫的重大任务。有论者观察线上教学情况后认为,在强大实际需求的推动下,就提升教师的信息素养和能力而言,这次疫情所带来的冲击和产生的客观效果,可能会比一些主动组织的、针对教师的培训效果还要好,还要扎实,几乎给全国教师提供了“大练兵”的机会;这次疫情下的教学方式变革,教师无论是在意识上还是在技能上,都必将迎来华丽的蜕变,信息技术与教育教学的融合也必将得到进一步的延伸和生长。②

2. 教师信息素养提升的主要内容

必须认识到,线上与线下教学相结合的混合式教学是一个必然的趋势,教师必须把握这一趋势,对于这一趋势对教师信息素养提出的要求以及如何借助教育信息化提升自己的信息素养有所思考和准备。对此,王营撰文主张教师应从两个方面为自己的信息素养充电、补课:一是补信息技术课,尽快掌握在线教育操作技术;二是补理论课,掌握与信息技术相关的学习理论。③

---

① 杨永厚.“十大新挑战”:中小学教师何以应对[N].中国教师报,2020-03-18(6).

② 马小强.教师如何做好线上教学[N].中国教师报,2020-03-11(12).

③ 王营.教师该怎样应对线上教学[J].甘肃教育,2020(5):7.

3. 教师信息素养提升的基本着眼点

梁勇从三个层面论述了教师信息素养提升的基本着眼点。首先,在认知层面,教师必须对新技术具有敏感性和开放性。面对"数字原住民",教师应该研究和理解学生基于网络信息的沟通、学习和探究的方式和特征,对新的数字技术保持开放态度。其次,在实践层面,教师必须学会运用技术解决问题。教师学习技术的目的是解决教育教学问题,而解决问题的过程反过来会促进教师的技术提升。最后,也是最重要的,在教育层面,教师必须要教会学生运用技术解决问题。学生运用技术解决问题是教师运用技术的最终目的。①

(三)教师在疫情期间线上教学中的身份、地位和作用

1. 线上教学教师的五种角色

李平锋提出,在抗击新冠肺炎疫情这一特殊时期,"停课不停学",教师应扮演好五种角色。第一个角色,是"生命的守护者"。疫情特殊时期对学生的守护,超越了课堂、跨越了校园,教师要以"生命守护者"的专业职责与定力,采用现代教育技术传播文化知识和防疫科学知识,对学生进行人文关怀与心灵抚慰,全方位保护他们的身心健康,保障居家学习活动有效开展。第二个角色,是"孩子的陪伴者"。特殊时期师生之间产生了物理距离,教师应当注重陪伴的方式与方法,教师要通过掌握互联网设备的操作,实现信息技术与学科教学相融合;要采取适当的方式指导学生在家自主学习;要提炼隔空传递的教学内容;要突破课堂教学的模式,引导并培养学生适应新环境自主学习的能力。第三个角色,是"资源的提供者"。教师应将课堂面授的教学资源转换成自学为主的学习资源,针对网上学习特点、学科特点,从实际出发,精选资源、优化配置、分层分类有效提供。第四个角色,是"心灵的抚慰者"。教育的本真,是心灵之间的温暖接触与感应。在疫情面前,师生之间跨越课堂的心灵感应,无疑是共克时艰的最好良药。第五个角色,是"人生的引路者"。病毒给我们带来了灾难,也让我们知道了许多鲜活感人的故事。教师要善于把握教育契机,从抗疫故事中选取素材,指导学生树立正确的世界观、人生观、价值观。②

2. 线上教学班主任的"五员"身份

任述庚在《"停课不停学"对班主任工作的新要求》中专门论述了班主任在疫情期

---

① 梁勇. 信息时代的教育需要教师信息素养的提升[J]. 中国信息技术教育,2020(Z2):12.

② 李平锋. "停课不停学",教师应扮演五种角色[N]. 中国民族报,2020-03-10(3).

间应担任的角色，即当好“五员”：第一，当好疫情防控的宣讲员、指导员。宣传疫情的严峻、病毒的危害；指导学生做好个人防护；教育学生不信谣、不造谣、不传谣；引导学生静心思考，引发学生对生命、敬畏、责任、担当的思考。第二，当好学生线上学习的检查员、督促员。课前提醒学生准备教材、电脑或手机，检查网络是否畅通，按时参加学习；课后督促学生及时完成作业、及时向科任教师反馈停课情况。第三，当好统筹各方的协调员。协调好班级科任教师之间、班级教师和学生之间以及家庭和学校之间的关系。①

任述庚关注的线上教学班主任的身份问题，其研究对象虽然比较特殊，适用面相对较窄，但与李平锋的“五种角色”论异曲同工，对教师思考自己在疫情中的特殊身份、地位和作用都有启迪意义。

(四)疫情下教师线上教学工作的重点

教师疫情下线上教学的工作重点是什么？陈晓红揭示认为，在这一问题的认识和行动上，目前存在着不理想状态。在线上教学的准备和开始阶段，许多高校教师首先甚至唯一关注的是教育的“方法和技术”。这是可以理解的，但不是理想的。只有把握了教育的灵魂，教师才是信息技术的主人。陈晓红强调，需要以执着向前的决心和毅力突破当前重“形”轻“魂”的在线教学困境，将教师从技术应用的疲惫中解脱出来。②

学者们对疫情下线上教学教师工作的重点是什么也有不同看法。杨润芝认为，线上的学案与线下的学案，本质上没有区别；与线下教学比较，线上教学要多考虑技术运用的现实问题。例如，如何将学科教学与网络平台尽量完美结合，即如何从平台技术支撑角度来组织实施学科教学等。③ 马国新对线上教学教师工作重点展开分析道，疫情下的居家学习强调自主学习和主动学习，这种学习方式是网络时代和终身学习社会所必备的学习素养。当前学生获取知识的渠道特别丰富，所以教师的工作重点不是录制课程，而应当放在帮助学生拟订学习计划、明确学习任务上来，放在回答学生的各种疑难问题和激发学生的学习动力上来，引导学生开展研究性学习、项目式学习，并定期及时对学生的学习状态及学习成果进行评价。④ 张莉等论者更是明确提出，教师更应

① 任述庚．“停课不停学”对班主任工作的新要求[N]．岳阳日报，2020-03-17(6)．

② 陈晓红．多措并举，保障疫情下高校线上教学高质量发展[N]．湖南日报，2020-03-09(4)．

③ 杨润芝．线上教学，教师何为[J]．教育研究与评论(中学教育教学)，2020(2)：1．

④ 马国新．用整体思维规划线上教学[N]．中国教师报，2020-03-11(6)．

该是线上教学的设计者,应将更多时间投入教学内容创意上。[①] 可谓仁者见仁,智者见智。

(五)学校对教师的评价和管理要有新思路

1. 对教师工作成效的评价应考虑疫情的影响

开展在线教学工作,教师的工作内容发生了很大的变化,教师投入教学的时间则是成倍地增长,但可能还是很难达到预期的教学成效。因此,当通过学生的学习成效以及课程考核来评价教师时,教学管理部门需要有所考虑,不能简单照搬或平移,需要有新思路。[②]

2. 加强对教师线上教学方法的指导

杨森、路海认为,学校应加强对教师线上教学的指导,充分发挥教师发展中心的作用,提供各教学平台的在线教学指导课,还可整理远程授课的不同方法并制作教程攻略,鼓励广大教师学习"互联网+"时代智慧课堂的教学设计以及信息化教学工具的使用,全面提升教师的信息化素养。二人还主张在对教师的指导中重视对案例的运用,学校相关部门应从多角度来挖掘、搜集、整理在线教学中涌现出的优秀教学案例,向全校推广。[③]

3. 对教师须有针对性地重点帮扶

张莉等人主张,要把掌握在线教学媒体技术能力有限的教师作为培训的重点对象。他们指出,不同的教师掌握在线教学媒体技术的能力是不同的,对于掌握在线教学媒体技术能力有限的教师,所在系或学科应给其配备技术支持教师,帮助其顺利开展在线教学活动。[④]

十一、线上教学的教学管理

突如其来的疫情导致的线上教学,不仅给教师的教和学生的学带来一系列的挑战,而且也让各级教育管理工作者的教学管理面临许多未曾遇到过的新问题,迫切需

① 张莉,刘健,孙波,等.新型冠状病毒疫情下生理学线上教学模式的探索与思考[J].医学教育研究与实践,2020(2):224.

②④ 张莉,刘健,孙波,等.新型冠状病毒疫情下生理学线上教学模式的探索与思考[J].医学教育研究与实践,2020(2):224.

③ 杨森,路海.疫情防控期教师在线教学情况调查[J].南方医学教育,2020(1):21-22.

要理论研究予以回答。

(一)线上教学的教学管理有三项主要任务

关井春提出,线上教学的教学管理主要有三项任务:第一项是线上教学平台的选择。线上教学平台一般可分为两类:一是线上专用教学平台;二是成熟的即时通信工具。线上教学平台的选择可以采用学校提供与教师自主选择相结合的形式。第二项是线上教学资源的准备。资源的准备是线上教学成败的关键。教学管理者须进行现有教学资源的研究、统计、梳理,列出清单提供给任课教师;任课教师结合所授课程合理选用现有资源,同时适时补充自主创建资源,教学资源形成“用中建,建中用”的流动才更有价值。第三项是线上教学实施的管理。要想推动线上教学进程,教学管理者必须针对线上教学创新管理思路,教学管理者应考虑线上教学实施的统一管理,包括对教师工作的管理、学生学习的管理以及教学资料的管理,同时考虑相应的激励措施,以提高推广使用线上教学的成效。①

(二)借助大数据平台实施精准管理

有论者认为,线上教学须实时监测,创新教学质量监管。在智慧型综合服务平台的基础上,应创建教学过程实时监测大数据平台,精准采集线上教学全过程状态数据,对教学要素进行个性化分析和评价,构建精准扶教、扶智新形式和教学质量管理新生态。②

(三)在线教学的管理须具有弹性

张莉等提醒,不能将原来的传统教学管理方法简单地移植到在线教学中。教学管理部门要支持、宽容对待特殊时期采取的特殊教学模式,这些新的教学模式对于很多教师与学生来说都是新生事物,具有很大的挑战性,教学管理部门应该积极鼓励,允许创新,只要是有效的做法,都要积极鼓励。比如,不能硬性规定采用哪种直播授课方式,特殊情况需要特殊处理,只要能保质保量地完成教学任务都应该鼓励。③

(四)形成多团队合作管理模式

朱福荣、蔡其勇强调线上教学管理“贵在形成多团队合作模式”。所谓“多团队”,

① 关井春. 技工院校“线上教学管理”探究[J]. 农家参谋,2020(15):192.

② 陈晓红. 多措并举,保障疫情下高校线上教学高质量发展[N]. 湖南日报,2020-03-09(4).

③ 张莉,刘健,孙波,等. 新型冠状病毒疫情下生理学线上教学模式的探索与思考[J]. 医学教育研究与实践,2020,28(2):224.

具体由“五个团队”构成:一是学校管理指导团队,校长带领团队把握方向;二是学科课程开发团队,在学校的总方案下策划主题、专题,师资互补,协同备课、制作微课等;三是教育技术支持团队,由学校的信息技术教师、艺术教师以及在网络技术、配音配画方面有特长的教师组成,协助文化课教师备课、制作微课等,解决一些技术难题;四是心理辅导团队,把在心理咨询、辅导方面有专长的教师组织起来,对学生、家长、教师开展适当的心理疏导;五是危机应急团队,由专人统一规范解释、疏导,设立咨询电话,并告知教师、学生和家长。①

(五)线上教学管理须防止“形象工程”和“面子工程”

赵晨熙强调,此次全国范围内开展“停课不停学”,对教育部门以及学校、学生和家长而言是一大挑战。相比传统教学模式,线上教学方式更多样,但面临的问题也更多。从目前暴露出的问题来看,有些被搞成了“形象工程”和“面子工程”。为此,必须让“停课不停学”回归教育本质,确保好经不被念歪。②

十二、家校合作开展线上教学

完整的教育体系是由家庭教育、社会教育和学校教育共同作用于学生的发展。而传统教育默认了“教育等于学校教育”、教育即“学校—教师—教材”的三位一体。这次疫情有望重塑师生和家长对教育的认知与理解,最大限度地体现家庭教育、学校教育、社会教育的“三度空间”重叠融合和缺一不可,助推学生成长从被动走向“自定义、自学习、自成长、自建构、自创造”的自我教育时代。③ 因此,家校合作育人的相关问题,以急切的姿态进入教育工作者的研究视野,成为线上教学研究的热点话题之一。

(一)线上教学导致教育场域发生重大变化

有论者分析了家校合作开展线上教学的背景,认为疫情防控期间“停课不停学”导致教育的发生场域有了重大变化,最典型的特征就是从学校转移到了家庭,这为家校合作提供了良好的实践场域。④

冯莉对这种教育场域变化带来的好处做了下列分析:学生的学习空间从学校转移

① 朱福荣,蔡其勇.“停课不停学”须综合设计[N].中国教师报,2020-02-26(6).

② 赵晨熙.让“停课不停学”回归教育本质[J].宁波经济,2020(3):45-46.

③ 冯莉.从被动应“战”到主动思辨[N].中国教师报,2020-03-18(15).

④ 张琦,史志乐.疫情防控下,线上教育要切实发挥积极作用[N].社会科学报,2020-02-27(1).

到家庭,少了控制管理和学习环境,多了自主决断和自我管理;同时,增加了与家人长久相处的时间,体验了与家人共同学习的特殊经历。这不仅有利于重建亲密关系,也让学生获得了家庭亲情的孝道滋养,学会相处之道。特殊时期把家庭教育的重要价值凸显出来。①

学校应注重将家庭作为学生学习的"第二课堂",把爱国主义教育、生命教育、责任教育、亲情教育、感恩教育、经典阅读、体育教育、劳动教育等创造性融入在线教学中,促进学生全面发展。②

(二)学校应发挥家校合作的主导作用

从对倡导疫情期间线上教学实施家校合作的研究成果分析,论者不约而同地把学校作为家校合作的主要矛盾方面,认为教师应充分发挥主观能动性,引导家庭、家长发挥育人价值。如提出学校和教师可以指导家长如何陪伴孩子③;教师要借助线上课堂设计活动引导孩子与家长互动,帮助家长创造教育子女的环境和机会④,等等。"指导""引导""帮助"等词语的频繁应用,无疑是在强调学校(教师)须在家校合作中发挥主导作用。

(三)家校合作中家庭和家长育人作用的具体形式和内容

马国新在文章中提出了家校合作中家庭和家长发挥育人作用的具体形式和内容。如开展"家风家训"征文活动;爷爷奶奶或爸爸妈妈给孩子讲家庭故事,讲家庭的好传统;开展家庭讲座,让孩子给家长讲新冠肺炎疫情发生的原因及防护知识,讲述疫情中的榜样人物,讲述历史上的疫情事件,让孩子找到学习的动力和成长的方向,学会有道德的生存和有意义的生活,并给生命以价值。⑤

(四)家校合作中线上三点联动教学运行模式

田林、寇越等设计提出了"教师—学生—家长"三点联动反馈式线上教学运行模式。他们解释说,一般情况下的线上教学,主要由教师和学生构成两点式线上教学运行模式,疫情中学生只能在家线上听课学习,而嘈杂的家庭环境很难让学生认真听课学习,家长要发挥重要作用。首先保证线上教学过程中家庭的安静,提供良好的网上

① 冯莉. 从被动应"战"到主动思辨[N]. 中国教师报,2020-03-18(15).

② 陈晓红. 多措并举,保障疫情下高校线上教学高质量发展[N]. 湖南日报,2020-03-09(4).

③ 朱福荣,蔡其勇. "停课不停学"须综合设计[N]. 中国教师报,2020-02-26(6).

④⑤ 马国新. 用整体思维规划线上教学[N]. 中国教师报,2020-03-11(6).

教学环境;线上教学过程中,家长应关注学生听课的专注程度,及时向教师反馈学生的听课状态;教师根据家长反馈,采取点名、签到、提问、布置作业考查等方式提醒学生专注听课学习,提高在线听课的学习效果。①

(五)家长的评价应纳入课程评价体系

吴德银则提出通过改变课业评价方式,将家长的评价纳入课程评价体系,发挥好家长在育人中的作用。疫情防控期间,学生居家学习,学校和教师要充分利用好这个机会,在课业评价的过程中积极发挥家长的作用,注入家长评价要素,让家庭教育回归到学生成长的过程之中,真正形成学校和家庭的合力。吴德银主张家长评价须占课业评价的 30% ,其中,听课状态 15% ,实践表现 15% 。②

吴文的这一观点有其创新价值,但也有值得商榷之处。该观点在具体评价方式上有过于理想化的色彩。试想:哪位家长在事关自己孩子学业的评价上为自己的孩子打低分? 而且无法考查其评价的客观性。

十三、线上教学的发展趋势

疫情引发的我国大规模的线上教学引发了教育界的广泛关注,随着疫情逐步缓解,学校复课的逐步实现,线上教学未来如何发展、走向何方,成为教育界关注的一个新的话题,许多学者对此作出了自己的预测。

(一)现代信息技术的发展使得在线教学更完善、更普遍

陈丽认为,随着通信技术的发展,基于网络的人际交互效果会越来越好,大数据技术能够使在线教学过程中教的行为和学的行为被记录下来,实现精准的教学监控过程,而人工智能技术则可以根据过程监控数据实时推送学习内容并告诉教师学生对知识点的反应。所以,现代信息技术的发展使得在线教学更完善、更普遍,并将成为推动整个教学变革的重要力量。③

① 田林,寇越,费迎红. 疫情期间土木工程专业线上教学运行模式研究[J]. 山西建筑,2020,46(6):172-173.

② 吴德银. 疫情防控期间职业院校网络教学的困境与对策[J]. 宁波工程学院学报,2020(1):132.

③ 陈丽. 在线教育,不是照搬课堂教学那么简单[EB/OL]. (2020-02-18)[2020-02-27]. https://new.qq.com/omn/20200218/20200218A09OLH00.html.

(二)教师和学生的信息素养迅速提升

汪红信等在论及高校在线教育的未来发展趋势时,认为在线教育必然有力地促进教师和学生的信息素养迅速提升。除此次疫情期间的临时培训外,政府部门、各大高校和教育企业也会注重对教师信息素养的培养和提升,例如把信息素养纳入人才考核标准中,鼓励教师录制线上配套课程等,从而避免在重大突发事件下的技术恐慌和本领恐慌。学生也会渐渐适应这种在线学习模式,平时采用"线上线下混合教学"的模式能够极大地锻炼学生的客户端 App 操作能力和数字化学习能力①。

(三)网课将会成为高校大学生的"第四课堂"

姚光庆等分析认为,由于新冠肺炎疫情蔓延,借此契机网络课堂成为主角,此为偶然,也是必然的发展趋势。可以预计,由于网络课程学习的时间、地点、内容相对灵活,信息量大,以及空间不受限制等优势,网课将会成为各类高校在校大学生的"第四课堂",是对线下第一课堂(指校内课堂教学活动)、第二课堂(指校内课余活动与科技训练活动)和第三课堂(指校外教学基地实践训练活动)学习的有益补充。2020 年毫不夸张地成为网络课程大爆发元年,是大学生"第四课堂"新纪元,"第四课堂"成为新时代教与学的新空间。

姚光庆等乐观地预测,随着网络课堂的推广和发展,课程建设会更加完善,资料积累会更多,学生的选择余地会更大,师生们的使用积极性会更高,使其辅助支持课堂学习。高质量的网络课程,对于学生学习的支持是巨大的,也极大地促进了个性化学习和特长生学习。目前,中国慕课课程总量已居世界第一,实实在在地推动了教学理念、方法、技术、方式和模式的变革,使人人可学、处处可学、时时可学的终身学习梦想得以实现。第四课堂的未来会逐渐多样化,越来越便捷,质量越来越高,将会在大学学习乃至今后的继续教育领域发挥重要作用。②

(四)建立"互联网+教学"的常态化机制

吴德银在研究当前职业院校的线上教学时,对疫情结束后学校网络教学与线下教学的结合问题展开思考,提醒教育界须统筹考虑疫情结束后网络教学与线下教学的有效衔接,推动信息技术与教育教学的深度融合,大力推进教育教学改革,引导教师转变

---

① 汪红信,胡舒婷,徐进.新冠肺炎期间"停课不停学"高校在线教学案例分析[J].现代商贸工业,2020(15):165.

② 姚光庆,王华,任双坡,等.网络课堂:大学生的"第四课堂",教与学的新空间[J].中国地质教育,2020(1):50,52.

教学理念,不断创新"互联网 + 教学"模式,提升教师的信息技术应用能力,建立"互联网 + 教学"的常态化机制。①

(五)在线教学与课堂教学混合式教学,"新鲜感"走向"新常态"

教育部高等教育司司长吴岩概括疫情期间在线教学形态的发展过程,指出复学后在线教学将从"新鲜感"走向"新常态"。他进一步分析认为,在线教学导致教学形态两个方面的变化:"物理变化"和"化学变化"。学校正常开学之后,在线教学仍然可以进行,可以跟课堂教学并行,甚至于形成混合式教学,这是物理变化;还有一种更深刻的"化学变化",在线教学过程中总结出来的教和学的技术方法,包括内容和标准、评价和范式,都会使教学发生更为深刻的变化,再也不应该也不能回到疫情前的老常态,而要进入新的常态。② 与"新常态"概念相类似,张晓明则提出"建构线下线上相结合的新教学生态",提出恢复课堂教学之后,应该自觉、有效地保持疫情特殊时期所形成的"自主学习"能力,把线上学习这个过去校外培训机构的"专利",变成科学嵌入学校教学的"奇兵",找到信息化支持下自主学习的新突破口,建构线下线上相结合的新教学生态。③

(六)线上教学不可能在短时间内取代线下教学

但是,也有论者对线上教学是否会成为未来的发展趋势抱有疑虑。他们认为线上教学暴露出了很多问题,比如说网络不好导致视频卡顿、学生学习偷懒等一些问题,比起线下教学还是差了很多;而且学生有问题,不能得到教师的及时解决,教师也看不到学生的学习表现,这给教学就造成了很大的问题。因此,虽然现在互联网的发展很快,而且也被广泛地运用于教学中,可是,这并不代表以后线上教学就能替代线下教学模式,线上教学不可能在短时间内取代线下教学。④ 戴先任也持相同的观点,认为开启"线上模式",并不意味着"线下模式"将从此式微。线上教学还难以取代线下教学,比如在学校集中学习,更有学习氛围,学生之间、学生与教师之间能够进行"良性互动",这些都是在线教育所难以复制的。所以,学校开启"线上校园模式",更多的是权宜之计,校园内的歌声、朗读声才是人们更迫切希望听到的声音。⑤

---

① 吴德银. 疫情防控期间职业院校网络教学的困境与对策[J]. 宁波工程学院学报,2020(1):13.

② 樊未晨. 教育部:复学后在线教学将从"新鲜感"走向"新常态"[EB/OL]. 中国青年报客户端(2020-05-15)[2020-05-19]. http://news.cyol.com/app/2020-05/15/content_18614048.htm.

③ 张晓明. 线上教学的"为与不为"[N]. 中国教师报,2020-03-11(13).

④ 线上教学是否会成为未来的发展趋势? 教育专家给出了答复[EB/OL]. (2020-02-19)[2020-03-01]. https://new.qq.com/omn/20200219/20200219A0Q3JG00.html.

⑤ 戴先任. 让"线上模式"呵护好"教育薪火"[N]. 中国财经报,2020-02-20(7).

十四、结　论

综观当前线上教学理论研究形势和成果，可以发现以下三个较为突出的特点：一是研究者和媒体反应快。新冠肺炎暴发后，教育部于2020年1月下旬即预见性地下发通知，要求2020年春季学期延期开学并做好“停课不停学”工作，全国2亿多大中小学生借助互联网开展了线上教学活动。理论研究对实践的反应非常迅速。其中，报纸是反应速度最快的媒体之一。2020年2月7日，《光明日报》就发表了《“停课不停学”不是提前学》的工作性研究；2月11日，《人民日报》发表了《莫把“停课不停学”的好经念歪》的纠偏性指导文章。专业性的和地方性报纸也在第一时间就“停课不停学”的问题纷纷发表相关言论，对在线教学作出指导。出版周期较长的学术期刊反映同样迅速，如《南方医学教育》在2020年第1期即发表《疫情防控期教师在线教学情况调查》，对线上教学中的重要角色——教师面临的问题给予客观反映和理论思考。二是参与研究者类型多。大规模的线上教学是所有教育工作者面临的重大挑战，这一全新的课题，激发了他们开展教学理论研究的巨大热情。从一线教师到教学管理者，从学校教育工作者到政府教育行政机关工作人员，从任课教师到教育研究机构专职研究人员，都积极主动地参与到线上教学研究中来，形成了不同层次、不同视角的线上教学观察视野，大大增强了线上教学研究成果的立体性。三是研究内容覆盖领域宽广。从所收集到的文献分析，在较短的时间内，线上教学研究内容涉及了教学要素的方方面面，除了教学目标、教师、学生、教学内容、教学方法、教学手段、教学管理、教学评价等传统的教学要素外，一些线上教学所特有的教学要素也成为学者们选题的新宠，如线上教学平台知识及使用、线上教学资源建设、线上线下教学结合，特别是“停课不停学”环境下家校合作育人的问题，都是线上教学研究成果中的耀眼亮点。四是运用媒体多。学者们的研究成果运用多种媒体发表和反映，既有传统的报纸、期刊，也有网络和电视，不仅扩展了线上教学研究成果的传播维度，也加快了线上教学研究成果的传播速度。

但同时我们也必须承认，“停课不停学”开展的时间还不长，其规律暴露得还不充分，人们对其认识还需一个逐步深入的过程。辩证地看待当前的研究现状，成果虽多且快，但不可避免地存在某些缺陷：一是经验性较强，理论性不足。有相当一部分研究成果是论者的感性认识，未能上升到应有的理论高度，普遍意义有限；有些研究成果只是工作研究，严格地说还不是学术文章。二是操作性较强，学术层次较低。很多研究成果是介绍线上教学的基本程序和操作技巧，一些研究成果甚至是介绍某一门课程的线上教学的具体方法。这在线上教学开展初期,面对大部分教师手足无措、急需技术性指导的现实是无可厚非的,也确有其价值。但这毕竟是技巧性的、应急性的研究,层次相对较低。随着线上教学的不断深入,相信人们的认识水平必然会相应地提升,研究的选题和成果也必然会发生新的飞跃,从而更加深刻且立体地认识、把握线上教学的规律和特点。

〔杭长钊,河北传媒学院科研处教授,传媒与艺术研究所研究员,主要研究方向:高等教育理论,期刊编辑;杭宇,国防大学政治学院政治机关工作系军队群众工作教研室讲师,主要研究方向:军队政治工作理论,军队群众工作〕

大学生自主学习与规划量表的探索性构建

穆德佳　朱席席

【摘要】本文探讨了自主学习与规划的测量结构并编制了针对大学生的量表项目。选取石家庄市6所高校的大学生,采取网络调查法,设计了电子问卷。将样本数据随机分半,样本1数据主要用于项目分析和探索性因素分析,样本2数据主要用于验证性因素分析和问卷信效度检验。项目分析、探索性因素分析和信效度检验应用了SPSS21.0统计软件,问卷的验证性因素分析采用了mplus7.1统计软件。通过访谈、问卷调查、因素分析、信效度分析等方法,系统研究了大学生自主学习与规划量表。探索性因素分析结果表明大学生自主学习与规划问卷的影响因素有三个:学习的内动力、学习的计划与执行、学习的自我认知与未来规划。经过修订和完善后,该量表能够作为大学生自主学习与规划能力的测量工具。

【关键词】大学生　自主学习与规划　量表　信效度

一、引　言

目前,国内学术界对自主学习的称谓并不统一,国外学术界对自主学习的称谓也相对繁多,如自我监控学习(Self-monitoring learning)、自我管理学习(Self-management learning)、自我计划学习(Self-planned learning)、自我调节学习(Self-regulated learning)、自我定向学习(Self-directed learning)、自我教育(Self-education)、自我指导(Self-directed)、主动学习(Active learning)等。

对自主学习的内涵,学术界尚未形成较为统一的看法。由于研究视角和理论立场之间存在差异,研究者在对自主学习的研究中往往更侧重于强调其中的某一方面,如主动性、独立性、监控性和自我定向性等不同的方面。汇总国内外学者的观点,可以发现,学者们对自主学习的理解主要有三类,即学习能力论、学习过程论和学习方式论。

学习能力论者把自主学习看作一种能力。在实际的研究过程中,学习能力论者将自主学习作为一个完整的独立系统,并通过分析影响因素对自主学习的影响程度,对其开展研究。若学习者能够在学习中对各个影响因素合理调控,则其就具备自主学习的能力。美国著名专家奇默满认为,学习的自主性主要取决于学习者对环境、社会、时间、方法、动机和学习结果六方面是否具有完全的自主掌控能力,如对环境改善、方法调节以及学习结果评估反馈等要素的控制能力。①。董奇、周勇指出自主学习是学习者根据其自身从事的学习活动而进行的相应的自我控制与自我调节的能力,主要有明确目的、编制规划、安排时间、履行规划、分析结果、完善修正等能力。②。庞维国通过横向分析,认为学习者的充分自主性主要体现在学习动机、学习内容、学习策略、学习时间、学习结果评估等各个方面的自主选择和自主调控能力。③。

学习过程论者把自主学习看作一个过程。研究者认为自主学习是作为一类事件(event)而存在的,强调这一事件发生的动态延续性,在自主学习中存在多个子过程。自主学习是一种以构建性与主动性为特征的学习过程,通过确定学习目标、监督、控制和调节等子过程,依据具体情境,发挥约束与引导动机、认知和行为的作用。④。学习者经过预测、计划、对比和评价完成整个学习行为的过程,并适时对学习作出调整。⑤。学习者在充分考虑外部因素影响的基础上,通过一些具体化的子行为实现个人计划目标。⑥。周国韬指出,自主学习的学习者在实现学习目标的整个过程中会更为积极地将行为与认知同学习活动、学习进程有机结合⑦。庞维国更进一步指出自主学习的本质在于对学习全过程的阐释,他认为完整的自主学习包括学习的前、中、后三个阶段:前期学习者能结合自身明确的学习目标,构建学习计划,完成学习准备;中期学习者能对自己实际的学习过程给予应有的监督、反馈和调节;后期学习者可以完成对学习成果的成果评估、自我总结、自查自纠和自我改良,则这一学习过程属于自主学习。⑧

学习方式论者把学习看作一种学习方式,认为自主学习是与研究性学习、合作性学习相区别的一种学习方式,其最大的特点在于学习者具有很强的自主、自觉、自控的

---

① ZIMMERMAN B J, MARTINEZ-PONS. Construct validation of a strategy model of student self-regulated learning[J]. Journal of educational psychology, 1988, 80: 284-290.

② 董奇,周勇. 论学习的自我监控[J]. 北京师范大学学报, 1994(1): 8-14.

③⑧ 庞维国. 自主学习:学与教的原理与策略[M]. 上海:华东师范大学出版社, 2003: 2-4.

④ PARIS S G, PARIS A H. Classroom applications of research on self-regulated learning[J]. Educational psychologist, 2001, 36(2): 89-101.

⑤ COLLEEN J H. Social foundations of thought and action: a social cognitive theory[J]. Englewood Cliffs, NJ: Prentice-Hall, 1988, 5(1): 37-38.

⑥ BELL B S, KOZLOWSKI S W J. Adaptive guidance: enhancing self-regulation, knowledge, and performance in technology-based training[J]. Personnel psychology, 2002, 55: 267-306.

⑦ 周国韬,张林. 初中生自我调节学习策略的运用与学业成就关系的研究[J]. 心理学科学, 2001, 24(5): 612-619.

学习意识，能够通过个体意志的主动性完成目标规划、自测自评、自我修正，最终实现学习目标。余文森等指出自主学习是一种与他主学习相对立的学习方式，自主学习使得学习者成为自己学习的主人，对整个学习具有完全的控制权。①

越来越多的学者把自主学习作为一项学习能力展开深入研究，并先后提出了对自主学习结构的设想和构建，在此基础上逐步开发相应的测量工具。美国现代认知心理学家奇默满在 1994 年提出了包含动机、方法、时间、学习结果、环境、社会性六要素在内的自主学习模型，但该模型并未构建相应的量表。美国心理学家韦恩斯坦设计的学习策略量表 LASSI(Learning And Study Strategies Inventory)以大学生为被试，主要用于测量大学生在学习过程中对学习方法和策略调整的灵活运用程度。② 国内学者董奇、周勇从计划、准备、意识、方法、执行、反馈、补救、总结八个方面针对学生的自我监控学习行为，设计并完成了"自我监控学习行为问卷"③。周国韬设计的"学业成就动机测量问卷"由能力感子问卷和学习策略子问卷两部分构成，共计 32 题，运用五点计分方式。④ 庞维国提出的涵盖动机、内容、方法、时间、过程、结果和环境七要素在内的问卷模型包含了 113 题。纪海英设计的"学生自主调节学习问卷"以 70 个题目包罗了奇默满自主学习模型的六个要素。⑤

本研究采用学习能力论的自主学习概念，认为自主学习是学习者在学习活动过程中所展现出的自我调节与自我控制能力，具体包括订立可行性目标、编制可行性规划、选择可行性方法、合理规划时间、积极策略调整、计划执行能力、结果分析反馈、采取矫正策略等能力。在新时代背景下，自主学习中的学业规划能力对大学生有重要意义。学业规划能力是自主学习能力的重要组成部分，有针对性地自我规划，客观分析环境，根据自身的优势和劣势执行计划，有助于大学生在适应社会需要的前提下，充分地自由发展和创造性地发挥个人才能。目前，国内虽然有针对大学生和中小学生自主学习能力 4 监测的量表，然而，针对大学生这个独立群体的监测量表主要是从学习方法、策略或自主调节等因子为出发点，对大学生学业规划能力因子方面的测量却相对较少。本研究依托大学生这个独立群体，着重突出学业规划能力的重要性，将本研究的核心概念界定为自主学习与规划能力，以此为基础展开研究。

① 余文森，林振声. 有意义学习——素质教育在课堂教学中的落脚点[J]. 中国教育学刊，1999(2)：4-45.

② WEINSTEIN M. Are the new high temperature superconductors strong coupling systems[J]. Modern physics letters B, 01(07n08)：327-334.

③ 董奇，周勇. 论学习的自我监控[J]. 北京师范大学学报，1994(1)：8-14.

④ 周国韬，初中生学业成就动机量表的编制[J]. 心理学科学，1993，16(6)：344-348.

⑤ 纪海英，中学生自我调节学习能力的发展及其与学业成就的相关研究[J]. 滁州学院学报，2005，7(5)：97-100.

二、研究过程与方法

(一)初始问卷维度及项目确定

1. 自主学习与规划问卷理论维度的构建

自主学习心理模型常被应用于解释自主学习构成的成分和内在机制。近些年,外国学者陆续构建出许多自主学习心理机制模型,逐步开始实现对诸多自主学习因素的系统性整合。自主学习心理机制模型的构建对分析自主学习能力的构成要素,剖析要素之间的相互影响关系具有深刻的意义。

经过文献分析,比较有代表性的自主学习模型主要有三个。奇默满融合了班杜拉的环境、个人、行为的互决定论思想和自我调节思想之后构建出新的自主学习模型,并两次修正和完善了模型。奇默满指出,自主学习与一般性学习的共同特征均会受到环境、自我、行为三大要素的相互影响。① 美国得克萨斯大学新闻学院教授麦库姆斯针对自主学习模型中自我系统的结构和过程做了系统的分析描述。他指出自我系统发展是自主学习能力产生的根源,具有自我意象、自我概念、自我价值等结构要素,并且能够反映学习者个体对自我价值、能力和特点等特征要素相对稳定的认识。② 20世纪末,美国学者巴特勒和温内从信息加工视角解释了自主学习的内在机制,进一步完善了自主学习模型。该模型将整个过程划分为四个阶段,主要包括任务界定(一阶段)、目标设置和计划构建(二阶段)、策略执行(三阶段)、元认知调节(四阶段)。③

综合自主学习的内涵及以往研究者提出的自主学习模型、测量结构等,突出学业规划能力,本研究将自主学习与规划结构划分为五个维度:学习的内动力,即强调学习的内在动机;学习的计划与主动性,即能够主动制订有关学习的计划,采取相关的学习策略;学习的执行与坚持,即在自主学习过程中对学习计划的执行和学习策略使用的坚持能力;学习的自我监控,即在学习过程中对学习计划和结果的监控能力;学业未来规划,是指对学业的整体规划能力。

---

① ZIMMERMAN B J, MARTINEZ-PONS. Construct validation of a strategy model of student self-regulated learning[J]. Journal of educational Psychology, 1988, 80:284-290.

② MCCOMBS B L. Self-regulated learning and academic achievement: a phenomenological view[M]//Self-regulated learning and academic achievement: theory, research, and practice. Sringer-Verlag New York Inc., 1989:51-82.

③ DEBORAH L B, PHILIP H W. Feedback and self-regulated learning: a theoretical synthesis[J]. Review of educational research, 1995, 65(3):245-281.

2. 问卷项目的收集与修订

在文献分析的基础上，参考美国教育学博士古列尔米诺（Gugliemino，L. M.）的自我导向学习准备调查问卷（Self-Directed Learning Readiness Scale）、董奇的学习自我监控量表、庞维国的中小学生学习自主性量表、许海元的大学生生涯规划能力问卷等，本着项目与维度对应、表述清晰的基本要求，编制问卷初稿，包含22个题目。

为保证问卷内容的可靠性和有效性，预测前邀请了一所大学的师生（教师6名，学生6名）和"大学生自主学习与规划研究"课题组对问卷展开审阅，并根据审阅反馈意见，修改了某些表述不清楚的项目，合并了语义相近的项目，最终形成预测问卷。预测问卷共计20道题，包括1道反向计分题和19道正向计分题；计分方式采用Likert5点计分法，"1"代表"非常不同意"，"5"代表"非常同意"，得分越高（反向题反之），表示学生自主学习与规划能力越强。

（二）被试选取

本研究选取石家庄市6所高校的大学生，采取网络调查法，即设计电子问卷，鼓励大学生参与调查。共收集2000份全样本，其中有效问卷1828份。男生774人（42.3%），女生1054人（57.6%）。专科生317人（17.3%），本科生1422人（77.8%），专接本学生89人（4.9%）。被试年龄在17～22岁之间，平均年龄19.37岁。

将样本数据随机分半，样本1数据主要用于项目分析和探索性因素分析，样本2数据主要用于验证性因素分析和问卷信效度检验。

（三）数据处理方法

项目分析、探索性因素分析和信效度检验应用了SPSS21.0统计软件，问卷的验证性因素分析采用了mplus7.1统计软件。

三、结果与分析

（一）项目分析

首先，求出每个大学生自主学习与规划预测问卷（20题）上的总得分；然后按总分高低排序，把得分最高的27%作为高分组，得分最低的27%作为低分组，采用独立样本t检验分析高低分组在每个项目上的差异。结果显示，高低分组学生在问卷每个项目上的得分均存在显著差异,由此可见,预测问卷中的 20 个项目具有较高的区分度(见表 1)。此外,对项目之间和项目与总分之间进行相关性分析,发现各项目之间的相关系数在 0.173 ~0.711 之间,项目与总分之间的相关系数在 0.519 ~0.783 之间,达到显著相关,说明各项目之间存在较强的相关性。

表 1 独立样本 t 检验分析

项目	T 值	项目	T 值
X1	13.730 ***	X11	28.493 ***
X2	20.547 ***	X12	25.950 ***
X3	24.694 ***	X13	24.587 ***
X4	19.689 ***	X14	30.602 ***
X5	11.974 ***	X15	18.322 ***
X6	25.660 ***	X16	27.191 ***
X7	27.419 ***	X17	25.614 ***
X8	30.225 ***	X18	18.533 ***
X9	23.595 ***	X19	22.943 ***
X10	31.081 ***	X20	14.344 ***

注:*** 表示 $p<0.001$。

(二)探索性因素分析

1. 探索性因素分析

完成样本 1($n=942$)的 KMO 检验(Kaiser-Meyer-Olkin)和巴特利球体检验(Bartlett's test of sphericity),发现大学生自主学习与规划预测问卷的 KMO 取样适当性度量值为 0.955(>0.8),巴特利球体检验近似卡方分布值 $\chi^2=10559.576$($p<0.01$),表明本次研究数据适合用于探索性因子分析。

随后完成了预测问卷的探索性因子分析。在因子分析过程中,采用主成分分析法提取特征根大于 1 的因子,采用具有 Kaiser 标准化的斜交旋转阀对因子载荷矩阵旋转,提取因子负荷大于 0.40 的项目;根据项目对某一因子具有较高负荷同时必须具有较高共同度的筛选原则,删除了双重负荷太高的项目(第 16 题),最后得到三个因子,共 19 个项目,三个因子累积方差贡献率为 60.439%(见表 2)。

表 2 自主学习与规划探索性因子分析

题项	因子 1	因子 2	因子 3
x1		0.864	
x2		0.799	
x3		0.839	
x4		0.762	
x5		0.502	
x6		0.548	
x7	0.799		
x8	0.687		
x9	0.654		
x10	0.665		
x11	0.802		
x12	0.875		
x13	0.883		
x14	0.719		
x15			0.845
x17	0.547		
x18			0.513
x19			0.672
x20			0.848
特征根	9.002	1.299	1.183
方差贡献率(%)	47.380	6.835	6.224
累积方差贡献率(%)	47.380	54.215	60.439

2.探索后因子命名与解释

第一个因子包括 9 个题项,其具体内容指向:学习新课前,我会自己安排预习;我会为学习制订清晰的目标及计划;对于作业和考试中出现的错误,我会主动并及时地纠正;为实现自己的目标,我会主动严格要求自己;我坚持在完成学习任务后再做其他事情;对于已经制订的学习计划,我能够保质保量地完成;对于今天能够完成的学习任务,我不会留到明天;不管是在课堂上还是自己学习的时候,我都能认真、高效率地学习;我会对自己某一个阶段的学习情况做总结。该因子命名为“学习的计划与执行”。

第二个因子包括 6 个题项,其具体内容指向:我觉得学习是一件无聊乏味的事情;学习新知识富有挑战性,我感觉很棒;我对学习充满兴趣;我想学习的东西很多,希望每天能多几个小时学习;我真的觉得,学习是自己的事情,不是为了家人、老师或其他人;即使没有老师和家长的要求,我也会主动查找资料、寻找资源进行学习等。该因子命名为“学习的内动力”。

第三个因子包括4个题项,其具体内容指向:我能清楚地认识到自己在学习中的优势和薄弱之处;我感觉学习对于我实现未来目标很有帮助;我清楚自己未来学习的方向和规划,并努力去实现它;我尝试了解自己、认识自己,想清楚未来要成为一个什么样的人。该因子命名为“学习的自我认知与未来规划”。

3. 验证性因素分析

采用最大似然法(maximum likelihood estimation, MLE),该方法主要的指标有四个参数,分别是因子方差、因子负荷、因子间的协方差与误差方差。每个参数均包含标准误、参数估计值、显著性概率P值与临界比值。① 完成对样本2(n = 942)获得数据的验证性因素分析,得到的模型拟合指数见表3。

表3 自主学习与规划验证性因素分析

模型	χ^2	df	χ^2/df	TLI	CFI	RMSEA
指标	664.164	149	4.457	0.932	0.941	0.062

各指标的拟合指数标准为:χ^2/df是直接检验样本协方差矩阵和估计协方差矩阵之间相似程度的统计量,其值越小,拟合度越高,当χ^2/df小于5时,认为模型可接受。NNFI和CFI越接近1,拟合度越高,大于0.90表示数据支持理论构想。RMSAE是近似误差指数,低于0.08表示可接受,低于0.05表示有非常好的拟合。根据相关文献研究和探索性因素分析的结果建构要验证的模型,包括学习的内动力、学习的计划与执行、学习的自认知与未来规划,各项拟合指数基本达到要求,说明大学生自主学习与规划问卷的结构模型拟合情况良好。

(四)信度和效度检验

1. 信度检验

为了考查问卷的可靠程度,对大学生自主学习与规划问卷以及三因子(学习的内动力、学习的计划与执行、学习的自我认知与规划)采取了克隆巴赫系数(Cronbach's alpha)的检验方式。结果如表4所示。

---

① 林莉兰.基于三维构念的大学生英语自主学习能力量表编制与检验[J].外语界,2013(8):73-80

表 4 自主学习与规划信度分析

	学习的内动力	学习的计划与执行	学习的自我认知与规划	全问卷
同质性信度	0.847	0.913	0.752	0.926
分半信度	0.758	0.906	0.818	0.934

研究的总问卷标准化克隆巴赫系数达到0.926,问卷各个维度的克隆巴赫系数在0.752~0.913之间。研究的总问卷分半信度系数达到0.934,问卷各个维度的分半信度系数在0.758~0.818之间。结果表明,各因子的内部一致性系数可以接受。

2.效度检验

为了验证大学生自主学习与规划问卷的效度,采用了相关法。结果如表5所示。

表 5 大学生自主学习与规划问卷各维度间的相关分析

因子	学习的内动力	学习的计划与执行	学习的自我认知与未来规划	自主学习与规划
学习的内动力	1			
学习的计划与执行	0.706**	1		
学习的自我认知与未来规划	0.611**	0.627**	1	
自主学习与规划	0.875**	0.941**	0.779**	1

结果显示,各维度间的相关在0.611~0.706之间,维度与总分的相关在0.779~0.941之间。问卷各维度间的相关系数要低于各维度同问卷总分间的相关系数,说明问卷的内部结构效度良好。

四、结　论

本研究以自主学习为切入点,结合相互学习模型,针对大学生完成了大学生的自主学习与规划问卷设计。最初设计的五个维度,包括学习的内动力、学习的计划与主动性、学习的执行与坚持、学习的自我监控和学业未来规划。学习的内动力即强调学习的内在动机,是刺激、引导学生学习的主要力量;学习的计划与主动性指学生能够主动制订有关学习的计划,并根据不同的学习内容与目标采取相应的学习策略和方法;学习的执行与坚持指在自主学习过程中学生对学习计划的执行能力和对学习策略使用的坚持能力;学习的自我监控指在自主学习过程中学生对学习计划和最终学习结果的检查验收能力;学业未来规划是指学生对学业的整体规划能力。

经仔细查看项目分析、统计结果,学习的计划与主动性,学习的执行与坚持的部分项目以及学习的自我监控与学业未来规划的部分项目有所重合。所以本研究将原五因子模型改为三因子模型,分别是学习的内动力、学习的计划与执行、学习的自我认知与规划。学习的内动力是自主学习的基础,是推动大学生学习的内在动力,包括对学习必要性的认知、学习的兴趣,等等。学习的计划与执行涵盖了五因子中的学习的计划与主动性、学习的执行与坚持,指大学生可以制订与学习内容和目标相匹配的学习计划,并可以长期坚持执行自己的学习计划的能力。只有制订正确适合的学习计划,确保计划落实,并在实行的过程中不断完善计划,才能够提高学习效率。学习的自我认知与规划是指学生对自己的了解,尤其是学习能力的自我评估和观察,并对自己的学习有一个长远、全面的发展计划,根据自己的特点制定属于自己的学习方案;方案是因人而异的,是对未来整体的行动方案,只有这样才能很好地利用自身优势、开发潜能,拥有最佳的个人发展方向。三因子结构可以全面概括最初的设计假设,与最初设计基本一致。各因子的相关系数要低于同问卷总分间的相关系数,表明大学生自主学习与规划问卷的结构较好。

本问卷采取了克隆巴赫系数的检验方式。总问卷 α 系数为0.926,分半信度达到0.934。验证性因素分析的各项拟合指标达到要求,说明编制的问卷具有良好的信效度,可以作为大学生自主学习与规划问卷的测量工具。

〔穆德佳,河北传媒学院学生处心理健康中心讲师,主要研究方向:心理健康教育;朱席席,河北传媒学院新闻传播学院辅导员,主要研究方向:基础心理学〕

信息与管理

大数据技术助力新冠病毒科学防疫的功能

赵 昆

【摘要】在新型冠状病毒疫情的暴发和持续发展期间,加强科学防治成为防控疫情工作的重点。利用大数据技术加速病毒研究与疫苗研发,互联世界传染性病毒数据库,有助于新冠病毒科研攻关;利用大数据技术实现有效防控指挥部署和精准施策,加强涉疫违法乱纪打击力度,优化医疗物资的生产组织与调度,有助于提升疫情监测管理效能;利用大数据技术创建疫情防控检查站录检系统,创建疫情防控核查追踪数据库,有助于形成疫情防控预警系统;利用大数据技术建立公开透明化信息窗口,打造线上自动化问诊平台,有助于稳定社会防疫秩序。

【关键词】大数据技术 新冠病毒 科学防疫

2019 年年底,新型冠状病毒(简称新冠病毒)疫情的暴发,是一场突发的重大公共卫生事件,更是一场联防联控联动的“阻击战”。面对这场突如其来的“战疫”,知己知彼是取得胜利的首要任务。借助大数据技术,实时监控疫情的发展态势,并及时掌控每一个数据背后的各类影响因子,可以为下一步战略部署和防控指挥提供科学依据,为打赢这场疫情防控阻击战提供有效的助力。

2020 年 1 月 30 日,世界卫生组织宣布将新型冠状病毒(COVID-19)疫情列为“国际关注的突发公共卫生事件”,强调加强疫情控制的同时,继续确定疫情的病源与传播潜力,持续深入了解疫情的流行病学和演变情况以及相关疫情控制措施。① 举全民力量加强科学防治、提升治理效能、加速病学科研,成为中国此次新冠病毒防疫首当其冲的三大工作重心。这三项工作环节的顺利展开,得到了大数据分析、人工智能、云计算等新媒介技术的保驾护航。其中,大数据技术通过对疫情进行科学的数据获取和分

① 世界卫生组织.关于 2019 新型冠状病毒疫情的《国际卫生条例(2005)》突发事件委员会第二次会议的声明[EB/OL].(2020-01-30)[2020-02-25].https://www.who.int/zh/news-room/detail/30-01-2020-statement-on-the-second-meeting-of-the-international-health-regulations-(2005)-emergency-committee-regarding-the-outbreak-of-novel-coronavirus-(2019-ncov).

析处理,及时而准确地反馈了疫情传播路径,帮助人们构筑起一道坚实的防护墙,更为确保此次“战疫”的胜利提供了保障。

一、利用大数据技术助力新冠病毒科研攻关

(一)加速病毒研究与疫苗研发

新型冠状病毒,是一种典型的病毒性传染疾病,对社会公共卫生安全造成了极大的威胁,因此,加速病毒溯源、传播机理、药物研制和疫苗研发等方面的新冠病毒科研工作迫在眉睫。病毒科研攻关是科学防疫工作中最基本的底线,是确保防疫工作最终取得胜利的根本保证。

借助共享的医疗大数据技术构建病毒数据库,将使病毒科研和临床决策更加精准,大数据中心存储的海量、高维和非结构化的数据能够被及时检索、对比和筛查,从而使病毒溯源、流行病学调查、论证实验、药物研发、临床救治、疫苗研发等病毒科研工作能够得以顺利展开,并能极大地提升科研工作的准确性与效率。

在大数据、人工智能等技术的助力下,社会医疗水平得到了普遍提升。此次新冠病毒疫情的科研攻关借助高效的大数据分析和人工智能算力,使病毒检测环节的时间大大缩短,病毒研究、蛋白筛选和药物研发等环节的精准度更高。例如郑州“小汤山”——岐伯山医院,借助阿里云的大数据技术,使得之前通过肉眼需要花费 5 至 15 分钟分析 CT 片子的时间大大缩短,20 秒便可以对新冠病毒疑似案例的 CT 影像作出准确判断,而且精准度高达 96% 。①

(二)互联世界传染性病毒数据库

病毒性传染病对人们的生命安全和社会经济发展造成了巨大的威胁,是人类从古至今的共同敌人。以计算机、大数据、云共享等技术为依托的病毒性传染病数据库平台的搭建,对于及早追溯病源并研发攻克病毒药物,起到重要的推动作用。

此次新型冠状病毒疫情的科研攻关得到了世界范围内的多个传染性病毒数据库主办机构的协助,其中,世界病毒数据库(ICTVdB)的官方机构——国际病毒分类委员会(ICTV)通过大数据对比分析,对该病毒作出了早期的界定和命名,随后,美国国家生物技术信息中心(NCBI)病毒基因数据库通过检索所有的冠状病毒序列数据,对比

---

① 中国电子报评论员.大数据战“疫”功不可没[N].中国电子报,2020-02-18(1).

分析后发现与新冠病毒序列有 79.5% 相似度的病毒是 SARS 病毒。基于此,世界卫生组织(WHO)对新冠病毒作出了专业界定并将新型冠状病毒正式命名为 COVID-19。除此之外,由 7 位诺贝尔奖获得者在内的世界权威医学科学家组建的全球共享流感数据库(GISAID)中的数据显示,截至 2020 年 3 月 5 日,已经有 135 个新冠病毒株基因序列存入该病毒基因库,包括加拿大分离的新冠病毒。该数据库通过实时的病毒基因组大数据对比与分析,每天对新冠病毒进行更新并创建进化树,继而追踪该病毒的源起及其传播路径(见图 1)。

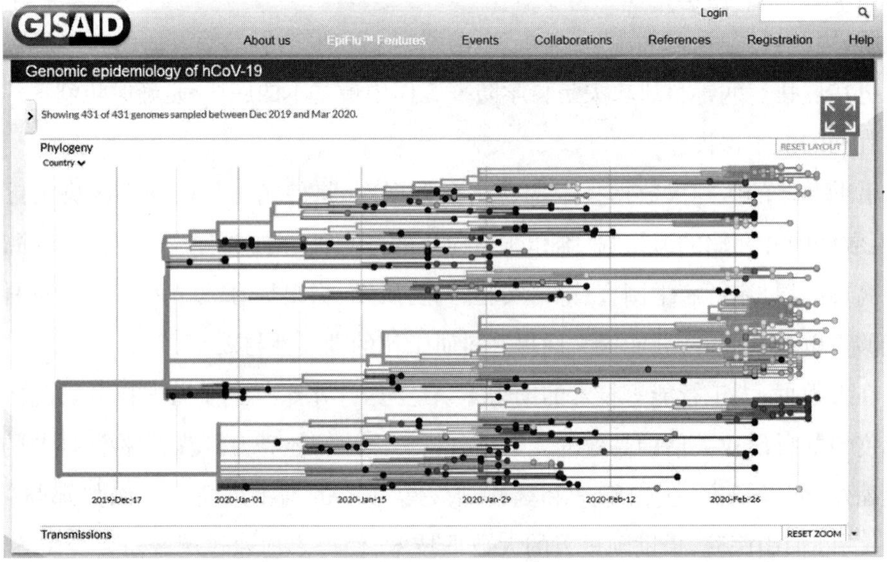

图 1 全球共享流感数据库(GISAID)新冠病毒基因组流行病学进化树①

在整合了世界卫生组织、中国疾病预防控制中心(CDC)、美国国家生物技术信息中心(NCBI)、全球共享流感数据库等机构公开发布的新冠病毒基因组序列数据、元信息、学术文献、新闻动态和科普文章等大数据之后,我国国家基因组科学数据中心于 2020 年 1 月 22 日发布创建了 2019 新型冠状病毒资源库②,为确保防疫治疫工作的科学性提供了强大的数据基础。

在国际社会的高度关注和共同协助下,新冠病毒的科研攻关取得了卓有成效的进展。通过大数据平台,各个国家的新冠病毒科研工作者之间实现了研究进度和成果的

① GISAID. 新型冠状病毒(COVID-19)流行病学进化树[EB/OL]. (2020-03-10)[2020-03-15]. https://www. gisaid. org/epiflu-applications/next-hcov-19-app/.

② 中国新闻网. 国家基因组科学数据中心发布 2019 新型冠状病毒资源库[EB/OL]. (2020-01-22)[2020-03-05]. http://backend. chinanews. com/gn/2020/01-22/9067251. shtml.

信息互联和共享,同时,将此次新冠病毒相关科研信息进行补充和比对,进一步丰富了世界传染性病毒数据库。

二、利用大数据技术提升疫情监测管理效能

2020 年 2 月 10 日,习近平总书记在北京调研指导新冠病毒疫情防控工作时强调科学防治要求,并作出运用大数据技术等手段加强疫情溯源和监测的重要部署。① 该指示明确了科技赋能助力抗战疫情的工作方针,为后续科学防疫治疫指挥部署工作指明了方向。

(一)实现有效防控指挥部署和精准施策

树立科学精神,是防疫抗疫工作的根本方法;打赢这场新冠病毒"战疫",是一项科学而系统的工程;坚持一切从实际出发,是确保科学防疫和科学治疫的基础。借助科技的力量,利用大数据技术,使得疫情信息的数据采集、处理与分析更加精准和快速,为新冠疫情的联防联控、顶层指挥部署、精准施策和防范宣传工作提供了重要的依据。

疫情防控,不仅体现了一个国家和地区的医疗卫生水平,更检验着其自上而下的指挥和管理能力。基于大数据和人工智能技术的线上数字化防疫系统,通过对疫情数据的实时追踪和可视化分析,可以帮助各级政府真正实现科学的"网格化管理"。网格化管理是一种基于大数据分析的全新数字化管理模式,对于实施基层改革和社区治理有着重要的推动作用。党的十八届三中全会提出,要改进社会治理方式,创新社会治理体制,以网格化管理、社会化服务为方向,健全基层综合服务管理平台。② "大数据 + 网格化"的防疫管理机制,确保了顶层部署指挥的精准施策,从而为后续的一系列科学防疫治疫工作的开展奠定了基础。

(二)加强涉疫违法乱纪打击力度

这场突发的社会公共卫生事件导致诸多社会不稳定和各类违法乱纪行为的发生,极大地扰乱了防疫抗疫工作的顺利开展。这种情况要求强化大数据意识,借助现代化科技手段,提升社会治理效能。借助大数据、云计算等科学技术手段,可以提升我国公

---

① 人民公安报评论员. 大数据赋能助力科学防治[N]. 人民公安报,2020-02-14(1).

② 科技新闻网."大数据 + 网格化"赋能精准施策成未来治理新趋势[EB/OL].(2020-03-04)[2020-03-06]. http://www.dogame.com.cn/gundong/2020/0304/26480.html.

安系统打击涉疫违法行为的工作效能,为维护正常的防疫抗疫秩序提供保障。

口罩是此次人民群众个人防疫抗疫的第一道屏障,因而成为消费市场的紧俏商品,有关口罩经营环节的各类违法活动也相应产生。从安徽省一地的口罩投诉和违法案件数据统计来看,2020 年 1 月 24 日至 2 月 26 日,全省各级“12315”电信数据显示医疗器械类投诉、举报和咨询共计24,849件,其中 97.84% 与口罩有关。① 在大数据支持下,各地警方开展了各类涉疫违法乱纪打击行动,其中,重点打击假冒伪劣、“三无”口罩的制假造假违法活动。江苏泰兴警方通过大数据分析,发现某快递分流点接收 117 箱共 30 万只无中文标识、无生产厂家的口罩,随即指令相关部门将该批口罩扣押封存②,为此次防疫抗疫工作的顺利开展保驾护航。

(三)优化医疗物资的生产组织与调度

这场突发的社会公共卫生事件,是对我国医疗卫生体系的全面考验,尤其是防疫物资严重短缺,制约着医疗救助一线治疫工作的顺利展开,因此,加紧短缺物资的及时补给和调配迫在眉睫。而大数据技术在此次抗疫治疫的优化医疗紧缺物资的生产组织和调度方面起到了积极的助力作用。以大数据技术为依托的新冠疫情医疗救助物资信息共享平台的搭建,通过连接医院、地方和医疗物资生产企业三方,实现了抗疫资源供需的无缝紧密衔接。除此之外,医疗急需物资的采购与调度也可通过大数据传输与全球实现对接。

借助互联网和大数据,全国范围内各组织团体搭建了自上而下的各类医疗物资大数据平台,主要划分为医疗物资的需求单位、管理单位、生产单位以及捐助单位四大类别。这些大数据平台的搭建者,除了有官方和专业的组织机构外,还包括一些企业和民间志愿者团体,如海尔集团开发的新冠医疗紧缺物资信息分享平台以及由志愿者们通过搜集各地信息开发的医疗物资需求平台等,借助这些平台,实现了信息的多方融合交互,极大地提高了应急医疗物资配置的调度效率,节约了有限的人力资源,争取到更多宝贵的防疫治疫时间。

---

① 人民网. 安徽 12315 春节期间收到口罩类投诉举报咨询超万件[EB/OL]. (2020-02-01)[2020-03-05]. http://ah.people.com.cn/n2/2020/0201/c358266-33754975.html.

② 人民公安报评论员. 大数据赋能助力科学防治[N]. 人民公安报,2020-02-14(1).

三、利用大数据技术创建疫情防控预警系统

（一）创建疫情防控检查站录检系统

坚持底层思维并从基层一线基础防护工作开始做起，是此次新冠疫情防控防治工作的出发点，也是杜绝疫情继续传播蔓延的有效途径。全国各地市通过分区分层实施逐级防控，设立各级检查站实现全覆盖式多点实时数据采集与监控，并利用大数据技术开展疫情信息录检继而创建疫情信息库，极大地提升了新冠疫情检疫防控效能，其中包括对出入来往人员的检验检疫和信息录入登记、点对点精准化防控管理、实时数据总结反馈等内容。

例如，青海省海北州公安局党委在此次疫情防控工作中，树立大数据理念，坚持科学防疫治疫的工作方针，结合防疫一线的实际需要，及时设计研发出“海北公安疫情防控检查站录检系统”，并在全州各级公安疫情防控检查站投放使用。此录检系统在检查站入口处通过扫描二维码登录并接受体温检测，尔后在手机端填写规定信息，提交成功即可通过检查，系统自动把采集信息传送至后台。① 该系统的投入使用，既提升了基层防疫治疫工作的效率，大大缩短了公众排队检验等候的时间，又极大地降低了人接触人的概率，从而降低了一线检验检疫人员受感染的风险。

（二）创建疫情防控核查追踪数据库

对抗病毒性传染疾病最原始也是最有效的方法之一就是隔离病源，因此，及早核查、追踪和确认病源并有效隔离，是防疫治疫工作的第一要务。借助现代化媒介手段，利用大数据技术，可以实现精准化疫情信息追踪。

此次新冠病毒防治工作借助大数据技术，通过建立闭环数据核查流程、搭建传播模型和防控数据库，实现病源目标的及早发现与隔离，为打赢这场“战疫”打下了扎实的基础，其主要技术路径如下：

1. 通信大数据平台关联手机持有人位置

中国工信部2020年2月27日发布的《2019年通信业统计公报》显示，截至2019年底，全国移动手机用户的普及率达到114.4部/百人，比2018年年末提高了2.2部/

---

① 青海省海北州公安局官方澎湃号. 海北公安研发投入“疫情防控检查站录检系统”助力疫情防控取得明显成效[EB/OL].(2020-02-05)[2020-03-01]. https://www.thepaper.cn/newsDetail_forward_5800650.

百人,远高于全球平均的 101.5 部/百人①。另外,我国手机用户实行实名制,手机已成为个人的另一张身份证。通过各地通信大数据平台,以基站、数字地图和导航卫星定位的方式,可实时追踪手机持有人的所在方位。

2. 数字地图平台搭建人员流动大数据地图

各大数字地图公司通过获取用户数字地图 App 的后台大数据,可以分析并创建人员精准流动的大数据地图,实现信息传播的可视化,继而追溯病源,进一步掌握武汉春节前将近 500 万人员的流动情况,并判断其发展走势。

3. 大数据计算搭建 SEIR 疫情传播模型

在掌握数据的基础上,为进一步科学分析疫情的传播路径,可以通过大数据计算搭建 SEIR 疫情传播模型。在搭建 SEIR 疫情传播模型的过程中,把人群分成若干类别,S 是易感者,E 是潜伏者,I 是感染者,R 为康复者。中国的学者提出了一种改进 C-SEIR 模型,增加了 P 和 Q,P 是疑似人群,Q 是确诊人群,从中可以计算出疫情传播的模型②。

这种数据模型可以为正确判断新冠疫情的发展走势、实施精准化防控预警提供重要依据。以浙江为例,该省借助大数据技术手段,第一时间能够提取全省范围内涉及在湖北地区有旅行和居住经历的超过 30 万人的信息,并对这些潜在传染源实施点对点精准化管控,做到了早发现、早预防、早管理,有效制止了疫情态势的进一步发展。除此之外,大数据技术的普及应用,使得受众个体的自我检测和防护能力大大提升。据 2020 年 2 月 14 日《人民日报》报道,国务院办公厅电子政务办公室、国家卫健委和中国电子科技集团公司,共同成立了大数据攻关团队开展科学疫情防控,研发了"密切接触者测量仪"客户端,公众可通过手机下载安装,登录自己的姓名和身份证号,即可自主查询自己是否属于患者密切接触者。

四、利用大数据技术稳定社会防疫秩序

(一)建立公开透明化信息窗口

这场突如其来的疫情,是一场突发的社会公共安全事件,不仅是对国家管理系统

① 中华人民共和国工业和信息化部. 2019 年通信业统计公报[EB/OL]. (2020-02-27) [2020-03-15]. http://www.miit.gov.cn/n1146312/n1146904/n1648372/c7696411/content.html.

② 中华全国工商业联合会. 邬贺铨:大数据助力疫情防控[EB/OL]. (2020-02-25) [2020-03-05]. http://www.acfic.org.cn/zt_home/zcmq2020/zcmq2020_zj/202002/t20200225_158005.html.

行政效能的一次挑战,更与每一个生命个体息息相关,考验着全体民众对这场社会公共突发事件的应激能力。在这种情况下,借助大数据平台,建立公开透明化的信息窗口,可以提升政府与媒介的公信力,创建畅通的信息传播渠道,继而消灭扰乱社会正常传播系统的"疫情信息病毒",杜绝谣言和公众恐慌情绪的产生,从而稳定社会防疫秩序,真正凝聚起全民抗疫的国家力量。

从传播学的角度来说,新冠病毒疫情期间会出现集合行为。所谓集合行为即遇到外部某种刺激性事件时形成的非常态化社会聚集现象,多以群集、恐慌、流言和骚动等形态出现,往往会对社会秩序造成严重的干扰和破坏。集合行为形成的三大条件分别为内部结构性压力、外部触发性事件和正常的社会传播系统功能减弱。① 其中,正常社会传播系统功能的减弱会进一步加剧社会内部压力,加速触发性事件的非常态化发展,因此,建立健全正常的传播机制和畅通的传播渠道,对于处理社会集合行为至关重要。在这场战"疫"中,信息的公开透明是最好的疫情稳定剂。② 借助大数据平台,创建公开透明化信息窗口,构建畅通无阻的信息传播渠道,从而提升权威信息的精准达到率,对于遏制谣言,消除公众恐慌情绪,引导社会舆论,稳定社会秩序,提升疫情防控效能有着重要的意义。

借助大数据平台,建立公开透明化信息窗口,及时向公众和国际社会发布权威而准确的信息,一方面是对普通民众的负责,另一方面是对国际社会防疫的大力支持。中国常驻联合国代表张军表示:"面对疫情,我们始终坚持公开透明、高度负责的态度。"③我国政府在疫情暴发后第一时间向世卫组织以及有关国家通报疫情,并通过大数据平台分享病毒大数据,得到国际社会的高度评价。

另外,国内多家大数据公司和新媒体平台联合向公众推出大数据实时公开报告,例如百度推出"新型冠状病毒疫情实时大数据报告"平台。该数据平台分为电脑 PC 终端和手机移动终端两大类,包括疫情动态、迁徙地图、全民热搜和实时播报四大板块内容,其中,疫情动态板块依据地域划分,分为现有确诊、累计确诊、现有疑似、累计治愈、现有重症和累计死亡六大内容并附有数据曲线走势图,内容与数据准确翔实,使得民众能够及时了解新冠病毒疫情的最新情况,对稳定社会防疫秩序发挥了重要作用。

---

① 郭庆光. 传播学教程[M]. 北京:中国人民大学出版社,2006:96.

② 人民日报. 公开透明是最好的疫情稳定剂[EB/OL]. (2020-01-21)[2020-03-22]. https://baijiahao. baidu. com/s? id = 1656350546599506180&wfr = spider&for = pc.

③ 中国日报网. 常驻联合国代表张军:新冠肺炎疫情防控正在取得积极成效[EB/OL]. (2020-02-13)[2020-03-02]. https://baijiahao. baidu. com/s? id = 1658375949144830595&wfr = spider&for = pc.

(二)打造线上自动化问诊平台

由于突发性、时间短和人数众多等原因,这场新冠病毒疫情对我国的公共卫生事业形成了巨大的考验,医疗卫生资源紧缺是这一考验中的一大难题。疫情暴发中期,众多具有发热、腹泻、咳嗽等症状疑似病例人员的及时准确诊断成为各地区医疗卫生单位的重大挑战。借助大数据平台实现线上自动化病毒基因检测,不仅可以极大地纾缓各地的医疗卫生压力,而且可以帮助民众缩短确诊时间,因而线上自动化病毒基因检测对防疫治疫工作起到了重要的作用。借助阿里大数据技术和AI算法,我国多省市地区投放和使用了线上自动化的全基因组检测分析平台,使得新冠病毒疑似病例基因分析的时间由原本的数小时缩短至半小时,不仅大大提高了诊断的工作效率,而且能够在后台形成大数据分析,进一步实现对疫情发展态势的把握。

五、结　论

得益于大数据技术的助力,此次新型冠状病毒疫情的防治工作,在病毒科研攻关、治疫监管部署、疫情防控预警和社会防疫秩序稳定等方面取得了卓越成效。大数据的实时追踪和记录,一方面,使得“来无影”的病毒能够得到及时追踪使其无处遁形;另一方面,可以将“去无踪”的病毒实施数据记录和保存。智能化数据库的建立,将使我国新型冠状病毒疫情的科学防范和治理工作机制载入史册,为未来人类传染性病毒防控防治工作提供可借鉴的经验。

新冠病毒疫情的科学防治工作,以大数据技术为依托,构建起一个全新的疫情现代化智能治理模式,不仅为我国打造更加科学而规范的公共卫生事业管理体系奠定了发展基础,更为世界抵御传染性病毒工作做出了杰出的贡献。

〔赵昆,河北传媒学院美术与设计学院副教授,主要研究方向:传播学〕

图书在版编目(CIP)数据

传媒与艺术研究. 2020 年. 第 1 辑 / 李锦云主编. -- 北京:中国传媒大学出版社, 2021.9
ISBN 978-7-5657-2946-1

Ⅰ. ①传… Ⅱ. ①李… Ⅲ. ①传播媒介—关系—艺术—研究 Ⅳ. ①G206.2 ②J0-05

中国版本图书馆 CIP 数据核字(2021)第 098803 号

传媒与艺术研究(2020 年第 1 辑)
CHUANMEI YU YISHU YANJIU(2020 NIAN DI-YI JI)

主　　编 李锦云
策划编辑 黄松毅
责任编辑 欧丽娜
责任印制 阳金洲
封面设计 拓美设计

出版发行 中国传媒大学出版社
社　　址 北京市朝阳区定福庄东街 1 号　　**邮　　编** 100024
电　　话 86－10－65450528　65450532　　**传　　真** 65779405
网　　址 http://cucp.cuc.edu.cn
经　　销 全国新华书店

印　　刷 唐山玺诚印务有限公司
开　　本 787mm×1092mm　1/16
印　　张 12.75
字　　数 256 千字
版　　次 2021 年 9 月第 1 版
印　　次 2021 年 9 月第 1 次印刷

书　　号 ISBN 978-7-5657-2946-1/G·2946　　**定　　价** 58.00 元

本社法律顾问:北京李伟斌律师事务所　郭建平